公共冲突管理评论

（2017年）

主编　常健 许尧

·北京·
国家行政学院出版社

图书在版编目（CIP）数据

公共冲突管理评论．2017年/常健，许尧主编．—北京：国家行政学院出版社，2018.10
ISBN 978-7-5150-2219-2

Ⅰ．①公…　Ⅱ．①常…　②许…　Ⅲ．①突发事件—公共管理—研究—中国　Ⅳ．①D63

中国版本图书馆CIP数据核字（2018）第213658号

书　　名	**公共冲突管理评论（2017年）** **GONGGONG CHONGTU GUANLI PINGLUN（2017NIAN）**
作　　者	常　健　许　尧
责任编辑	王美丽
出版发行	国家行政学院出版社 （北京市海淀区长春桥路6号　100089） （010）68920640　68928870
编 辑 部	（010）68929009
经　　销	新华书店
印　　刷	北京九州迅驰传媒文化有限公司
版　　次	2018年10月北京第1版
印　　次	2018年10月北京第1次印刷
开　　本	170毫米×240毫米　16开
印　　张	20
字　　数	286千字
书　　号	ISBN 978-7-5150-2219-2
定　　价	65.00元

本书如有印装质量问题，可随时调换，联系电话：（010）68929022

南开大学周恩来政府管理学院

公共冲突管理研究中心

前　言

中国改革开放四十年，是公共冲突的集中高发时期。社会主义市场经济体制的建立和运行导致了利益多元化格局，收入差距的迅速扩大使民众心理产生了相对剥夺感，社会快速变化导致引发冲突的事项大幅增加，法治体系的滞后弱化了对冲突行为的必要约束，价值共识的重建过程使对冲突意向的道德约束长期缺位，互联网的快速发展为不同观点的形成、传播和对抗提供了便捷的渠道和平台。在这样的时代背景下，中国公共冲突呈现出一些突出的特点：冲突发生的频率高、原因广泛、形式多样，私人事项冲突跨界转化为公共事项冲突，冲突中利益诉求伴随着情绪发泄，虚拟空间冲突与现实世界冲突形成共振，冲突跨领域扩散，一阶冲突经常升级为二阶冲突。

中国改革开放四十年，也是积极探索和完善有效的公共冲突管理方法、机制、体制和制度的时期。公共冲突的风险评估和预防机制日益制度化，公共冲突的应急处置机制和体系普遍建立，各类冲突的人民调解、行政调解和司法机制进入常态化运作，仲裁、行政裁决和司法裁决体系日趋完善。这些制度约束，为冲突各方可以对冲突后果形成理性预期，从而更加理性地选择冲突的行为方式。与此同时，产生公共冲突的一些主体、情境和结构因素也出现了转变，大规模的政策变迁逐渐趋于稳定，大规模的城乡人口迁移也逐渐趋向平稳，大力惩治腐败在一定程度上缓和了官民矛盾，最严厉的环境保护政策有效控制了由生态环境迅速恶化导致的社会危机，政府更加强调社会公平的导向使收入分配结构两极化的趋势开始扭转。这些变化不仅减少了相关冲突事项的爆发和升级，而且也为有效的冲突管理和化解提供了更有利的社会条件。

中国特色社会主义建设进入了新时代，中国的公共冲突也正在进入一个新的时期，并呈现出一些与以往不同的新特点。

第一，从引发公共冲突的事项上看，随着大规模政策变迁的趋缓，过去由于政策和制度变迁导致的大规模冲突的事由正在趋于减少，常态化管理下出现的各种问题正在成为公共冲突产生的主要事由，如社区管理冲突、校园管理冲突、企业管理冲突、城市管理冲突、乡村管理冲突等。这就要求尽快建立和完善基层冲突管理机制。

第二，从冲突的聚焦点来看，随着小康社会建设目标的实现，公众的需求正在发生质的变化，从主要关注生存温饱的利益需求转向越来越多地关注个人的尊严、价值和自我实现的需求。这将导致冲突中的焦点将从以利益分配为主转向越来越多地考虑价值和认同问题。这将增加冲突管理的难度，要求在冲突管理方式上更多地采用冲突化解和转化，在冲突管理过程中更加严格地坚守公平公正原则。

第三，从冲突的能量来看，一方面，由于社会阶层间流动有所减弱，阶层的相对固化会导致阶层集体意识的形成；另一方面，网络的发展提升了社会群体的隐性组织化程度，为公共冲突能量的动员提供了组织化的基础。这些都会使冲突能量迅速集聚并形成规模，产生撕裂效应，影响社会的稳定。

第四，从冲突的社会心理基础来看，一方面，中国经济发展进入后高速增长时代，公众的预期反差出现由正向负的逆转，这会导致社会不满的增加，造成在政府作为改善的情况下出现满意度下降的背离现象；另一方面，人们在价值观上的分歧呈现出两极分化的倾向，这导致社会中会出现不同思想和价值观念更加激烈的争论。这些因素都会使公共冲突管理面临更多的阻碍，要求加强公众预期管理，根据价值观的形成和变化规律弱化价值观的极化效应。

第五，从冲突的产生和发展过程来看，新闻媒体和自媒体在舆论引导方面日益发挥着主导作用。新闻媒体的商业运作将有关公共冲突的报道作为新闻消费产品来生产，各种媒体间的生存竞争使有关冲突的新闻建构以吸引受众关注为目的。这对公共冲突管理中的舆论引导提出了新的挑战，要求在冲突管理中遵循新闻传播的规律，更有效地开展社会协同。

新时期公共冲突的这些新特点对中国公共冲突管理提出了新的要求，也对公共冲突管理研究提出了新的要求。我们要根据新时期公共冲突的新特点，有针对性地开展研究，为中国公共冲突管理提供可行和有效的对策建议。

2017 年，中国公共冲突管理研究者们结合中国公共冲突展现出的一些新的特点有针对性地开展了具体而深入的研究。

在公共冲突发展过程的研究方面，常健和徐倩通过对 150 个医患冲突升级案例的研究，发现了间接当事方和旁观第三方对冲突进程的重要影响；常健和王雪通过对 90 个农民工讨薪案例的分析，解释了农民工选择制度外讨薪路径的条件和原因；王旭辉通过对东利事件的解剖，分析了复合型冲突治理如何陷入了结构性错位困境。

在公共冲突化解机制和方法的研究方面，田先红对县委书记大接访制度如何嵌入现行官僚体制进行了深入的研究；许尧和杜宁宁对基层实践中广泛存在的亲属利益“捆绑现象”的分析，揭示了体制间压力传递的具体机制及其功能限度；许尧、赵天航等组成的课题组对天津市信访事项人民调解委员会进行的调研，归纳了天津市在访调对接方面的组织、制度和机制建设情况。

在网络及相关自媒体与公共冲突管理之间关系的研究方面，刘明、刘长牲和原珂分析了网络公共冲突中的群体极化及其压力效应，提出了应建立网络公共冲突的复合回应机制；常健和郝雅立分析了媒体新闻的议题框架建构与公共冲突及其治理的影响；张海波、童星和倪娟追溯了网络信访的演进历程，以淮安阳光信访为典型案例，探讨了网络信访在方式、流程、功能和制度等方面的创新。

在环境冲突治理的研究方面，杨立华和杨文君通过对24个典型案例以及实地访谈和调查，归纳出大气污染冲突有效解决机制的十个要素；郝雅立探讨了邻避冲突中社会公共理性的缺失与重塑问题；任丙强分析了邻避设施立项中的政策垄断，讨论了公众议程如何嵌入邻避设施决策中的问题；徐祖迎、朱玉芹分析了环境类邻避冲突中存在的利益表达渠道不畅、强制手段不当、政府公信力不足等问题。

在社区冲突治理的研究方面，原珂通过对北京、天津、上海等大城市的社区调查，比较了不同类型城市社区内冲突程度的差异，讨论了城市社区冲突“从管理转向治理”的目标及其指导原则；吴晓林通过对上海、厦门、深圳、长沙等九个大城市的问卷调查，归纳了中国城市社区业主维权的现状，分析了维权冲突的结构原因和外部因素。

2017年公共冲突管理研究呈现出一些突出的特点：第一，在公共冲突的领域方面，特别关注了医患冲突、劳资冲突、社区冲突、网络冲突和环境冲突及其治理；第二，在公共冲突影响因素方面，特别关注媒体新闻建构、社会公共理性、政府公信力等在公共冲突及其管理中的作用；第三，在冲突的主体方面，区分了直接当事方和间接当事方，中介第三方、媒体第三方和旁观第三方；第四，在冲突管理的机制和方法方面，特别关注了网络信访、接访、访调对接、亲属利益捆绑、网络复合回应机制的作用；第五，在方法上，更多采用问卷调查、访谈、田野调查、案例分析等实证方法来发现公共冲突管理中的问题。与以往相比，2017年中国公共冲突管理的研究更加聚焦、具体和深入，显示出中国公共冲突管理的研究队伍更加成熟而具有活力。相信这些研究成果会为改善中国公共冲突管理作出积极的贡献。

感谢纳入本书的十六篇论文的二十多位作者积极分享自己的研究成果，大家不懈的努力是促进公共冲突管理研究不断向前推进的动力。感谢周恩来政府管理学院博士研究生王雪同学在格式修正和校对上所付出的辛苦。感谢国家行政学院出版社王美丽女士细致的编辑工作！这是第四本《公共冲突管理评论》，我们衷心希望通过本系列论文集的连续出版，为公共冲突管理研究者提供聚拢和交流的平台，促进公共冲突管理研究水平的不断提升，为新时期公共冲突治理作出我们的贡献。

常　健　　许　尧

2018年9月15日于南开大学

目　　录

公共冲突发展过程与应对

公共冲突化解机制与方法

网络社会与公共冲突治理

环境冲突及其治理

社区冲突及其治理

公共冲突
发展过程与应对

医患冲突升级中各类主体作用研究

——基于对150个案例的分析

常 健　徐 倩

摘　要：影响医患冲突升级的主体可以分为当事方和第三方两类。当事方可以进一步分为直接当事方和间接当事方。第三方可以分为中介第三方、媒体第三方和旁观第三方。本文基于2002—2016年发生的150起医患冲突案例，分析了医患冲突升级过程中各类主体的作用频数和作用方式，并发现间接当事方的作用频数超过了直接当事方，旁观第三方的作用频数超过了中介第三方和媒体第三方。医患冲突的有效治理要综合考虑各类主体的作用，特别是要加强对间接当事方和旁观第三方作用方式的研究。

关键词：医患冲突　冲突升级　冲突当事方第三方

医患冲突是近年来社会关注度较高的一类社会冲突。它不仅发生频率高，而且升级快、烈度强，暴力伤医、杀医等恶性事件时有发生。尽管国务院第55次常务会议于2002年2月20日通过了《医疗事故处理条例》，并于2002年9月1日起公布施行，但在2002年至2012年10年间，医疗纠纷却增长了10倍多，到2014年全国医疗纠纷案达11.5万起。学者们对医患冲突产生的原因、条件和后果作了

作者简介：常健，南开大学周恩来政府管理学院教授，博士生导师，主要从事公共冲突管理和人权理论的研究。徐倩，南开大学周恩来政府管理学院硕士研究生，研究方向为公共冲突管理。

基金项目：国家社科规划重点项目“公共领域冲突管理体制研究”（13AGL005）。

文章来源：《上海行政学院学报》2017年第4期。

广泛而深入的分析，对医患冲突升级的原因也作了一定的分析，但对医患冲突中各类主体对冲突升级的影响还缺乏比较全面系统的研究。本文通过对2002—2016年中国发生的150起典型的医患冲突案例的分析，试图定量化地分析两类当事方主体和三类第三方主体在医患冲突升级中的作用及其具体方式。

本研究采用多案例研究方法，选取150起案例进行研究分析。为了保证案例的典型性和代表性，案例选取考虑了三个方面的因素：一是年度分布。我们选取了2002—2016年每年影响力较大、受到社会广泛关注的10起医患冲突案例。二是信息的完整。我们从每年报道的大量医案冲突案例中选取了信息内容比较完整的案例，同时也通过整合由不同渠道发布的信息来形成相对完整的案例。三是信息的权威性。选取的每一个案例至少曾被全国性媒体报道，或在权威的医学网站，如丁香园、中国医药协会等发布或讨论，或被省部级及以上的官员公开讨论过。

一、医患冲突中的各类主体

归纳150起医患冲突案例中涉及的主体，我们将其概括为两大类别，即当事方和第三方。

冲突的当事方是指涉及冲突事项并参与冲突过程的各方主体。根据与冲突事项的关系，可以进一步区分直接当事方和间接当事方。直接当事方是与冲突事项具有直接的利害关系并直接参与冲突过程的当事方；间接当事方是与冲突事项具有间接的关系并作为直接当事方的协助者参与冲突过程的当事方，直接当事方的亲属、朋友、所在单位和直接当事方雇用的律师、医闹等都可以归为间接当事方。

冲突的第三方是指与冲突事项没有直接的利害关系而以中立的身份参与冲突过程的各方。根据发挥作用的方式，可以进一步区分为中介第三方、媒体第三方和旁观第三方。中介第三方主要是发挥居间公证、斡旋、调解、仲裁、促进和解等作用，如公证、检验和定损部门、社会调解组织、仲裁委员会、政府相关部门、法院等。媒体第三方是在冲突过程中传播相关消息的各种媒体，包括纸质媒体、广播电视、网络媒体等。旁观第三方是关注、评论甚至以某种程度介入冲突过程的各种群体，如路人围观者、起哄者、造谣者、参与打砸者等。根据以上区分，医患冲突中各类主体的分类如表1所示。

表1　医患冲突中的各类主体及其角色

主体类别	主体类型	主体角色	角色承担者
当事方	直接当事方	利益直接相关的涉事者	直接涉事的医护人员、病患及其直接亲属等
	间接当事方	利益间接相关的协助者	涉事医护人员和病患的亲朋好友、所在单位、诉讼代理人、职业医闹等
第三方	中介	居间化解者	公证人、检验机构、调解组织、政府、仲裁委员会、法院、社会组织
	媒体	信息传播者	纸质媒体、广播电视、网络媒体
	旁观者	冲突推助者	无关群众，如围观者、起哄者、造谣者、借机发泄闹事者

我们对150起医患冲突案例中各类主体在冲突过程中的作用进行了统计，结果如表2所示。

表2　不同类别和类型主体影响医患冲突升级的频数①

主体类别	主体类型	影响冲突升级案例数	占冲突升级案例的比例	影响冲突未升级案例数	占冲突未升级案例的比例（%）
当事方	直接当事方	49	34.03%	0	0.00
	间接当事方	83	57.64%	2	33.33
第三方	中介	12	8.33%	4	66.67
	媒体	20	13.89%	0	0.00
	旁观者	24	16.67%	0	0.00

① 表2中，主体类型各自频数是基于150起医患冲突案例分析所得，部分案例存在多个主体类型；表3至表7中，例数是对各主体类型影响医患冲突升级具体方式的统计，部分案例存在多种方式。故表2的数据和表3至表7的数据不一致。

由表2可以看到，在促使医患冲突升级的过程中，各类主体发挥作用的案例频数由多到少的排列顺序依次是间接当事方、直接当事方、旁观者、媒体和中介。值得注意的是，间接当事方和旁观者发挥作用的案例频数较多，但是以往对他们的研究却相对较少。

由表2还可以看到，医患冲突未升级的案例数量不多，只有6起。但在这6起案例中，发挥重要冲突化解作用的是中介第三方和间接第三方。这从另一个角度显示了间接第三方在冲突过程中的重要作用，值得予以更深入的研究。

二、当事方主体在医患冲突升级中的作用方式

如上所述，医患冲突中的当事方主体分为两类，即直接当事方和间接当事方。这两类当事方主体在医患冲突升级中以不同的方式促成冲突的升级或降级。据国外学者统计，“80%的医患冲突直接由双方沟通不畅所致，其余20%与医疗技术有关的医患冲突，也都与医患沟通不到位密切相关。”① 李晚莲认为，“医患互不信任的恶性循环，促进医患之间对抗性手段的过多使用。医生和医院的逐利倾向导致患者很难相信医生，医闹及暴力伤医事件的频发，医生也不敢轻易相信病人。医学信息不对称导致的医患对话困难，加重了彼此的不信任。”② 常健和殷向杰指出，“基于医患相互不信任的心理，医生倾向于做更多的检查从而实现自我保护，加大了患者的经济负担；患者倾向于将正常范围内的失误归因为医生的不负责任，加重了其愤怒感，

① LAING R D. *The Use of Existential Phenomenology in Psychotherapy* [J]. The Evolution of Psychotherapy. Jeffrey Zeig (editor). Proceedings of the 1985 conference in Phoenix, sponsored by the Milton Ericlkson Foundation, 1987. [2007-01-04]. http://laingsociety.org/colloquia/psychotherapy/evolofpsych.htm.

② 李晚莲. 基于信息不对称视域医患矛盾风险及防控 [J]. 湘潭大学学报，2015 (5).

并更倾向于使用对抗性手段来维护权益。”①

（一）直接当事方

医患冲突中的直接当事方是与医患冲突事项具有直接利害关系并直接参与医患冲突过程的各方，主要包括医护人员、病患及其家属等。在144起医患冲突升级的案例中，有49起案例中的冲突升级是与直接当事方的行为相关的。直接当事方影响冲突升级的具体方式主要包括言语不当、情绪失控、行为不当、拒绝接受解决方案等。表3统计了两类直接当事方采用这些方式影响医患冲突升级的案例出现的频数和比例。

表3　直接当事方影响医患冲突升级的具体方式

影响冲突升级的具体方式	医护人员（例）	患者或家属（例）	合计（例）	占冲突升级案例的比例（%）
言语不当	—	9	9	6. 25
情绪失控	—	21	21	14. 58
行为不当	7	20	27	18. 75
拒绝接受解决方案	—	12	12	8. 33
总计	7	62	69	—

由表3可见，在直接当事方中，与医护人员的影响有关的冲突升级只有7例，主要涉及行为不当；与病患或家属的影响有关的冲突升级有62例，其中行为不当27例，情绪失控21例，拒绝接受解决方案12例，言语不当9例。

案例“海南暴力伤医事件”是一起由于患者家属情绪失控、言语不当、行为不当导致医患冲突升级的典型案例。患者抢救无效死

① 常健，殷向杰．近十五年来国内医患纠纷及其化解研究［J］．天津师范大学学报，2014（2）．

亡，家属无法接受死亡的事实，情绪失控，大吵大闹，辱骂相关医护人员，并殴打5名医护人员，使被打医生致脑震荡。

案例"武汉'拆线事件'"中医生的不当行为引起了社会各界强烈关注及医学界的反思。患者因不慎割伤手指来医院缝合伤口，因无法付足医药费，在争执过后，医生应患者要求，将缝合好的手指又拆了线，这无疑加剧伤情。救死扶伤乃医生天职，该事件当事医生的不当行为已超越了医务人员行为准则的底线，让本就紧张的医患现状，再一次进入公众视野。提升医护人员的职业道德水平已刻不容缓，实施切实可行的医护德行考核，严重杜绝"只要不出事故，大家都是满分"的考核。

"温岭杀医案"是一起典型的因"患者不接受解决方案"而引起的惨烈升级事件。患者对手术结果持有异议，多次前往温岭市第一人民医院医务部投诉，医院在此期间，为其组织医生先后两次进行会诊，但未找出原因；后温岭市第一人民医院邀请浙江大学邵逸夫医院五官科副主任医师汤某为其会诊得出"手术良好，不需再做手术"的结果。患者也曾前往台州市中心医院、浙江大学医学院附属第一医院就诊，两次诊断结果都表明不需要再动手术。但患者坚持认为其就医过程中医院有造假行为，多家医院串通一气在骗他，并到卫生局反映情况，最终导致悲剧发生。

（二）间接当事方

间接当事方是指与冲突事项具有间接的利害关系并作为直接当事方的协助者参与到冲突过程中的一方。在医患冲突中，间接当事方主要包括医护人员的所在单位、同事、亲朋好友、雇用的律师，病患及其家属的亲朋好友、雇用的律师或医闹等。殷向杰指出，"医闹介入下的利益驱动使冲突对抗程度不断升级，尤其是职业医闹的介入，极大地提高了患者索赔的期望值；同时，给了患者一个'合情合理'的挡箭牌，使患者克服了'要脸面'的心理障碍，心安理得地索要赔偿。"①

在本文所研究的144起医患冲突升级案例中，其中有83个案例的升级受到间接当事方的影响。与病患方相联系的间接当事人影响冲突升级的主要方式包括占领医院设施、破坏医院财物、打伤医护人员、限制医护人员人身自由、威胁医护人员、与警方对峙等；与医护方相关的间接当事人影响冲突升级的主要方式包括医护人员举行抗议活动、院方行为不当等。此外，病患方与医护方所属的组织为其成员作出声援，也是导致冲突升级的方式。表4统计了各类间接当事方影响医患冲突升级的各种方式在医患冲突升级案例中出现的频数和比例。

表4　间接当事方影响医患冲突升级的具体方式

主体	影响冲突升级的具体方式	例数	占冲突升级案例的比例（%）
病患方	占领医院设施	30	20.83
	打伤医护人员	29	20.14
	破坏医院财物	26	18.05
	限制医护人员人身自由	14	9.72
	威胁医护人员	6	4.17
	与警方对峙	8	5.56
医护方	医护人员举行抗议活动	12	8.33
	院方行为不当	15	10.42
病患方和医护方	直接当事方所属组织"发声"	4	2.78

由表4可见，一方面，与病患相关的间接当事方所采取的占领医院设施（30例）、打伤医护人员（29例）、破坏医院财物（26例）、限制医护人员人身自由（14例）等行为在导致医患冲突升级中起了

① 殷向杰．医患纠纷协同治理研究［D］．天津：南开大学，2014：57－58.

重要作用。“3·14深圳恶性事件”中，家属因对诊疗过程有异议，组织十余人到医院大厅举横幅、烧纸钱，推搡殴打包括主治医生在内的多名医护人员，并强迫主治医生下跪烧纸钱。此案例中“医闹”这一间接当事方通过占领医院设施、打伤当事方及侵犯当事方人身权利等方式影响冲突升级。“广西瑞康医院医闹事件”中，医闹家属扬言要杀人偿命等，扣留主管医生及护士长等人，威胁直接当事方并限制人身自由。“深圳中海医院医闹事件”在职业医闹操纵下，围攻医院、群殴医务人员，将医务科主任打至昏迷，砸烂医院大门及办公物品，抛撒纸钱，严重干扰医院诊疗秩序，并与前来维护公共秩序的公安民警野蛮对峙。此案例中，职业医闹通过占领医院、破坏财物、打伤医生及对抗强制力量等行为使得冲突不断升级。同时，医院方的不作为或作为不当，也会导致医患冲突升级。在“南海早产儿‘被死亡’弃厕所事件”中，医院不仅违规助产，而且轻率判断新生儿为“死婴”将其弃于厕所。而医院对此不正面回应，也不道歉，从而导致冲突事件升级。

另一方面，与医护方相关的间接当事方也会采取相应的对抗行动使冲突事态升级。因病患家属的“医闹”行径，或高层的施压，或上级维稳态度，或强制力量的不作为，医护人员集体拒绝出诊，相关科室不营业，要求其他患者转院医治，甚至采取请愿、游行等抗议活动，使得冲突事态升级。在“重庆伤医事件”中，医患双方发生肢体冲突，警方将事件定义为“医患斗殴”，伤人者未受任何处罚，医院受到“必须收治患者”的压力。护士拒绝挂号、检验科拒绝出报告、麻醉科拒绝麻醉、医生拒绝手术，医护高举“伤医事件零容忍”“严惩伤医者”等横幅，在儿科医院门前进行抗议活动。冲突事件在医护的抗议之下，事态越发严重。

此外，直接当事方所属组织进行的声援举动，会引发民众热议，使冲突扩散和升温。典型案例有“中科院医闹”。在这一事件中，中科院“盖公章发公函”的行为是典型的间接当事方行为，纵然有

"善意初衷"，但不足以打消舆论质疑。互联网环境下，网民对公权力有一种天然"抵触"心理，以"红头文件"求真相，隐含的目的很明确，拿单位的名义，而且还是有些地位的单位，给院方造成一种无形的压力；北京大学第三医院的官微声明可以说是一种有罪认定，缺乏可证实的材料或证据，显然也经不起舆论的追问，难以证据服人，带有主观色彩的推断言论为事件的升级埋下伏笔；中国医师协会官方网站力挺北京大学第三医院的声明，也在一定程度上推动事件舆情热度逐步升温。当医患冲突发生时，医患双方背后的单位要以一种理性的态度对待事件，不可轻率地作出主持公道的行为，第三方要立足事实说话，谨言慎行，避免舆论高压下事件升级。

值得注意的是，间接第三方能够为医患冲突的降级发挥积极的作用。在"医院输液错误致死案"和"护士搞错病例案"中，医生主动承认失误，医院这一间接当事方负责与患者协商，最终达成协议，对患者家属进行经济补偿，使冲突得以平息。

三、第三方主体在医患冲突升级中的作用方式

医患冲突中的第三方主体在冲突过程中也会发挥重要的作用，促使冲突升级或降级。如上所述，医患冲突中的第三方主体主要分为三类：中介第三方、媒体第三方和旁观第三方，他们影响冲突升级的方式各有不同。

（一）中介第三方

中介第三方主要是指在冲突中居间发挥维护秩序、公证、斡旋、调解、仲裁、促进和解等作用的相关各方。在医患冲突中，中介第三方主要包括公证、检验和定损部门、社会调解组织、仲裁委员会、政府相关行政部门、法院等。

第三方本来是促进冲突平息或化解的一方，但如果发挥作用不

当，也会引发冲突的升级。在我们收集的144起医患冲突升级的案例中，超过8%的升级事件与中介第三方的行为有关。表5统计了第三方影响医患冲突升级的具体方式。

表5 中介第三方影响医患冲突升级的具体方式

影响冲突升级的具体方式	例数	占冲突升级案例的比例（%）
不利于某一方的决议	3	2.08
必要的强制力量缺失	9	6.25
定性不当、判定不当	1	0.69

中介第三方为顾全大局、息事宁人作出不利于某一方的决议，会引发另一方的强烈不满，进而采取更为激烈的对抗手段，从而导致冲突事件进一步恶化。与此相应，中介第三方在应当采取强制行为而选择了不作为，也会纵容一方采取使冲突升级的行为，并逼使另一方采取升级的对抗行为。在医患冲突中，由于政府对冲突方缺乏必要的强制性约束，造成设灵堂、打砸医疗设备或办公设备、堵大门、烧纸钱、围攻办公人员等使冲突升级的行为。在案例“福建南平医患冲突事件”中，患者术后突发变症，抢救无效死亡，家属拒不移尸，扣留医生，要求医院高额赔偿；现场警察不作为，医生自行组织前往解救被扣医生，家属和医生大打出手；官方主导下医患双方签订协议：医方同意补助患方21万元，由于双方发生肢体冲突均有人员受伤，“双方同意责任自行承担不予追究刑事责任”；这一协议直接诱发医生集体上访。相关领导表示，协议是“不得已做出的妥协”，认为应尽快平息事态，防止引发更大规模的群体性事件，建议医院顾全大局，做出让步。正是由于政府相关部门抱着这种维稳的态度，才导致“闹者快，医者痛”的局面在一次次的医患冲突事件频频出现。

中介第三方对冲突事件定性不当或判定不当并据此作出不当决定，也会造成冲突升级。在案例“徐宝宝死亡事件”中，南京市卫生局在案件的首次声明中，否认了当班医生玩游戏及系列冷漠表现。在强大舆论压力之下，仅仅相隔48个小时，南京市卫生局拿出了两个截然相反的调查结论，完全推翻了自己之前公布的结果。市卫生局在没有深入调查的情况下，依托医院的调查形成自己的报告声明，显然对事件了解不够清楚，对事件的定性与判定皆是不当的。

值得注意的是，中介第三方在使冲突平息和化解方面能够发挥重要作用。在我们收集到的6起医患冲突得到平息或化解的案例中，有4起都与中介第三方的作用有关。在“王敏寻衅滋事案”“山东九名‘医闹’事件”“镇海人民医院发生暴力伤医事件”三个冲突事件中，政府机关秉持公平公正公开的原则，让涉事人员及关注群体及时了解最新进展，适时安抚家属或者慰问医患人员；检察机关在保证办案质量的前提下，提高办案效率，加快涉医案件的办案进度，对公安机关移送的涉医案件，及时批捕、起诉；相关部门的沟通配合，坚持对敏感涉医犯罪案件的适时介入，协助公安机关做好侦查取证工作，共同研究和处理办案工作中出现的疑难问题，确保案件的事实和证据到位，及时锁定证据，排除分歧，形成共识，形成打击涉医犯罪的合力，从而避免了医患冲突的升级。在“泉州婴儿疑似‘烤死’事件”中，医患纠纷人民调解委员会积极调解，使医患双方达成协议，避免了医患冲突的升级。

（二）媒体第三方

媒体第三方是在冲突过程中传播相关消息的各种媒体，既包括传统的纸质媒体和广播电视，也包括新兴的各种网络传媒。中国医药协会2014年相关调查表明，“84.31%的医师认为媒体的负面报道是造成医疗场所内针对医务人员暴力行为的原因。”① 王卫华指出，“媒体

① 中国医师执业状况白皮书［EB/OL］.［2015-05-28］. http://www.cmda.net/xiehuixiangmu/falvshiwubu/tongzhigonggao/2015-05-28/14587.html.

有失公正的报道加深了患者及受众对医方的不信任感，导致了医患矛盾的加剧。”[①] 赵帛妍认为，“媒体对医患纠纷事件过度集中的报道，偏袒一方的报道，先入为主、带有成见的报道及主观臆断、妄下结论的报道等新闻炒作泛滥，加剧了医患紧张关系。”[②] 李俊蟠认为，“媒体对医疗界的扭曲报道加剧了医患关系的紧张局面，在助长患者对自己遭受不公平对待认知的同时，会使患者更加相信自己是有理的，使民众对医院的不信任指数上升。”[③]

在本研究所收集的医患冲突升级案例中，有将近14%的升级事件与媒体第三方的参与有关。表6统计了媒体第三方影响医患冲突升级的具体方式。

表6　媒体第三方影响医患冲突升级的具体方式

影响冲突升级的具体方式	例数	占冲突升级案例的比例（%）
对当事方背景身份报道	6	4.17
不符事件事实的报道	4	2.78
对事件性质的主观认定与评价	10	6.94
众多媒体集中报道施加压力	9	6.25

媒体第三方对当事方背景身份大肆报道，以“背景”为噱头吸引关注，会促使冲突升级。以“十堰法官殴打女医生事件”“南京护士被官员打伤事件”等为标题的报道，以及报道中关于“吉林省德惠市人民医院医闹事件中家属开警车打砸医院”“河北省任县县司法局局长（患者家属）聚众打死医生案”等描述，都是媒体第三方以当事方背景身份为噱头来吸引关注，引发公众强烈的愤怒情绪，从而导致冲突升级。

① 王卫华．医患矛盾报道中媒体的社会责任［J］．医学与哲学，2012（8）．

② 赵帛妍．积极引导，构建和谐医患关系——新闻媒体在医疗纠纷报道中的几个问题［J］．新闻知识，2011（10）．

③ 李俊蟠，李奉华．医患矛盾与新媒体关系的思考［J］．医学争鸣，2016（2）．

媒体第三方不符合事实的报道，以及对事件性质的主观认定或评价，都会导致冲突的升级。例如，在案例“产妇肛门被缝事件”中，事件一经媒体报道，引起舆论哗然。后经央视《新闻调查》深入调查发现，南方都市报记者为了博取公众眼球，赚取点击率，在未充分调查双方当事人的情况下，凭患者单方面的说辞和自己的推测，撰文写出了这则影响广泛的“缝肛门事件”。

众多媒体对同一事件的集中过度报道，形成巨大舆论压力，也会导致冲突升级。在案例“中科院医闹”中，经中国日报网、财经网、财新网、北京青年报等众多媒体介入报道，导致事件舆情热度急剧升温，三大权威机构对事件处理的不当言行被舆论不断放大，各方公信力都不足以赢得公众完全信任，致使事件一步步升级。

需要注意的是，媒体对某一事件的集中报道，虽然会促使冲突升级，但如果这种冲突升级引起了政府相关部门的高度重视，也会使冲突更快得到解决。在“魏则西事件”中，患者最初对就医经历进行控诉，通过知乎论坛的曝光，得到知乎网友关注并转载至新浪微博平台。经过微博、微信等社交媒体的进一步传播和发酵引爆舆论，网民对百度“竞价排名”进行激烈的谴责控告。在社交媒体舆论热点的“倒逼”下，传统主流媒体调查跟进，将莆田系医院过度宣传和治疗、部队医院科室外包等医疗监管乱象问题呈现在大众面前，从而引起有关部门的重视，这一事件所暴露出的严重问题推进了政府医疗市场秩序的更严格管理。

（三）旁观第三方

“‘旁观者’（onlookers），一般是指‘置身事外，从旁边观看或者观察的人’。在公共冲突领域，‘旁观者’主要是指那些非冲突利益相关方、但处于冲突情境中关注冲突的人们。”[①] 但在医患冲突中，

① 原珂，齐亮．“旁观者”现象：旁观者介入公共冲突的过程分析及破解策略［J］．社会主义研究，2015（1）．

旁观者往往不仅围观，而且以某种方式介入冲突过程中，评论、起哄、造谣、辱骂甚至参与打砸。在现实中，旁观者可以分为两类：一类是基于自媒体平台而产生的网络旁观者，另一类是出现在冲突事件发生现场的围观者。谢茨施耐德（E. E. Schattschneider）认为，“每一次冲突都至少包括两部分力量，即冲突的直接参与者与被吸引到‘现场’的旁观者。直接参与者的每一次增加或减少，都会影响冲突的结局；而旁观者是否成功地进入或者退出冲突，决定着冲突各方的成败。”① 普鲁特（Dean G. Pruitt）和金姆（Sung Hee Kim）的研究表明，“外在支持者对于冲突升级具有很重要的作用，突出表现为当冲突方得到外界支持时，冲突会倾向于更加剧烈。”② 原珂和齐亮研究了不同类型的旁观者基于不同的行为动机对公共冲突事件的围观，分析了他们如何通过聚集围观、言语评论、情绪积累三个阶段而逐步介入公共冲突事件，并对公共冲突造成不同程度的影响。

在本文所研究的144起医患冲突升级案例中，有近17%的升级事件与旁观者的介入有关，表7统计了旁观第三方影响医患冲突升级的具体方式。

表7　旁观第三方影响医患冲突升级的具体方式

影响冲突升级的具体方式	例数	占冲突升级案例的比例（%）
围观看热闹	24	16.67
言语评论	22	15.28
传播负面信息	11	7.64
介入冲突行动	1	0.69

旁观第三方围观看热闹，通常会增加冲突当事方对抗的“底

① E·E. 谢茨施耐德．半主权的人民山［M］．任军锋，译．天津：天津人民出版社，2000.

② Dean G. Pruitt, Sunk Hee Kim. *Social Conflict: Escalation, Stalemate, and Settlement*[M]. New York: McGrraw－Hill Companies, 2004.

气”。在本研究收集的冲突升级案例中，有24起与旁观者大规模的围观有关。在另外22起中，旁观者夹杂主观感情和判断的言语评论进一步推动了冲突事件的升级。在案例“北医三院产妇死亡事件”中，知乎上的网络旁观者用户，对死去孕妇及丈夫发表了一些看似头头是道，却完全没有法律依据的言论，只是由于符合对一些医闹的“认知逻辑”，就被很多人认可，认可程度甚至远远超过知名医生对事件的医学分析。更有甚者，某些网友只是为了站队，显示自己的“理中客”，硬是从只言片语中脑补出自己想要的场景和故事，煽动网民一拥而上，将事件推向白热化。还有11起案例因为旁观者传播负面信息，扩大事件影响范围，促使更多参与者介入，导致了冲突事态的升级。还有1例由于旁观者介入冲突行动导致事态升级的案例。在案例“钦州二医院近百人拉横幅停尸门诊大厅”中，院方多次与患方沟通未能达成一致意见，患方不同意尸检、不同意将尸体移送殡仪馆、拒绝司法鉴定、医疗事故鉴定和走法律途径，直接赔偿的要求未被满足，多次组织近百人在医院大门非法聚集、拉横幅、停尸医院门诊大厅。部分旁观者从最初聚集围观看热闹，满足其想了解事实的猎奇心理，逐步发展到介入事件中，根据自己的主观情感和判断，采取评论、起哄帮衬等方式，表达态度和倾向，使以往就医过程中的不满情绪被激发出来，并迅速扩散。此后，旁观者传播各种负面信息，并介入冲突行动，进行推搡打骂，导致冲突不断升级。

四、结论与启示

通过对近十五年来备受关注的150起医患冲突案例中各类主体作用的统计分析，可以得到以下结论和启示。

第一，本研究发现，有两个类别和五种类型的主体在医患冲突升级过程中发挥着作用。这提示我们，医患冲突治理要全面考虑影响医患冲突升级的各类别和各类型主体，不仅要考虑各类当事方主体，而且要考虑各类第三方主体。

第二，本研究发现，在当事方主体中，间接当事方比直接当事方影响冲突升级的频数更高，近60%的医患冲突升级案例与间接当事方的影响有关。这提示我们，要特别注意对各类间接当事方在冲突中作用的研究，包括医护人员的所在单位、同事、亲朋好友、雇用的律师等，以及病患及其家属的亲朋好友、雇用的律师或医闹等。

第三，本研究发现，在第三方主体中，旁观者对冲突升级的影响超过了中介第三方和媒体第三方，近17%的医患冲突升级案例与旁观者的影响有关。这提示我们，要加强对各类旁观者在冲突升级中作用的研究，包括医患冲突中的围观者、评论者、起哄者、造谣者、辱骂者和参与打砸者等。

第四，本研究发现，各类主体对医患冲突升级的作用方式是不一样的。我们尝试建立以下关系模型来说明他们之间的相互关系，如图1所示。

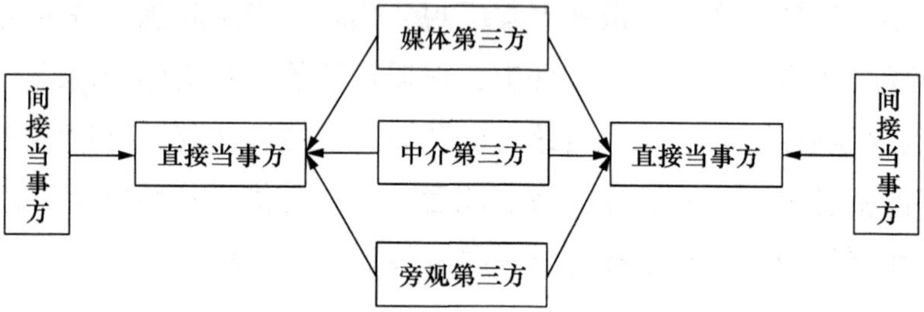

图1　医患冲突升级中各类主体的关系结构

为了进一步提高医患冲突治理的效能，应当深入研究各类主体之间的结构关系，并依据研究结果有针对性地对各类主体实施有效的管理。

农民工制度外路径讨薪策略研究

常　健　　王　雪

摘　要：农民工讨薪路径可分为制度内路径和制度外路径。通过对2003—2017年公开报道的90个制度外路径讨薪案例的研究发现，制度外路径主要包括围堵式讨薪、创意式讨薪、自杀式讨薪、网上讨薪和暴力式讨薪等形式。经济环境、组织环境和社会环境的各种压力对讨薪两种路径的选择产生重要影响。制度外路径的各种讨薪方式在成本、收益和风险方面也存在着一定的差异。2010—2017年与2003—2009年相比，自杀式讨薪数量呈现减少趋势，暴力式讨薪数量没有明显变化，而围堵式讨薪、创意式讨薪和网上讨薪呈增加趋势。为促使农民工更倾向选择制度内路径讨薪，需要调整政策导向，将维护农民工权益作为最重要目标；同时需要畅通制度内讨薪渠道，强化守法和道德压力。

关键词：农民工　讨薪　制度外路径　制度内路径

"农民工这一概念主要是指那些户籍仍在农村，但主要从事非农业劳动生产，依靠工资收入生活的劳动力。"①根据国家统计局抽样调查结果，"2015年农民工总量为27 747万人，比上年增加352万人，

作者简介：常健，南开大学周恩来政府管理学院教授，博士生导师，主要从事公共冲突管理和人权理论的研究。王雪，南开大学周恩来政府管理学院硕士研究生。

基金项目：国家社科规划重点项目"公共领域冲突管理体制研究"（13AGL005）。

文章来源：《中共宁波市委党校学报》2017年第4期。

①《中国农民工战略问题研究》课题组．中国农民工现状及其发展趋势总报告［J］．改革，2009（2）：5－27.

增长 1.3%。"① 与此同时，农民工工资拖欠问题却是一个长期存在的问题。据统计，"2015 年，被拖欠工资的农民工所占比重为 1%，比 2014 年提高 0.2 个百分点。"②

有欠薪就有讨薪。自 2000 年开始，农民工讨薪所引发的各种冲突开始进入公众视野，社会各界对农民工讨薪问题进行广泛探讨和研究。随着 2004 年《建设领域农民工工资支付管理暂行办法》和《劳动保障监察条例》的颁布施行，农民工维权开始有了法律依据和制度化途径。此后，相关法律制度不断完善。然而，相关法律制度和政策的不断出台似乎并没有充分达到预期的效果，许多农民工仍然选择制度外路径进行讨薪，这种现象及其产生的原因值得认真研究。

本研究选取了 2003—2017 年在媒体上公开发表的 90 个有关农民工制度外路径讨薪的案例。案例的选择标准主要考虑了两个方面，首先是影响重大，即有多家媒体报道或有学者撰文评论；其次是报道内容相对翔实，为分析提供了较为充分的信息。

一、农民工制度外路径讨薪的各种形式

农民工讨薪路径可以分为制度内路径和制度外路径两种。制度内路径讨薪即依据相关法律规定，经制度规定的程序通过合法途径讨薪。根据我国现有法律规定，农民工讨薪一般可以通过向工会申请调解、向劳动保障监察部门举报、向劳动争议仲裁委员会申请仲裁、向信访部门反映以及向法院提起诉讼等途径维权。制度外路径讨薪则泛指农民工不通过上述制度化途径而采取其他形式的维权行为。

在所研究的制度外路径讨薪的 90 个案例中，发现农民工制度外

---

① 国家统计局 . 2015 年农民工监测质量报告［EB/OL］.［2016 - 04 - 28］. http：//www. stats. gov. cn/tjsj/zxfb/201604/t20160428_ 1349713. html.

② 国家统计局 . 2015 年农民工监测质量报告［EB/OL］.［2016 - 04 - 28］. http：//www. stats. gov. cn/tjsj/zxfb/201604/t20160428_ 1349713. html.

路径讨薪所采取的形式可以概括为5种主要类型，即围堵式讨薪、创意式讨薪、自杀式讨薪、网上讨薪和暴力式讨薪，各类形式的案例数量和所占比例如表1所示。

表1　农民工制度外路径讨薪的各种形式

讨薪形式	案例数	占案例总数的比例（%）
围堵式讨薪	41	45.6
创意式讨薪	19	21.1
自杀式讨薪	17	18.9
网上讨薪	7	7.8
暴力式讨薪	6	6.7
总计	90	100.1

（一）围堵式讨薪

即农民工通过聚众围堵工地、建筑公司、政府、公共道路和其他公共场所以向企业或政府施压的讨薪。在围堵式讨薪中，比较明显的特点是参与围堵的农民工人数较多，往往采取罢工、静坐、下跪、打横幅、与资方据理力争等非暴力行为，但在此过程中却容易升级为双方或与第三方之间的暴力冲突。2004年甘肃农民工集体讨薪事件属于典型的围堵式讨薪，约100名农民工前往房地产公司静坐讨薪，在此过程中与公司方人员发生冲突，进一步演变成双方人员的群殴事件，造成多人受伤。在2012年山西农民工集体讨薪事件中，山西运城80余名农民工围堵酒楼造成交通瘫痪，警方介入后与民工发生肢体冲突，造成7名民警受伤。

（二）创意式讨薪

农民工采取与众不同、颇具创意的做法通过博人眼球、引起关注来讨薪。创意讨薪的形式五花八门，既有悲情式的“子女讨薪”“乞讨讨薪”，又有温情式的“贺卡讨薪”“接机讨薪”，既有时尚的“跳舞讨薪”“卡通讨薪”，也有恶俗的“裸体讨薪”“卖乳讨薪”。创意式讨薪一般采取较为温和的方式，形式“求新求异”，其目的在于引起媒体和社会的关注，借由媒体和舆论的力量“把事闹大”，向政府和企业施压寻求问题解决。创意式讨薪与自杀式讨薪有相似之处，都是通过一定行为引起社会关注借以施压，但创意式讨薪更为理智，几乎不会造成危害和损失。

（三）自杀式讨薪

学者徐昕曾对农民工自杀式讨薪进行深入剖析，这里借鉴他的观点，将自杀式讨薪定义为农民工通过自杀或摆出自杀姿态以“发出信号、祈求帮助、引起关注、形成压力、解决纠纷和保障权利”①。在自杀式讨薪中，有些农民工只是摆出自杀姿态，希望引起媒体、社会的关注，向政府和企业施压，尽管如此，施救和谈判过程也会耗费大量的人力、物力、财力。而有些农民工则在情绪失控的情况下以生命为代价，“以死抗争”，由其引发的冲突往往程度激烈，结果惨烈。在2003年的山东农民工自焚事件中，四川农民工徐某在讨薪过程中被殴，一时悲愤，往身上浇汽油抱住包工头自焚，被严重烧伤。在2004年沈阳农民工吞药自杀事件中，7名农民工因讨薪未果而选择集体吞药自杀。在2015年河北女孩跳楼讨薪事件中，13岁少女在为父讨薪的过程中跳楼身亡。

（四）网上讨薪

农民工以互联网为平台和媒介进行讨薪，如论坛发帖讨薪、微博讨薪等。随着互联网的发展和自媒体的兴起，一些农民工开始通过网

① 徐昕．为权利而自杀——转型中国农民工的“以死抗争”［M］//中国制度变迁的案例研究（第5辑）．北京，中国财经出版社，2008：268－318.

络讨薪。被誉为“网络讨薪第一人”的张仲凡是其中的代表人物，在上门讨薪被打之后，张仲凡将自己的讨薪遭遇写成打油诗以“讨薪寒”的网名发表在微博上，受到网友的普遍关注，被多次转发，也引起了媒体和相关政府部门的重视。当前，网上讨薪这一手段日益受到政府有关部门的关注，2011 年，河南省高级人民法院专门开通“豫法阳光微博发布厅”，并开始启动通过微博帮助农民工讨薪活动。欠薪农民工或其代理人只要上网发一条加有“豫法阳光关注务工人员讨薪”关键词的新浪微博，就有可能拿到被欠的工钱。

（五）暴力式讨薪

农民工采取打砸、抢劫、杀人、绑架、纵火、爆炸等暴力手段讨薪。此处关于暴力式讨薪的定义与通常所理解的有所出入，这里强调农民工的主观倾向，即有使用暴力的预谋或动机。在暴力讨薪中，农民工或是因讨薪不成，或是因被逼无奈，都将使用暴力作为报复或胁迫的手段，抱着同归于尽的心理，将道德、法度乃至生死置之度外。与自杀式讨薪的“自虐”不同，暴力讨薪是“虐他”，其目的并不在于获得关注、形成压力，而更加倾向于泄愤、报复，因而暴力程度更甚，社会危害性更强。曾在社会上引起广泛讨论的王斌余杀人案具有代表性。2005 年，甘肃天水市农民工王斌余讨要工资未果，反遭谩骂和殴打，在绝望和愤怒之下，王斌余持刀连捅 5 人，造成 4 人死亡，1 人重伤。围堵式讨薪过程中也易发生暴力冲突，但与暴力讨薪有着显著不同，首先，围堵式讨薪并未有使用暴力的主观倾向，一般采取静坐、下跪等非暴力的手段；而暴力讨薪的农民工则经常是有预谋或有准备的蓄意行为，常常在讨薪时携带刀械、炸药、汽油等，一旦讨薪不成就会采取极端手段，发生暴力事件的概率更高。其次，围堵式讨薪中即使引发了暴力冲突，往往也是程度较轻的肢体冲突，造成人员重伤致残、死亡的案例极少；而暴力讨薪一旦发生，就很可能酿成恶性犯罪事件，有时甚至会威胁到其他民众的生命安全。

需要指出的是，在选择制度内路径或制度外路径的各种方式时，农民工经常会同时或先后采用多种方式，当一种方式无效时，会根据情境采取其他方式，直到讨薪成功或无奈放弃。

二、影响农民工讨薪两种路径选择的各种压力

农民工对讨薪路径的选择，受到社会环境、经济环境和组织环境的各种压力，从而对他们究竟是选择制度内路径还是制度外路径产生影响，如图1所示。

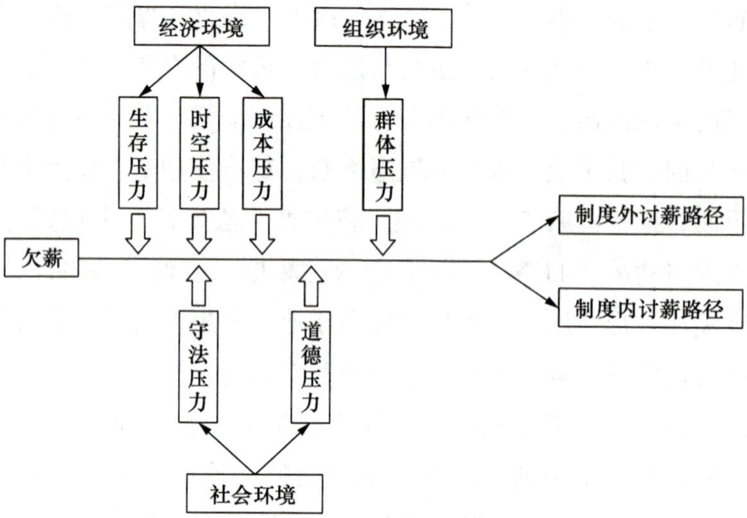

图1　影响农民工讨薪两种路径选择的各种压力

（一）经济环境压力

从农民工所处的经济环境来看，由于其经济基础薄弱，从事的又多是技能要求不高而工资较低的行业，因此在遭遇欠薪时，农民工往往面临着巨大的生存压力、时空压力和成本压力。

首先，很多农民工在讨薪过程中食不果腹、居无定所，有时自己或家人还承受着病痛的折磨，急需讨薪“救命”，面临着巨大的生存压力。

其次，被拖欠工资的农民工一般是来自外地农村，讨薪过程中可能需要往返两地并自付交通费，而且按照建筑行业的惯例，农民工工资一般集中在夏收、秋收、年底发放，不少农民工会于此时返乡，一旦被拖欠工资，农民工又着急回家收粮耕种，或者为了谋生而继续工作，这样讨薪农民工承受着一定的空间和时间上的压力。

最后，还有成本压力，这里的成本主要是指金钱成本，“家无恒产”又被拖欠工资的农民工必须要考虑讨薪的成本。经济环境造成的各种压力迫使农民工不得不选择快速有效而又成本低廉的方式进行讨薪，对于农民工来说，制度内讨薪要耗费更多的时间，还要支付一定的费用，而结果可能得不偿失。据《中国农民工维权成本调查报告》的调查分析，“为了索要不足1000元的工资，完成从劳动监察、到劳动仲裁再到诉讼等所有程序，农民工需要直接支付至少920元的各种花费，花费时间至少是11—21天。”①

上述经济压力会使得农民工倾向于放弃等待时间长、经济成本高、还需要来回往返奔波的制度内讨薪路径，而选择成本低、见效快的制度外讨薪路径。

（二）组织环境压力

从农民工所处的组织环境来看，农民工在讨薪时会面临群体压力。

一方面，很多农民工外出打工一般是与亲戚或同乡一起，形成一个彼此帮扶的小团体，由其中一人作为“带头人”召集其他农民工

① 张燕，石毅．《中国农民工维权成本调查报告》出炉讨薪成本知多少：至少三倍于收益［J］．中国就业，2005（7）．

一起工作。如果被拖欠工资，其他农民工会找“带头人”，由“带头人”或包工头作为农民工代表前去讨要。“带头人”的角色实际上承担着很大的群体压力，2008 年发生的农民工绑架讨薪事件便是如此，作为“带头人”的农民工在其他农民工的催逼之下，在多次找包工头讨要未果之后绑架其家属，最终拿到工资分发给其他农民工，而该农民工也因犯罪入狱。

另一方面，被拖欠工资的农民工在讨要工资时也会自然形成一个组织化程度不高的群体，这种群体也会对每一位成员产生压力，使其愿意为实现群体的一致利益而牺牲。在上述群体压力之下，为了能拿到工资，农民工将不惜一切代价，也会使农民工跟随其他人一起选择制度外路径讨薪。

（三）社会环境压力

从农民工所处的社会环境来看，农民工在遭遇欠薪时会面临着守法压力和道德压力，这些促使农民工倾向于选择合乎法律和道德的制度内路径进行讨薪。

在守法压力方面，自 1997 年党的十五大提出依法治国的基本方略以来，我国高度重视法治建设，特别是党的十八大以来，提出了科学立法、公正司法、严格执法、全民守法的全面依法治国方略。在这样的环境下，农民工讨薪时承担着守法压力，必须要考虑到其方式是否合法，一旦违法就要受到相应处罚。例如，在 17 个自杀式讨薪的案例中，有两例明确提到讨薪农民工因扰乱公共秩序被处罚。

另外，在我国传统文化中，崇尚以和为贵。在当代，党和国家在强调依法治国的同时，也提出了以德治国的方针，以及构建和谐社会的战略任务。在这样的情况下，农民工讨薪无疑承担着道德压力，有些方式虽然不违法，但却与人们的道德观念不符。在 2006 年“卖乳讨薪”事件中，有些市民对这种行为表示谴责，认为是对女性的侮辱。

可以看到，经济环境和组织环境的压力与来自社会环境的压力是相互对抗、相互抵消的。当守法压力、道德压力大于生存压力、时空压力、成本压力和群体压力时，农民工更容易选择制度内路径来讨薪；反之，当生存压力、时空压力、成本压力和群体压力之和大于守法压力、道德压力时，农民工更可能选择制度外路径讨薪。

三、农民工讨薪的路径选择过程

农民工对讨薪路径和方式的选择，往往经历了一个过程，如图2所示。

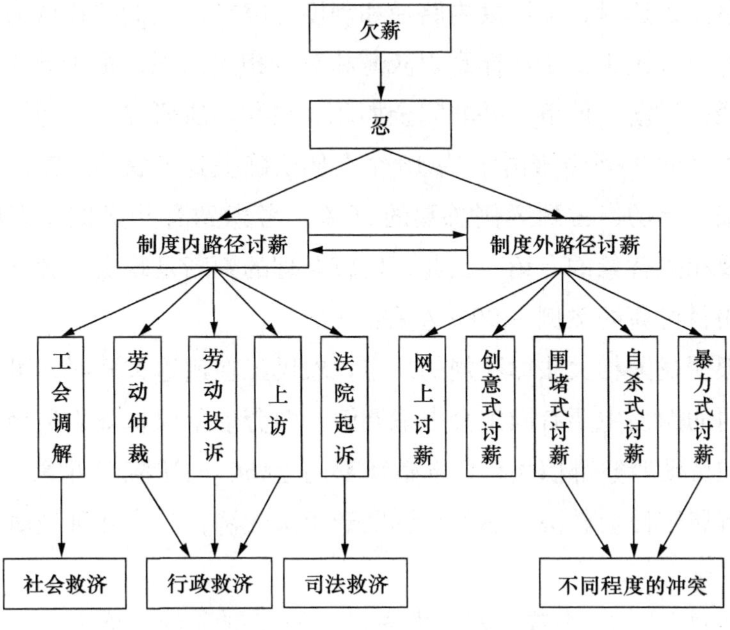

图2　农民工讨薪的路径选择过程

最初，当被拖欠工资时，很多农民工的第一选择往往是忍。为了保住工作岗位，农民工不愿轻易与雇方撕破脸皮。以建筑行业为例，虽然国家早有规定农民工工资应当按月足额发放，但在实际情况中，建筑农民工通常只有在工程完成之后，才能拿到所有工资，对于这一“传统”，很多农民工只能选择接受，不然就要失去工作，这也可以解释为什么每到年末农民工讨薪冲突就会集中爆发。而这样的忍让不仅不能解决问题，还会对后期农民工的讨薪路径选择产生不良影响。一方面，忍耐时间越久，被拖欠的工资就越多，就更难以承受已投入成本的损失，因此，在容忍到一定程度之后，农民工很少会选择放弃讨薪，反而愿意为讨薪付出更大的代价，甚至是生命。另一方面，长期的负面情绪积累，也容易使农民工在讨薪过程中受到非理性因素的影响，酿成愤而自杀、激情杀人的惨剧。

当忍无可忍之时，农民工会采取讨薪行动。此时，农民工面临两种讨薪路径选择，即制度内路径和制度外路径。人们往往认为，在一般情况下农民工由于法律意识淡薄和缺少相关知识，很少会通过制度内路径去讨薪。但事实并非完全如此。在我们所研究的选择了制度外路径讨薪的 90 个案例中，有 18 个案例明确提到了农民工曾向相关部门举报、上访，占到案例总数的 20% 。考虑到有些案例在资料中并未涉及相关背景的介绍，因此，比较合理的判断是现实中尝试采用制度化路径讨薪的案例占 30% 左右。

根据我国相关法律法规的规定，农民工在遭遇欠薪时，可以寻求制度内的途径主要有向工会申请调解、向劳动争议仲裁委员会申请仲裁、向劳动监察部门投诉、向信访部门上访、向法院起诉等。其中工会调解属于社会救济，法院起诉属于司法救济，其余几种均属于行政救济。

在对上述 18 个曾采取制度内讨薪的案例进行分析之后，会发现寻求行政救济远比寻求司法救济的比率高。在上述 18 个寻求过制度内路径讨薪的案例中，有 4 个案例涉及农民工向法院起诉未果或未执行，其余 14 个案例是向劳动监察部门举报、向信访局上访或向政府机关反映情况。产生这一现象的原因主要有两个方面。一方面，正常的讨薪程序一般包括向所属劳动监察大队举报、申请劳动仲裁、申请立案、移交检察院、向法院起诉等程序，每级程序还要经过调解、申请与受理等环节，周期之漫长，程序之复杂，让农民工很难坚持到起诉阶段；另一方面，法院起诉要付出更多的金钱成本，这使本来就没有工资收入的农民工望而却步。

最后，在制度内讨薪失败后，很多农民工会转而选择制度外路径的各种方式继续讨薪。在上述 18 个案例中，有 12 个案例中的农民工在制度内路径讨薪失败后，选择了制度外路径讨薪方式继续讨薪。在 2014 年河南百名农民工下跪讨薪事件中，郑州 100 多名农民工被拖欠工资后，曾“找了许多部门”，但都没有解决问题。无奈之下，他们当街集体下跪，希望引起媒体和政府部门的重视。

同时，也存在着另外两种选择过程，一种是先选择制度外路径讨薪，失败后再选择制度内路径；另一种是同时选择制度内和制度外的路径，双重施压。在上述 18 个案例中，有 6 个案例是同时选择了制度内路径或制度外路径，或在选择制度外路径失败后再选择制度内路径。

四、制度外路径各种讨薪方式的成本、收益与风险

农民工对制度外路径各种讨薪方式的选择，并不是缺乏理性的一味“把闹事大”，而是会理性地权衡成本、收益和风险，希望在所处情境下以最小的成本和风险获得最大的收益。从现实案例分析，制度外路径的各种讨薪方式在成本、收益和风险有一定差异。

从成本角度分析，网上讨薪和创意式讨薪的成本最低，既不需要付出太多的时间金钱成本，也不存在因违法行为所带来的潜在成本；围堵式讨薪次之，同样不需要太多的成本即可实施，而且“法不责众”的心理可能会降低农民工对该策略的风险预期；自杀式讨薪的成本较高，因为农民工要承担自身人身安全的风险以及可能因扰乱社

会秩序而被行政处罚的潜在成本；暴力讨薪的成本最高，可能要承受因犯罪而带来的刑事处罚。

从收益角度分析，在所收集的案例中，网上讨薪的成功率最高为83.33%；其次是围堵式讨薪，成功率为65.63%；再次是创意式讨薪和自杀式讨薪，成功率均为50%；最低的是暴力式讨薪，成功率仅为16.67%，见表2。

表2　制度外路径各种讨薪方式的成功率　　单位：例

	讨薪成功	讨薪失败	不清楚	成功率（%）
网上讨薪	5	1	1	83.33
围堵式讨薪	21	11	9	65.63
创意式讨薪	6	6	7	50.00
自杀式讨薪	4	4	9	50.00
暴力式讨薪	1	5	0	16.67
总计	37	27	26	—

从风险角度分析，创意式讨薪和网上讨薪不太容易引起激烈的冲突，但其余三种方式引起激烈冲突的可能性非常大。在17个自杀式讨薪案例中，有6例涉及人员伤亡；在41个围堵式讨薪案例中，导致暴力冲突、致人伤亡的就有30例，其中有5例还涉及与警方发生肢体冲突；在6个暴力讨薪案例中，有3例发生了恶性杀人事件。

在围堵式讨薪所引发的暴力性冲突中，有相当一部分是恶意欠薪的建筑公司蓄意或雇人对围堵的农民工单方面进行打杀，在41个围堵式讨薪案例中，有10个案例被描述为农民工遭群殴。如2005年发生的河南百余人围殴民工血案，当时正值河南“两会”期间，在郑州一小区门口讨薪的多名农民工被100多人手持武器砍杀围殴，酿成血案，引起了国务院的高度重视。

五、不同时期农民工制度外讨薪路径的差异分析

对不同时期农民工制度外路径讨薪的各种方式进行纵向对比分析，也能发现一些值得关注的变化。以 2010 年为分界线，把近 14 年的案例分成 2003—2009 年和 2010—2017 年两个时期。对比前后两个时间阶段，可以发现有三个较为明显的变化，如图 3 所示。首先，创意式讨薪明显增加。在第一个时期，创意式讨薪有 4 例，在第二个时期有 15 例。其次，自杀式讨薪明显减少。第一个时期内有 11 例属于自杀式讨薪，在第二个时期仅有 5 例。最后，网上讨薪出现并增加。在第一个时期，网上讨薪仅有 1 例，在第二个时期则有 6 例。而在两个时期中，围堵式讨薪与暴力式讨薪的数量变化并不明显。

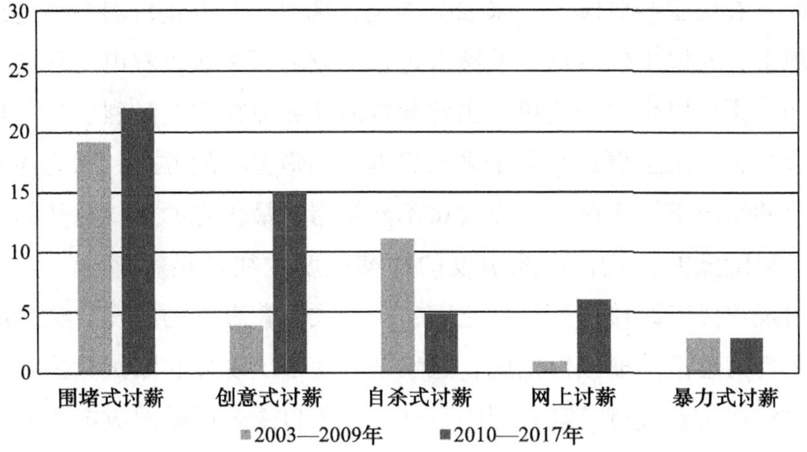

图 3　不同时期农民工制度外讨薪路径的选择差异

对于上述变化，可以作出以下两个方面的解释。

第一，从整个社会环境来看，网络的逐渐普及、新闻媒体的发展以及自媒体的出现，拓宽了农民工在讨薪时的策略选择宽度。在最初

农民工讨薪问题出现时，新闻媒体尚不关注，也未进入政府视野，面对欠薪，农民工只能依靠自身和群体的力量维护自身权益，2000年，“农民工全城围堵工头”的新闻使公众开始意识到问题的严重性。2003年，“总理讨薪”事件使得农民工讨薪问题引起了媒体和政府的高度重视，农民工也开始意识到可以借助媒体和政府的力量向建筑方施压，而如何引起媒体的关注呢？自杀式讨薪是农民工首先想到的不得不为的选择。然而，随着经济社会的发展，网络的逐渐普及，求新求异的网络文化也迅速流行起来，此时比起频繁发生的“跳楼秀”，一些反其道而行之的创意式讨薪更能引起媒体的关注。随着自媒体的兴起，借助论坛、微博等平台，农民工可以直接向公众倾诉、向政府有关部门寻求帮助。由此可见，随着时代的发展，农民工制度外讨薪策略的选择宽度是逐渐增加的。

选择宽度会对农民工的路径选择及其结果产生影响。当选择宽度小时，农民工会更倾向于采取极端化、暴力性的方式，因为在这样的情境下，农民工仅有这一条路可走，不成功即失败，农民工只能不顾一切，哪怕以生命为代价，由此导致的冲突往往程度激烈。当选择宽度大时，农民工更加倾向于采取成本、风险更小的方式，因为在有所选择的情况下，农民工可以尝试不同策略，最优先的选择自然是成本小、风险低的方式，由此引发的冲突程度往往较轻。此外，自2002年出现农民工跳楼讨薪事件之后，自杀式讨薪事件的频发导致政府对此类行为逐渐采取强硬措施，近年来各地都出现多起以扰乱公共秩序罪对跳楼讨薪进行行政处罚的事件，可见自杀式讨薪的成本明显已经增加。

第二，从农民工主体来看，农民工的代际结构变化也可以解释上述差异。根据国家统计局2009年对全国31个省（自治区、直辖市）的农民工监测调查，“在所有外出农民工中，新生代农民工即1980年之后出生的外出农民工的比例超过了一半，占到58.4%，说明新生代农民工逐渐成为外出农民工的主体。”① 新生代农民工在很多方面与老一代农民工不同。首先，新生代农民工的受教育程度较高，对法律相关知识了解得更多，维权意识和维权能力也更强，面对欠薪更不愿意“忍”。其次，新生代农民工的相对剥夺感更强。与老一代农民工不同，新生代农民工由于出生在城市，或在年纪很小时就进入城市工作，因此对城乡差距更敏感，不公平感更强，在面对欠薪时，可能会更容易产生愤懑、仇恨、报复等负面情绪，在讨薪时采取暴力性的行为。最后，根据国家统计局的调查数据，在业余时间安排上，新生代农民工经常上网和看电视的比例分别占46.9%和52.1%，说明网络对新生代农民工产生很大影响，相对于老一代，他们更能接受网络信息和文化，更会使用网络这一工具，这在一定程度上可以作为创意讨薪、网上讨薪增加的解释。2011年，“网络讨薪第一人”刘仲凡通过在微博上发表讨薪打油诗而获得广泛关注。

六、结论与思考

通过以上分析可以发现，农民工在讨薪中选择制度外路径并非是“胡搅蛮缠”，而是在一定情境下在权衡利弊后作出的理性选择。因此，要引导农民工的行为向合法化、合理化、制度内回归，必须要改善农民工所处的讨薪情境，促使农民工更倾向于选择制度内路径。为了实现这一目标，需要在两个方面作出重要调整。

（一）调整相关政策导向，将维护农民工权益作为首要目标

近年来，党和政府高度重视农民工讨薪问题，相继出台了多项整治政策。早在2006年出台的《国务院关于解决农民工问题的若干意

① 新生代农民工基本情况研究课题组．新生代农民工的数量、结构和特点［J］．数据，2011（4）．

见》(下文简称《意见》)就指出,“农民工面临的突出问题之一是拖欠工资现象严重,提出建立农民工工资支付保障制度。”[①] 2008年国务院办公厅下达的《关于切实做好当前农民工工作的通知》提出,“要确保农民工工资按时足额发放。”[②] 2010年,国务院办公厅下发《关于切实解决企业拖欠农民工工资问题的紧急通知》(下文简称《紧急通知》),要求“各地区、各有关部门和单位加大工作力度,切实解决企业拖欠农民工工资问题。”[③] 2016年国务院办公厅再次出台《关于全面治理拖欠农民工工资问题的意见》(下文简称2016年《意见》),提出了治理目标,即“到2020年,形成制度完备、责任落实、监管有力的治理格局,使拖欠农民工工资问题得到根本遏制,努力实现基本无拖欠”[④]。从政策文本可以看出,党和政府对农民工工资问题日益重视,政策措施日益详尽具体。

但上述政策中将维护社会稳定作为重中之重,而将解决农民工权利受到侵害的问题只是作为维稳的手段。这种导向可能会对农民工的讨薪路径选择产生负向激励。2006年《意见》指出“维护农民工权益问题直接关系到维护社会公平正义,保持社会和谐稳定”[⑤];而2010年下发的《紧急通知》的背景是“最近在一些地区接连发生因企业特别是建设领域企业拖欠农民工工资引发的群体性事件,严重影响社会稳定”[⑥];2016年《意见》再次强调解决拖欠农民工工资问

① 国务院关于解决农民工问题的若干意见[EB/OL].[2008-03-28].http://www.gov.cn/zhengce/content/2008-03/28/content_6668.htm.

② 国务院关于切实做好当前农民工工作的通知[EB/OL].[2008-12-22].http://www.gov.cn/zhengce/content/2008-12/22/content_6628.htm.

③ 国务院办公厅关于切实解决企业拖欠农民工工资问题的紧急通知[EB/OL].[2010-02-05].http://www.gov.cn/zhengce/content/2010-02/05/content_6622.htm.

④ 国务院办公厅关于全面治理拖欠农民工工资问题的意见[EB/OL].[2016-01-19].http://www.gov.cn/zhengce/content/2016-01/19/content_5034320.htm.

⑤ 国务院关于解决农民工问题的若干意见[EB/OL].[2008-03-28].http://www.gov.cn/zhengce/content/2008-03/28/content_6668.htm.

⑥ 国务院办公厅关于切实解决企业拖欠农民工工资问题的紧急通知[EB/OL].[2010-02-05].http://www.gov.cn/zhengce/content/2010-02/05/content_6622.htm.

题，事关广大农民工切身利益，事关社会公平正义和社会和谐稳定，指出拖欠农民工工资问题“引发的群体性事件时有发生，影响社会稳定”①。上述政策文件无一不在强调社会稳定问题，地方政府在问责压力下，在处理讨薪事件时也必须将稳定放在第一位。这样一旦农民工采取自杀式讨薪、围堵式讨薪等制度外讨薪策略时，为了维稳，地方政府会采取各种手段迅速解决问题，尽量满足农民工的要求。长期下来，就会使农民工产生“大闹大解决，小闹小解决，不闹不解决”的认识，进而促使其更多地选择制度外讨薪路径。因此，必须要调整相关政策的导向，将切实维护农民工权益作为首要目标，真正从维护农民工权益出发切实解决农民工权益受到侵害的问题。

（二）畅通制度内讨薪渠道，强化守法压力和道德压力

要减少因农民工制度外路径讨薪所引发的群体性、暴力性冲突，就必须要畅通制度内讨薪路径，促使农民工通过合理合法的手段进行讨薪，这也是依法治国的必然要求。通过上述对农民工讨薪路径选择的影响因素的分析，可以看到来自经济环境和组织环境的各种压力会促使农民工倾向于选择制度外路径讨薪，而社会环境中的守法压力和道德压力会促使农民工选择制度内路径讨薪。因此，在构建制度内讨薪机制时，应当注意两个方面。

一方面，要尽量减小农民工面临的生存压力、时空压力、成本压力和群体压力。首先，考虑到讨薪农民工面临的生存压力，可以由劳动部门或工会提供讨薪补贴金，保障农民工在讨薪期间的基本生活。在2007年发生的“太太讨薪队”事件中，云南省总工会就曾为每位“太太”提供了500元的赞助款。其次，针对农民工在讨薪时面临的时空压力和成本压力，主要还是要对当前的制度进行改进和完善，应

① 国务院办公厅关于全面治理拖欠农民工工资问题的意见［EB/OL］.［2016－01－19］. http：//www.gov.cn/zhengce/content/2016－01/19/content_5034320.htm.

当简化程序，缩短周期，降低制度化讨薪成本，提高效力，加强执行，增强制度化讨薪的有效性。具体来说，行政救济虽然费用较低，但公平性显然不如司法救济，当前有关政府部门在处理农民工讨薪问题时，仍然存在相互“踢皮球”的现象，对此，应当对相关部门的职责权限进行明确划分，避免相互推诿。司法救济虽然较为公平公正，但费用较高，对此可以由社会团体如公益律师团提供法律援助，还可以开设“绿色通道”，暂免或由被告方垫付费用。上述两种救济都存在程序烦琐、处理僵化的问题，这需要简化流程，提供灵活的处理方案。

另一方面，要加大农民工的守法压力和道德压力。首先，政府应当降低对暴力讨薪、围堵讨薪的容忍度，出台相关制度政策，一旦发生群体性、暴力性冲突，要及时依法处理，施以相应处罚，提高违法讨薪成本。其次，还要通过教育、宣传等方式增强农民工的守法意识和道德素养，提高农民工依法维权的能力。

治理错位与冲突升级：复合治理的困境

——“东利事件”的个案研究

王旭辉

摘　要：本文采用案例研究法，以20世纪90年代初发生的“东利事件”为例，透过该教派冲突事件的冲突升级及解决过程，重点探讨了不同治理主体及治理机制参与下的复合型冲突治理如何陷入结构性错位困境这一核心问题。通过历时性案例分析发现，“东利事件”不仅经历了从日常冲突到刑事案件，再到群体性武装械斗甚至地方骚乱的冲突类型转换，还呈现出由个体性非暴力冲突到局部性暴力冲突，再到群体性及全局性暴力冲突的冲突等级变化，实际上也分别适用不同类型的冲突解决框架。然而，与宗教的复合性治域属性相对应，由宗教组织、不同层级政府、社区自治组织等主体所共同参与的复合型冲突治理，却面临双重结构性错位的现实困境——横向和纵向结构性治理错位，进而使得内外、正式与非正式治理机制失效，甚至反向激化事态。

关键词：教派冲突　冲突升级　复合治理　治理错位

作者简介：王旭辉，中央民族大学民族学与社会学学院副教授，主要研究方向为组织社会学、科技社会学。

基金项目：北京市哲学社科规划项目“技术进步与组织间关系”（12SHC021）、中央民族大学优秀青年人才科研专项“民族社会工作的服务需求及介入策略研究”（2017YQ11）。

文章来源：《社会学评论》2017年第4期。

一、问题、缘由及方法

在当前中国社会刚性维稳及控制性冲突治理模式之下①，无论是社会冲突双方的博弈，还是政府部门的介入及调控过程，都极易在"闹大""以理抗争""依势博弈"或"不出事""大事化小""摆平"等行动逻辑之下被拉长、放大②，并面临党政渠道与司法渠道之间的内在张力③。同时，这往往还意味着诉求及事态本身的性质变化，以及社会冲突终止时机的一再错过和政府等第三方调解者角色的失效。④ 当然，对于具有社会破坏力的群体性冲突而言，上述过程和行动策略所诱发的现实影响则更为突出。实际上，由于政府采取退居幕后、由代理人或中间人协调解决的弹性治理策略，又或者是急于对冲突双方实施控制性压制而非实质性问题解决，一次个体间常规冲突或刑事案件就可能诱发更高烈度的群体性冲突，甚至会导致司法、行政干预等正式治理机制的失效。⑤

与"无为而治""简约治理"的基层社会治理传统⑥以及多元治理路径相混合的复合治理传统相一致⑦，当前中国社会的冲突治理仍呈现出综合应用司法诉讼、行政干预、半官方协调以及民间自我调解

---

① 清华大学课题组．以利益表达制度化实现长治久安［J］．学习月刊，2010（23）．

② 张春颜．控制与化解：转型期中国冲突治理的内在逻辑［J］．学习论坛，2015（2）．李婷婷．"兜底"的调解者——转型期中国冲突管理的迷局与逻辑［J］．社会主义研究，2012（2）．

③ 马原．大众主义传统与法制理性：国家处理社会矛盾的"双轨制"——来自华北×县的案例观察［J］．社会学评论，2016（3）．

④ 张世勇，杨华．农民"闹大"与政府"兜底"：中国农村社会冲突管理的逻辑建构［J］．中国农村观察，2014（1）．

⑤ 李鹏．从非暴力到暴力：中国社会抗争的冲突升级分析［D］．上海：上海交通大学，2012.

⑥ 贺跃夫．晚清县以下基层行政官署与乡村社会控制［J］．中山大学学报，1995（4）．

⑦ 春杨．清代半官方性质民事纠纷调解初探［M］//法律文化研究（第4辑）．北京：中国人民大学出版社，2008.

等机制的特征[①]。然而，这种多元冲突或纠纷解决机制却常常不能达至协调、一体化应用的预期效果，甚至还会因为不同冲突解决机制之间的内在张力，而造成冲突治理上的更多困难[②]。当前，尽管社会治理已经替代统治或管理等概念成为热门术语，而多中心治理、协同治理模式也多被学术界及实务界所倡导[③]，但多元主体有效参与的多中心或合作治理模式在中国尚远未实现，并实际上面临不同治理主体及治理机制之间关系整合的难题，这也是下文案例分析的一个重要回应。[④]

与上述现实及理论关注相一致，笔者2010—2013年曾到山东、宁夏、内蒙古等地开展多次“涉民群体性事件”[⑤]调查。在调查过程中笔者发现，一方面，我们调查的民族、宗教类群体性事件大多并非一开始就进入高烈度冲突状态，而是往往经历一个前后相继的恶性循环过程[⑥]。另一方面，在事件演变的不同阶段，本可以终止事态的某些重要节点却常常在“民族、宗教无小事”“政治优先”“大事化小”等原则的引导之下被错过[⑦]，而政府部门等相关责任主体的回避、推脱、分化瓦解等行动策略甚至还会加剧事态的恶化。同时，尽管民族、宗教因素在此类事件或矛盾冲突中能够起到共识达成、资源动员及行动组织的作用，但除了极少数由极端势力所推动的对抗性事

---

① 黄宗智．集权的简约治理——中国以准官员和纠纷解决为主的半正式基层行政［J］．开放时代，2008（2）．

② 宋婧．纠纷与秩序——以农村群体性事件与多元纠纷解决机制为进路的研究［D］．昆明：云南大学，2010．

③ 陈翠玉，蒋海松．清朝宗教事务法律治理的历史智慧及当下镜鉴［J］．国家行政学院学报，2015（3）．

④ 蒋俊杰．跨界治理视角下社会冲突的形成机理与对策研究［J］．行政管理改革，2015（3）．

⑤ 本文“涉民群体性事件”既涉及少数民族的群体性事件，也包含涉及少数民族的宗教类群体性事件

⑥ 李鹏．从非暴力到暴力：中国社会抗争的冲突升级分析［D］．上海：上海交通大学，2012．

⑦ 吴新叶．社会冲突中的涉民族因素及其解决——兼论法治在民族地区的实现［J］．学术界，2015（2）．

件之外，非政治对抗性利益诉求往往才是此类事件的根本诱因[①]。而这些调查经历及思考，则进一步促动笔者聚焦这一研究问题：为什么冲突事件会持续恶化乃至失控，而未能通过有效的冲突治理得到及时控制或化解?

与之相应，本文既不试图单纯关注社会冲突的演化过程或冲突双方的行动策略，也不聚焦于社会冲突的管控或解决方式问题，而是从两者之间关系层面，重点分析社会冲突的治理问题：通过哪些治理主体及治理机制来调控冲突，它们之间又是一种什么样的关系，其动因和影响又是什么？与此相应，作为本文所关注案例的“东利事件”[②]，其既经历了冲突规模、类型及性质的阶段性变化，还呈现出多阶段冲突调控低效甚至无效的恶性循环，便于从社会冲突的治理过程及治理机制角度展开具体分析。鉴于此，本文将以“东利事件”为例，透过该教派冲突事件的演变及调控过程，重点探讨不同治理主体及治理机制支撑下的复合型冲突治理如何陷入结构性错位困境。

与之相应，本文以1991—1994年[③]发生在东利县的“东利事件”为例，基于扩展个案方法的研究策略，展开对该教派冲突事件演变过程的回溯性个案调查，以及历时性个案比较分析[④]。一方面，本研究主要通过深度访谈法搜集研究资料，选取冲突双方以及关键第三方（政府部门）中的知情人作为访谈对象，回溯性地调查“东利事件”的发生和演变过程。另一方面，本研究还采用文献法，补充搜集了有关东利事件以及当地宗教发展情况等方面的地方史志资料、档案材料，以与访谈资料形成对照和甄别。资料搜集完成之后，笔者则依据

① 何蓉．国家规制与宗教组织的发展：中国佛教的政教关系史的制度分析［J］．社会，2008（6）．

② 按照通行规范，本文对冲突事件、冲突发生地以及文中相关人物名字，均进行了匿名化处理。在此，以“东利事件”指代此次教派冲突事件，并用“东利县”指称此次事件的主要发生地。

③ 当然，根据研究需要，这一时间跨度也会适当向前或向后延展。

④ Burawoy Michael. *The Extended Case Method* [J]. Social Theory，1998，16（1）：4－33.

该事件发生、演变的不同阶段，通过个案纵向比较分析，重点探讨不同治理主体及治理机制所构成的复合型治理在教派冲突螺旋式升级过程中的影响。当然，为实现上述研究目标，本研究分别从三条线索具体展开资料搜集及分析工作：第一条线索是“东利事件”的发生及演变过程，尤其是其冲突规模、性质的阶段性变化；第二条线索是隐藏在事件背后的利益诉求变化，以及适用性冲突解决框架变动；第三条线索是冲突管控意义上的治理主体及治理机制变化，以及它们之间的关系变动。

二、文献回顾与分析框架提出

在展开具体案例分析之前，本文还需考虑如何从治理角度展开社会冲突事件的演变及调控过程分析。这既是文献梳理的焦点，也是案例分析框架提出的基础。某种意义上，这也与社会冲突研究、国家及社会治理研究两者之间互为一体的研究路径相一致。[①]

（一）相关研究综述

总体上，除去冲突理论研究以及冲突态势的宏观或历史分析，当前我国社会冲突的经验研究往往呈现为群体性事件研究、信访研究、社会抗争研究、集体行动研究等具体类属，并以冲突成因、影响及对策分析为主线，展开冲突演化及主体行动的事件—过程分析。[②] 同时，尽管社会冲突的直接原因是利益分歧，但间接原因则涉及处置不当或有效治理缺位，既有研究还偏向于以官—民二元对立的分析框架，将社会冲突分析与国家政策、治理模式及不同层级政府间关系等

---

① 冯仕政．社会冲突、国家治理与“群体性事件”概念的演生［J］．社会学研究，2015（5）．

② 汪大海，柳亦博．社会冲突的消解与释放：基于冲突治理结构的分析［J］．华东经济管理，2014（10）．

因素相关联。[①] 与之相应，综观既有研究还可发现，即便是社会冲突的矛头并非直接指向政府主体，在刚性维稳需求及压力型政治体制的作用之下，面对法律制度的公信力不足、政府部门的权责边界模糊等现实约束，社会冲突的演变过程、冲突双方的行动策略等重要方面，也往往和政府这一关键第三方紧密相关，足见国家治理模式、手段在社会冲突发生、演变及调控中的重要性。[②] 在这一意义上，社会冲突的演化过程及机制分析[③]，以及冲突双方的行动策略探讨，就往往和第三方政府部门等相关调控主体的治理策略及手段之间有着紧密关联[④]。

相应地，尽管国内社会冲突研究涵盖冲突的演化过程及影响因素、冲突各方的诉求及行动策略、冲突的后果及影响、冲突的控制及化解方式等内容[⑤]，有利益表达与整合、抗争与集体行动和国家管控等不同分析视角[⑥]，但社会冲突与国家及社会治理体系、治理模式之间的关系无疑既是重要的现实性议题，也是社会冲突研究中的焦点性理论问题。[⑦] 不过，正如有学者已经指出的那样，目前国内社会冲突研究以“社会取向”为主导，重点分析社会冲突的形成、演变以及特定主体的行动策略，而侧重考察国家及其代理人对社会冲突治理方式的“国家取向”类研究则相对不足。很大程度上，由于“冲突解

---

① 王旭辉．群体性事件研究的回顾与反思——概念、分析要素与价值立场［J］．云南民族大学学报（哲学社会版），2012（6）．

② 邱泽奇．群体事件与法治发展的社会基础［J］．云南大学学报（社会科学版），2004（5）．于建嵘．抗争性政治：中国政治社会学基本问题［M］．北京：人民出版社，2010.

③ 许尧，刘亚丽．群体性事件中的冲突升级及遏制机制研究［J］．国家行政学院学报，2011（1）．

④ 常健，许尧．论公共冲突治理的三个层次及其相互关系［J］．学习与探索，2011（2）．

⑤ 吴晓林．国内社会冲突研究的述评——以2001—2011年CSSCI期刊收录文章为主要研究对象［J］．浙江社会科学，2012（12）．

⑥ 姚胜南．集体行动的逻辑——某群体事件的个案研究［D］．兰州：西北师范大学，2007. O' Brien J. Kevin. *Collective Action in the Chinese Countryside*［J］. The China Journal，2002（48）：139－154.

⑦ 于建嵘．当前我国群体事件的主要类型及其基本特征［J］．中国政法大学学报，2009（6）．

释学”与“冲突治理学”两类研究范式的二元分立，既有研究对社会冲突发生、演变与国家治理之间关系的经验性分析则更为缺乏。①这也是本文从冲突治理角度，展开“东利事件”冲突升级及相关主体行动策略分析的着眼点。

正如费孝通先生所言，作为从“县衙到每家大门”的基层社会治理②，具有上通下达、中央集权与地方自治相交合的重要特征，也是耦合“双轨政治”③ 中两条不同治理轨道的关键所在④。当前，不同于公私分明、国家与社会二元分立的欧美治理格局，也不同于皇权不下乡的“双轨政治”治理传统，我国基层社会及其各个具体治理领域仍具有明显的复合性治域属性——不同层级政府、基层自治组织及社会团体等多元主体往往共同参与治理，并形成复合型治理结。鉴于此，研究者还就复合型治理结构的构成、关系维度以及特征展开了系统分析，并重点讨论了国家主导、部门分立型治理结构所带来的社会自主性及公共性不足等问题⑤。显然，这一点对于社会冲突治理而言也同样适用，研究者也往往以发生在基层社会中的特定冲突事件为例，以不同治理主体及其治理机制之间结构性关系为线索，展开冲突治理与社会冲突生发、演化之间具体关系的分析。基于此，部分研究者们还尝试探讨了混合型冲突治理的内部结构及张力⑥，以及其背后

---

① 吴晓林．国内社会冲突研究的述评——以2001—2011年CSSCI期刊收录文章为主要研究对象［J］．浙江社会科学，2012（12）．

② 费孝通．乡土重建［M］．长沙：岳麓书社，2011：39.

③ “双轨政治”概念由费孝通先生在《乡土重建》一书中提出，他认为，维系和支撑传统中国运转的是两种秩序和力量，并对应并行的治理轨道：一种是县以上的官治行政秩序和力量，依托正式官僚体系，对应自上而下、中央集权的治理轨道；另一种则是县以下的乡土秩序和力量，依托士绅等地方精英以及宗族等社会组织，对应自下而上、地方自治的治理轨道。笔者认为，其主要偏重上下互动方向及机制意义上的治理分析，这也是下文未使用双轨治理概念，转而使用“复合治理”框架的基本原因。

④ 费孝通．乡土重建［M］．长沙：岳麓书社，2011：40－41.

⑤ 陶建钟．复合治理下的国家主导与社会自主——社会管理及其制度创新［J］．浙江学刊，2014（1）．

⑥ 常健．简论社会治理视角下公共冲突治理制度的建设［J］．天津社会科学，2015（2）．

的制度性或体制性原因①。

进一步的问题则是，如何针对基层社会的特定冲突事件，探讨复合型冲突治理与冲突事件演化之间的关系。对于这一问题，无论是一般性基层社会治理研究，还是具体的社会冲突事件研究，实际上都有所涉及，并主要从基层社会的治理传统及国家治理体制、治理模式出发，探讨其对社会冲突演变过程、结果以及冲突各方行动策略的影响。而且，由于我国基层社会冲突治理过程具有双轨甚至多轨并行的整体特征②，并呈现出综合使用正式与非正式治理机制的复合治理取向，研究者关注的重点相应则是冲突治理中不同治理主体及规范之间关系，也可简称为不同治理机制之间关系③。

（二）“复合治理”框架的提出

正如前文所述，我国基层社会的冲突治理往往并非基于单一治理机制，而是同时关涉不同类型及层级的治理主体，并带入不同甚至互斥的治理规范及权威体系。既有研究进而指出，无论是社会冲突的演化、冲突双方的行动策略选择，还是冲突治理的方式、过程或结果，实际上都与这种复合型治理结构密切相关④。例如，冲突双方、调控方之所以用“政治化策略”将冲突解决引向政治性处置框架，就与行政干预机制相对于司法机制的主导性相关，也和地方政府的“推责”或“脱责”密不可分⑤。鉴于此，本文借鉴社会治理研究中的复

---

① 冯仕政．人民政治逻辑与社会冲突治理：两类矛盾学说的历史实践［J］．学海，2014（2）．

② 马原．大众主义传统与法制理性：国家处理社会矛盾的“双轨制”——来自华北×县的案例观察［J］．社会学评论，2016（3）．

③ 狄金华．被困的治理：河镇的复合治理与农户策略（1980—2009）［M］．北京：三联书店，2015.

④ 常健．简论社会治理视角下公共冲突治理制度的建设［J］．天津社会科学，2015（2）.

⑤ 马卫红，桂勇．社会冲突中的“政治化”现象分析——以业主维权为例［J］．理论与改革，2016（1）．

合治理理论[①]，提出冲突的“复合治理”框架，从多重治理机制参与下的复合型冲突治理角度系统展开本文案例分析。

当然，本文所提“复合治理”框架，也与宗教事务的复合性治域特征以及我国宗教冲突治理方面的体制性问题相一致。一方面，尽管宗教信仰具有个体选择性和私人性，政府等公共部门并非直接地控制或裁决者，但宗教事务也具有明显的外溢性和公共性，宗教组织、政府部门以及其他相关社会组织均可能参与关涉公共利益的宗教事务治理。[②] 另一方面，新中国成立以来，宗教事务管理长期遵循单一行政主导体制，不仅未能明确划定不同主体的权责，也缺乏相关法律制度等治理规范的指引，一直到20世纪90年代才逐步进入法制化轨道。[③] 相应地，在我国宗教事务管理尤其是冲突调控方面，宗教组织的内部治理机制作用还较为有限，地方政府也常常“不愿管、不会管和不敢管”，因此行政干预容易替代司法介入成为首选治理机制。[④] 鉴于此，本文以“东利事件”为例，具体探讨国家、地方社会、宗教组织自身在教派冲突治理中的角色及影响，这对于我们认识复合性宗教事务治理的内在张力、构建多元协调的宗教治理体系，无疑也具有一定价值。[⑤]

本文所关注的“东利事件”，尽管被定位为一次教派冲突事件，却在冲突升级过程中突破封闭的宗教权威体系限定，引入了宗教场域之外的其他治理主体及治理规范，并面临不同阶段冲突性质与其对应治理机制之间错位的现实问题，适于本文从“复合治理”框架揭示这种治理结构对于社会冲突治理的影响。同时，因为“东利事件”

---

① 杨雪东．全球化、风险社会与复合治理［J］．马克思主义与现实，2004（4）．

② 李向平．“私人范畴”与“社会产物”——宗教信仰方式与宗教治理法治化问题［J］．中国政法大学学报，2016（6）．

③ 冯今源，胡安．改革开放新形势下中国宗教现状及我们的理论思考［J］．当代宗教研究，2002（1）．

④ 王玉琼．论我国宗教事务管理模式的转变［J］．中国行政管理，2004（5）．

⑤ 孙浩然．民族民间宗教问题及其治理研究——以云南边疆民族地区为例［J］．吉首大学学报（社会科学版），2016（1）．

发生于民族地区，这一教派冲突还具有了“民族性”，并因此牵连到民族事务治理议题。我国的民族、宗教政策及事务管理体系还进一步使得此次冲突事件的治理更为“复合”，并受到“民族、宗教事务无小事”等政策性规范的影响。在这一意义上，“复合治理”框架在本文案例分析上的可用性则更为明显。

本文所采用的“治理”概念主要是社会学意义上的，意指作为社会控制系统的秩序维续或社会目标实现行动及过程。[①] 同时，中国语境下的“治理”概念与西方治理概念对国家角色的淡化倾向不同，不仅包含国家这一治理主体，还在一定意义上以其为核心，更多与“治国理政”相类同。[②] 而“复合治理”在本文中也并非多元主体协同治理意义上的一种理想社会治理类型，而是可以在历史以及当下中国基层社会治理中看到其实际身影的一种复合型治理结构。[③] 需要指出的是，出于概念使用及案例分析上的便捷性，本文使用的治理机制概念可视为治理主体、治理权威及治理规范这三个次级概念的综合。简言之，“治理机制”即不同治理主体依据其治理权威及规范展开冲突治理的差异化手段、路径，本文涉及司法介入、行政干预、半官方干预和民间调解等类型。[④] 进而，“治理错位”这一分析性概念，则主要指治理机制与冲突性质之间低程度耦合关系，并在不同类型、层级治理机制之间关系意义上，分为横向和纵向结构性治理错位两个基本分析维度。

总之，基于“复合治理”框架，本文试图通过三个层次递进式问题，分析冲突升级背后结构性治理错位的具体内容及性质，进而尝

---

① Rhodes R. A. W. *The New Governance: Governing without Government.* Political Studies, 1996, 44 (4): 652－667.

② 薛澜，张帆，武沐瑶．国家治理体系与治理能力研究：回顾与前瞻［J］．公共管理学报，2015（3）．

③ 狄金华．被困的治理：河镇的复合治理与农户策略（1980—2009）［M］．北京：三联书店，2015.

④ 常健．简论社会治理视角下公共冲突治理制度的建设［J］．天津社会科学，2015（2）．

试探讨结构性治理错位的原因，它们共同构成本文基本研究内容及思路：首先，冲突事件经历了怎样的演变过程——冲突升级过程及阶段分析。其次，不同阶段冲突治理对冲突演变有何影响——治理机制和冲突升级关系分析，尤其是治理机制和不同阶段冲突性质之间错位关系分析。最后，为何冲突治理一再错位——冲突治理错位的行动者及体制性原因分析。（见图 1）

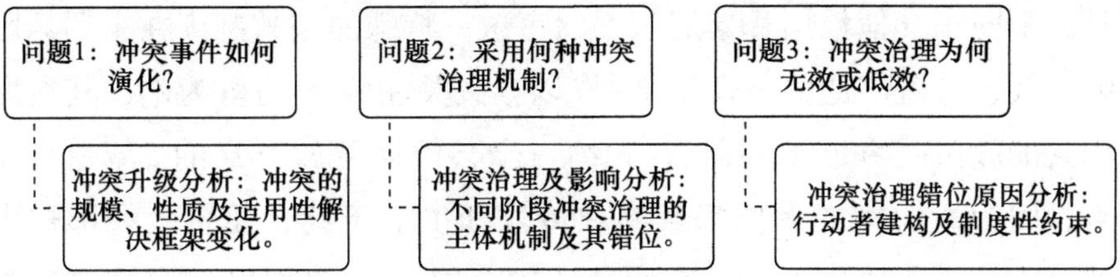

图 1　研究内容及思路

三、调查点及案例概况

（一）调查点情况

本研究的调查点——东利县，位于中国西北部内陆地区，地处黄土高原干旱地带，以黄土丘陵地貌为主，生态环境条件较为恶劣。同时，东利县的交通闭塞，经济发展也相对滞后，曾被联合国划定为“最不适合人类居住的地区之一”。截至 2005 年，东利县总人口合计近 46 万人，生活有回、汉、东乡、蒙古等 10 多个民族，其中，回族人口约占 54%。不过，经过清朝末年以来的多次战乱和建制化人口迁移，东利县回族人口的构成及特征也非常多样。例如，就宗教信仰而言，和其他回族聚居区的情况有所不同，受到伊斯兰苏菲主义和苏菲教团的影响，东利县是典型的新老教派及各大门宦并存发展区域。[①]

长期以来，尽管东利县回族几乎全体信仰伊斯兰教，但却依其所在寺坊[②]而分属不同教派、门宦，而各大门宦又往往分化出不同的小门宦。[③] 东利县的各个乡镇，总体上呈现出以某一教派为主、多元教派并存的格局。不过，因为同一社区甚至同一家庭的不同成员分属多个教派，也存在一定数量的多教派、多门宦混合型寺坊社区。[④] 而且，不同于其他穆斯林聚居区，门宦这一特殊的宗教制度在东利县影响巨大，有着广泛的信众基础[⑤]。以本文关注的 A 门宦为例，其在东利县的教民就将近 14 万人，大约占全县伊斯兰教群众的 57%。[⑥] 而且，因为 A 门宦的多位宗教领袖传教和生活于此，而多处有影响力的道堂及拱北也建于此，东利县还被全国 A 门宦教民视为重要宗教中心。

“门宦”又被称为扩大了的教坊，其教权高度集中，形成“教主—热伊斯—教长”三级教权及组织制度[⑦]，教主为最高领袖，热伊斯和清真寺教长均由教主任命、向教主负责。[⑧] 如此一来，各门宦事实上就形成了高度集权的权威体系和相对封闭的信仰系统[⑨]，不仅难

---

① 马宗保．西海固伊斯兰教现状调查与研究［J］．世界宗教研究，2003（2）．

② 穆斯林有围寺而居的传统，但“寺坊社区”与村落社区、行政区域并不完全重合，因为寺坊社区依据的是宗教—文化（religious - cultural）标准，村落社区依据的是地理标准，行政社区依据的是行政区划。

③ 马通．中国伊斯兰教派与门宦制度史略［M］．银川：宁夏人民出版社，1983.

④ 马宗保．西海固伊斯兰教现状调查与研究［J］．世界宗教研究，2003（2）．

⑤ 周传斌．西海固伊斯兰教的宗教群体和宗教组织［J］．宁夏社会科学，2002（5）．

⑥ 东利县县志编纂委员会．续修东利县县志［M］．北京：方志出版社，2016：915 - 916.

⑦ 教主是教民的最高领袖，驻“道堂”以统辖地属穆斯林；在教主之下有热依斯，替教主代管若干个教坊；教坊则是教权组织的基本单位，每个教坊有自己的清真寺，设立掌教阿訇，管理本教坊事务。

⑧ 姜歆．论清代伊斯兰教派纷争的法律治理［J］．宁夏师范学院学报（社会科学版），2016（4）．

⑨ 这在一定程度上也就能够解释，为什么东利县伊斯兰教协会 20 世纪 80 年代中期就已成立，却在本文“东利事件”中却并未发挥其应用的治理作用。

以对宗教领袖实施有效的内部监督，超越门宦和教派的更高一级宗教团体也难以有效发挥调控作用。①

（二）“东利事件”概观

本文所关注的“东利事件”，是发生在A门宦内部新老派别之间的持续升级性冲突，这一事件以C派和S派这两个新老教派之间的信徒及教权争夺为潜在冲突条件，被1991年发生的一次刑事案件正式激发，并经由1992年冲突双方的群体性械斗而升级，最终演变为波及东利县多数回民的一次“地方骚乱”。1994年，中央政府直接强力介入，外部调入的大批军警和工作组进驻东利县，限期收缴武器，依法逮捕和审判双方主要领导成员，这一事件才基本平息。自20世纪80年代中期起，“东利事件”的冲突性质、利益诉求焦点和适用性冲突解决框架，以及冲突治理主体及治理机制均呈现出阶段性变化，见表1。

表1 四个阶段的冲突演化及治理

	大致时间段	冲突类型	冲突等级	适用性解决框架	治理主体	治理机制	治理效果
萌芽与矛盾累积阶段	20世纪80年代中后期	教务纠纷日常冲突	个体性非暴力	宗教内部调解	冲突双方	内部沟通外部申诉	无效
正式爆发与迅速激化阶段	1991年下半年至1992年上半年	刑事案件仇杀	个体性、局部性暴力	司法裁决	半官方组织	社会调解	无效
全面暴力冲突与失控阶段	1992年5月至1993年8月	群体性武装械斗	群体性、全局性暴力	行政干预	半官方组织冲突双方	社会调解组织化暴力	无效
性质突变与冲突终止阶段	1993年下半年至1994年初	地方性骚乱	冲突烈度骤降	行政干预、司法、社会调解	中央及省一级政府	跨层级行政干预、司法	有效

说明：表格每一栏仅列出了每一阶段最主要的对应属性或主体，而并未排除其他属性或主体。

① 冯今源，胡安．改革开放新形势下中国宗教现状及我们的理论思考［J］．当代宗教研究，2002（1）．

首先，通过实地调查我们发现，“东利事件”先后经历了从个体性日常纠纷、刑事案件到群体性武装械斗甚至地方性骚乱的冲突类型及等级演变。据此，我们可将该冲突事件大致划分为前后相继的四个演化阶段：萌芽与矛盾累积阶段，正式爆发与迅速激化阶段，全面暴力冲突与失控阶段，性质突变与冲突终止阶段。显然，四个阶段的冲突类型及等级不同，而且后一阶段相对于前一阶段还表现为冲突等级的螺旋式上升，这不仅扩大了冲突影响范围及破坏力，也增加了冲突治理的成本及难度，见表1。

其次，既然冲突治理可被理解为通过适用性冲突解决框架来整合利益分歧，那么，及时识别和引入适用性冲突解决框架无疑是有效冲突治理的前提。[①] 概括而言，与“东利事件”四个阶段的冲突性质变化相一致，冲突双方的利益诉求焦点及适用性冲突解决框架也发生了动态转换：一方面，C派、S派双方的利益诉求焦点逐步从“教派合法性确认”向“司法公正”“报复和暴力迫使对方屈服”“事件平息及公平处置”转变。另一方面，“东利事件”突破了单纯的教派冲突范畴，难以仅仅借助于宗教内部协调框架实现冲突治理，四个阶段的适用性冲突解决框架则依次为“宗教内部沟通协调”“司法裁决”“行政干预”以及“行政干预、司法及社会调解”，见表1。

最后，与“东利事件”的冲突升级过程相对应，四个阶段的关键治理主体及对应治理机制也有所不同，并对各阶段冲突治理效果及后续冲突演进产生了重要影响。概括而言，在该事件的前三个演化阶段，关键治理主体及治理机制均出现了与适用性冲突解决框架的不匹配问题，也就是前文所谓的“治理错位”。从而，在冲突升级过程中，无论是当地政府的司法介入或行政干预，还是基层自治组织、党组织的替政府“做工作”，抑或是地方精英的社会调解、宗教组织自

① 普鲁特，金盛熙．社会冲突——升级、僵局及解决［M］．王凡妹，译．北京：人民邮电出版社，2013.

身的内部协调，均长期处于缺位或无效状态，见表1。

四、失控的冲突：冲突升级与解决框架转换

(一) 萌芽和矛盾累积阶段

尽管“东利事件”的导火索是发生于1991年的一次个人刑事案件，但其发生以及后续冲突演化却与冲突双方在此之前的固有矛盾密不可分。根据案例分析需要，我们将“东利事件”正式爆发前的这一时期视为此次冲突事件的萌芽和矛盾累积阶段。自20世纪80年代中后期以来，为认定自身合法性和争夺教权及信众，新独立出来的C派与存续已久的S派尽管都属于A门宦的内部分支，两者之间却存在断断续续的教务纠纷和日常矛盾。关于这一点，尽管双方的具体说法不同，但无疑都指出了冲突的指向及性质：

“东利事件”也不是突然就这样的，矛盾其实时间长了……我们S派存在很久了，在东利县教民众多，全国影响力也大，C派是新分出来的。是C派想另立门户，抢我们的教民，教理、礼仪也不太一样……不过，我们爷还是门宦领袖啊，地位已经很高了，有名有分的，我们也不干，矛盾就出来了。经常出现两派成员的争吵、纠纷，不过都还过得去，还是有来往。后来杀人了，事情才闹大了。(访谈资料YJJ)

这个事情呢，是我们A门宦内部矛盾。我们C派也是有渊源的，历史也长了，也要发展教民，也要有宗教活动……S派就认为我们是要争，说我们不合法，找上面压我们，想把我们并了……其实双方都还是熟人呢，私下也找人说和过、交涉过。矛盾呢是有，不过一开始都是小事情，日常的。(访谈资料MJC)

整体而言，这一阶段冲突，主要由 C 派打破既有宗教格局、双方重新分配宗教资源所引发。一方面，C 派想获得教派合法性认可和相应教权，并独立发展；另一方面，S 派却试图否定 C 派的合法性，并将其归并入自身。不过，这一阶段冲突以双方教民、宗教事务人员之间的个人矛盾或非暴力性教务纠纷为主，例如清真寺阿訇、宗教高层之间在教义、教理等方面的相互辩驳和指责，或者是普通教民之间的日常冲突，双方教民之间仍可通婚、正常往来。而且，尽管存在关于 C 派合法性的争议，冲突双方仍多次尝试以内部协商或第三方认定的方式来消除分歧、化解矛盾。相应地，由于还主要限定于宗教场域内部，这一阶段冲突的适应性解决框架则首先是依托权威第三方的宗教内部调解。

（二）正式爆发和迅速激化阶段

很大程度上，前一阶段的潜在冲突和悬而未决的 C 派合法性及教权认定问题，已经为“东利事件”的正式爆发埋下了伏笔。1991 年下半年至 1992 年 5 月，“东利事件”进入正式爆发和迅速激化阶段。1991 年下半年，因为争论教义及教派合法性，发生常规冲突之后，C 派的部分成员将 S 派的一位教民杀害，“东利事件”正式爆发。然而，由于事态信息未能及时上报，同时司法机关也没有及时有效地依法解决，双方矛盾才开始彻底激化，并迅速转化成报复性打击甚至仇杀：

1991 年杀人事件发生后，本来政府要赶紧介入，但政府有顾虑，没有拿出可行措施，没有对杀人者依法处理。县公安局不敢介入，政府说处理不了，双方都感觉政府偏袒另一方，对当地政府很不满，就组织大游行、请愿、上访，目的还是想让政府出面解决。不过，政府没有及时处理，双方开始动用武力，事态就严重了。（访谈资料 GAH）

1992 年初，S 派部分成员将 C 派的一处清真寺烧毁，C 派又马上组织成员实施报复，在一个主麻日将多名参加宗教活动的 S 派成员杀害，一时间震动当地。仇杀事件发生后，S 派一方面组织人员保护清真寺和教民，另一方面则向省政府、县政府等有关部门反映情况、施加压力，要求从快惩戒施暴者、妥善化解这一冲突事件。在未得到满意答复和处置的情况下，S 派教民在东利县县城组织了上万人参加的请愿和示威游行，以迫使政府早日出面解决问题。而 C 派则一方面继续强化自身力量，防御 S 派的进一步打击，另一方面也同样向当地政府请愿、抗议，并尽量拖延、阻挠进入事件司法或行政干预程序。

相应地，在 1991 年的刑事案件以及 1992 年初的报复性仇杀先后酿成后，“东利事件”逐步转化为少数人群参与的局部性冲突，并具备了暴力冲突性质。同时，冲突双方的利益诉求焦点也从合法性认定转变为“讨说法、要公正”，而其适用性解决框架也随之转向司法裁决。然而，S 派教民的示威游行以及冲突双方的抗议、请愿活动并未奏效，这一阶段冲突的解决也并未真正进入司法程序，事件进一步恶化。

（三）全面暴力冲突和失控阶段

自 1992 年 5 月至 1993 年 8 月的一年多时间内，“东利事件”进入全面暴力冲突阶段，冲突进一步升级乃至失控。1992 年 5 月，在认为政府既未拿出可行措施，也没有对杀人者及时依法处理的情况下，S 派的主要宗教领袖开始动员本教派的全体教民，以每家出一人的方式组成自己的“武装力量”，并装配土枪、土炮等非正规武器，进行定期巡逻和日常操练，同时还向 C 派“据点”发动武装攻击和偷袭。而 C 派则一方面以“据点”村庄为基础防御 S 派教民的进攻，另一方面还在防止公安、司法等国家力量直接介入的前提下，通过把事情闹大，将事件渲染为民族、宗教内部事务，而迫使地方政府不敢轻易介入此事。

如此一来，双方冲突就进一步扩散、升级。根据官方记载，这一阶段先后发生四次较大规模的聚众武装械斗，双方死亡人数则已超过80人。这其中，以1993年6月和8月的两次暴力冲突最为严重，分别造成数十人的死亡，冲突双方参与人数则多达千人以上，并使用了土枪、土炮等杀伤性武器。事态最严重时，东利县的社会秩序近乎失控，全县政府部门、企事业单位和家户都大门紧闭，周边一些县市的群众也离家避难，以至于给当地老百姓造成下面这种影响和错觉：

门宦的都得去参加，一家人出一个人，还有训练……后来，C派传出信息说回民“造反”了，谣言纷起啊。大家都不敢单独外出，家家门都锁着，很多人睡在山腰上，汉族人也都吓得不行了，附近几个县的一些群众也都跑掉了，有的躲在家里不敢出来。吓人啊，天天“打炮”（自制土炮）、打枪，两方打来打去，真刀真枪啊，不打的时候还有自己组织的队伍拉练。政府部门，那都看不见了，基本上散了，很多也都大门关了，更别说什么村委会、党组织了。（访谈资料MGL）

显然，经过前后数轮不同规模的聚众武装械斗，“东利事件”已从局部性暴力冲突转变为全局性暴力冲突，并最终演变为“地方性骚乱”。与之相应，冲突双方的利益诉求焦点也从司法公正转向更为直接的“组织化暴力打击”，而其优先性冲突解决框架则应从“司法裁决”转换为“治理管理和行政干预”，以实现群体性暴力行为的有效制止和正常社会秩序的恢复。遗憾的是，在行政干预机制未能发挥作用的条件下，冲突双方直接诉诸群体性暴力手段，不仅将事件引向组织化对抗困局，也加大了地方政府的介入难度。

（四）性质突变与事件终止阶段

1993 年底至 1994 年初，则是“东利事件”的第四个演变阶段——冲突性质突变与终止阶段。经过上一阶段的高烈度冲突，东利县几乎陷入社会秩序的失控状态，“回民闹事”甚至“暴乱”的谣言四起，地方政府担心再不进行及时干预，将会导致民族、宗教层面的更严重后果，开始寻求中央政府的直接介入。此时，中央政府则认为“事件不再是宗教内部纠纷事件，已演变成为目无政府、目无法纪、乱打乱杀的严重违法犯罪问题”，具有明显的破坏性和对抗性，而当地政府却长期“无动于衷、无能为力”，需要“高举保护人民和维护法律的旗帜”，坚决、果断、迅速地平息事件。[①]

在先后下达多次指示都无明显进展之后，1993 年底，中央政府与省一级政府成立专门协调小组、专案小组，同时调派大量领导干部、公安、武警战士进入东利县，进行思想政治教育和法制宣传，并采取收缴武器、武装隔离、治安巡逻等调控措施，迅速平息了武装械斗，并逐渐恢复了正常社会秩序。1994 年初，依据“少捕、少杀、一般从宽”的“两少一宽”政策，当地中级人民法院对相关责任人员快速分案审判、量刑，冲突双方均服判息诉。至此，持续近三年的“东利事件”才得以终止：

随着事态的严重化和性质变化，中央专门召开会议讨论，下文对省一级党委表示严重不满，还直接从中央派了人来开会布置工作，在自治区发表了重要讲话，还调了武警、部队和工作组。不过，部队和工作组来之前，这两方听到风声，就把武器都埋起来、藏起来，人也都散了，跟没事一样。你想，谁也不想真让上边看到自己这么闹，对抗政府可不是好闹呢，就赶紧转变、配合工作。后来，工作组来了发

① 李瑞环．要重视民族宗教问题［J］．中国宗教，2002（3）．

现，事态并不如上报的那么严重，武器什么的也都交了，也不是回族要闹事了，只是我们这里一部分人在教派内部的纷争……不过，后来判刑是判了，双方的矛盾还是没有根本解决，C派到底合不合法也没有说法，后面还是有上访什么的，到现在双方还存在隔膜。（访谈资料MHL）

不同于前三个阶段，“东利事件”在此阶段经历了冲突等级从最高到最低的急剧下降。实际上，伴随冲突性质突变以及中央政府的跨层级强力干预，为了自保，冲突双方只得将“事件平息及公平处置”视为这一阶段的主要利益焦点，而这一阶段的冲突解决框架也有所不同。很大程度上，针对事件所关涉的不同层面利益诉求，“行政干预、司法及社会调解”这样的综合性冲突解决框架对于事件终止阶段才更为适用。不过，正如访谈资料所示，尽管冲突事件已于1994年初基本平息，但作为冲突诱因的C派教派合法性认定问题却并未同步解决，而司法公正问题也在政治化事件处置过程中被淡化了。

五、失灵的治理：治理错位与冲突升级

（一）冲突为何失控：复合型冲突治理的错位

1. 治理错位的阶段性表现及影响

在被调查者普遍认为“要是早点管管就好”的冲突萌芽及矛盾累积阶段，冲突双方在教派合法性认定、教权及教民争夺等方面已经存在不少分歧，而其适用性冲突解决框架则首先是宗教内部调解。不过，由于冲突双方的主要诉求是C派的合法性认定及宗教资源重新分配，冲突具有明显的零和博弈特征，不太可能通过双方自行协商解决，而必须借助于宗教场域中的权威第三方介入。此时，尽管宗教信

仰自由政策在改革开放之后逐步得到恢复，但部门化、行政化宗教事务管理体制的作用依然强大。与之相应，在“东利事件”中，政府部门依然被冲突双方视为裁决教派合法性及分配宗教资源的关键第三方。实际上，冲突双方都将政府视为“主持公道者”和“游说、活动”的对象，试图通过让政府部门站在自己这一边来压倒对方。然而，地方政府却基于民族、宗教工作的敏感性和复杂性，以及“宗教的事情政府不便出面、你们先自行内部解决”的行动逻辑，在缺乏明确治理规范及权威的前提下，主动回避了这一阶段的冲突治理责任。

当然，在无法获得政府部门裁决的条件下，冲突双方也尝试过非正式的内部调解。不过，基于“门宦”在宗教组织及权威体系上的独立性，S派和C派的宗教事务基本不受其他宗教团体或权威人士的监督、指导，能够起到裁决或调解者角色的宗教内部治理主体也就明显缺失。实际上，在这一阶段，尽管当地一些宗教团体及宗教领袖愿意调解双方冲突，但均囿于自身合法性及权威缺失而未能有多少作为，宗教内部调解机制基本处于失灵状态。这不但延误了“东利事件”的冲突化解时机，还将双方拉入持续冲突状态。对于政府部门的回避和宗教内部调解机制的失灵，我们访谈过的一位很有威望的阿訇就有过如下说法：

“东利事件”还没出来前，我们也都知道S派和C派有矛盾。我们那谁也不能说C派合不合法啊，他们教门的事情咱们教门裁判不了。门宦制度在咱们这里存在很久了，教义差别不大，但它有自己的穆勒师德和口唤制度，相对独立。S派在很多会议和场合提出必须要取消C派，政府没回应。都指望政府，政府也管不上啊。你想，教门里的事情，政府说大家坐下说说可以，不好去干涉……咱们这里伊协恢复成立得也晚，作用也没现在大，教派冲突历史上就多，各个教派、门宦做到互不干涉才是好。S派的×××就想着找人给相互说

说，私下跟C派把问题解决了，他们也都是关系很近的，没说成。(访谈资料MCC)

在冲突正式爆发及迅速激化阶段，刑事案件以及由此诱发的仇恨甚至报复性仇杀，显然已经突破前一阶段的教理及教权纠纷，应纳入司法框架予以审理、解决。也就是说，司法等正式治理机制，而非依托社会主体的非正式治理机制，才与本阶段的适用性冲突框架相耦合。不过，包括司法部门在内的当地相关政府部门却面临治理权限、规范缺失的现实困难，不敢管也不知道如何管。一方面，当地政府认为相对于进入司法程序而言，当务之急是要控制住事态，不要把事情闹大、闹僵，所以主要采取行政手段，层层下达指令，要求地方做好应对工作。另一方面，地方政府还以“不宜进入宗教事务干预”和“等待上级指令”为名隐藏起来，并转而以宗教内部调解以及依托于基层党群组织的半行政化治理机制来调控冲突。实际上，当1991年杀人事件及1992年的报复性仇杀事件发生后，当地政府仍习惯于先通过私下说服和民间协调的方式来解决冲突，并依托其在基层社会的代理人——基层精英、基层自治组织以及党组织，疏导和控制双方人员的参与，实施间接的半行政化治理。对于这一阶段的冲突治理错位问题，一位曾经参与协调的政府工作人员提到了当时的一些情景及原因：

后来都怪我们（地方政府）不作为，其实我们也难，也管不了。那时候不像现在，没有管理规定，不敢管，也不知道怎么管。我们很矛盾，不想让上面领导知道那么多，又得等上面拿主意。人家（冲突双方）上头还有认识的领导，也都在做工作。再说，还是独立的门宦，都是搞过起义、暴动的，也不听我们的啊。我们就想着能不能找说上话人的给说说，先控制下事态，也让村委会、党支部把人给看住……（东利）事件发生后，我们也想过抓人、赶快解决问题，不过公安都进不去现场，而且，民族宗教这事很敏感，抓了人也解决不了问题。我说个例子，C派有个习惯，就是不吃外面的饭、不喝外面的水。事件闹起来后，县里也抓了几个C派的人，有人就告到上边说县里虐待少数民族犯人，结果县委书记受到上级批评，人就给放了。那S派就不干了，说政府不管了，矛盾就激化了……（访谈资料ASJ）

不过，这种行政规范对于司法规范的置换，以及非正式治理机制对于正式治理机制的替代，无疑导致冲突治理依托无合法治理权的社会组织、民间力量，从而使得这一阶段冲突治理与冲突性质及其适用性解决框架相错位。进而，“政府的冷漠、无能”和“对方的张狂”还唤起了S派、C派领袖及教民的斗争意识，并且使冲突双方都认为“法院、当地政府不能也不愿意解决问题”，只能靠自己的实力“搞掉对方”。如此一来，本该终止的个体性司法纠纷演变为局部性暴力冲突，进而转向下一阶段的全局性暴力冲突。

而进入聚众械斗与全面暴力冲突阶段，冲突双方的利益诉求已经从较为具体的工具性目标转向高情感及价值涉入型目标——通过组织化暴力对抗赢得“公道”，而暴力冲突规模及等级也随之提升。在这一阶段，冲突双方几乎动员了各自教派的所有成员参与争斗，不但有着完善的教民动员及组织机制，甚至还各自建立了装备土枪、土炮的武装力量。相应地，这一阶段冲突的首要治理机制应该是能够维护和恢复社会秩序的全面行政干预，例如社会治安管理、情绪疏导以及组织者的抓捕等。然而，在长达一年多的时间内，尽管死伤数人以上的聚众械斗多次发生，当地政府部门却始终未及时落实治安管理等干预措施。同时，村委会、居委会以及基层党组织等半行政化治理主体的间接治理也基本失灵——其沟通地方政府和基层社会、协调各方利益以及维持社会秩序的功能处于瘫痪状态，而其成员则成为冲突双方争取和动员的对象。而且，等待更高一级政府决策、授权和跨层级介入的过程，在逐级信息瞒报及相互推责之下也被极大拉长：

这么大规模的武装暴力冲突，前后大规模的聚众械斗就好几次，政府不能不管啦。当地（政府）也答应，就是说你们自己解决吧，不会打压的，我们也管不了。过去对宗教事务管理缺乏法律条例，当地政府各部门相互推诿，能不管就不管，你们自己解决得差不多了，我再来管。县政府当时很怕，很多部门一有事就关门。上面也下了不少指示，地方上（政府部门）就让村委会、党支部做工作，不过都起不到作用了……后来谣传说“地方骚乱了、回民要闹事了，不得了了”，地方上政府才顺势说失控了，向上面求援，中央就直接派工作组和部队来了。（访谈资料 MHL－WSJ）

当冲突持续升级并达至顶峰后，当地县市级政府甚至省一级政府已经失去控制能力，并且害怕承担主要责任。地方政府在向上层层转移责任的同时，以事件性质向“民族和宗教冲突”的突变为契机，通过调用中央政府的跨层级治理，来对已经失控的事态加以控制。不过，作为“东利事件”终止标志的中央政府强力介入以及司法审判，虽然基本平息了事态，但却因为缺乏有效的宗教内部治理机制配合，而仍未实现冲突双方的宗教和解，而双方信教群众内心的不满和仇恨态度甚至延续至今。在不少被访者看来，当中央政府派部队和工作组强力介入之后，冲突双方为避免陷入“对抗政府的政治罪名”，均选择“息事宁人”和“主动配合”，只是达成了一种即时性和表面化的冲突终止。[①]

2. 治理错位的性质及两类结构性维度

显然，通过前文案例分析可知，冲突治理错位并不仅仅指向冲突

① 钟伟军．地方政府在社会管理中的“不出事”逻辑：一个分析框架［J］．浙江社会科学，2011（9）．

治理机制与不同阶段冲突性质及其适用性解决框架之间的低度耦合关系，也体现为冲突治理主体在推动各阶段冲突治理过程中的治理权威、治理规范等支持性条件缺失。实际上，在当地教派及门宦分立、宗教权威高度集中等条件的约束下，无论是基层政府，还是作为其代理人的基层党组织、自治组织，抑或是其他宗教团体、地方社会精英，均面临获准进入和开展双方教派冲突治理的权威及规范缺失问题。而且，冲突双方、地方政府、基层社会组织等主体对于冲突治理机制的策略性选择及使用，还建构甚至进一步加剧了冲突治理的错位。例如，由于地方政府并没有介入教派冲突治理的自主权限，并缺乏宗教事务治理的法律及行政规范指引，其在“东利事件”冲突治理过程中首先想到的是要尽量回避、拖延和推责，并委托代理人实施半行政化干预，而这无疑是造成前三个阶段冲突治理错位的重要原因。

进而，鉴于复合型治理内部不同治理主体之间横、纵两个方向关系结构的重要性①，我们在分阶段讨论冲突治理错位具体表现及影响的基础上，还尝试结合前文分析，在不同治理主体之间关系意义上，阐述复合型冲突治理错位所关涉的两类基本结构性维度——横向结构性治理错位和纵向结构性治理错位。这既与“东利事件”冲突治理的现实困境有关，也是对治理错位分析的进一步理论拓展：

这个事情吧，说得简单些，就是各自没干好各自的事，乱了。教门呢，你们内部的事情，内部商量解决吧，别打打杀杀、影响别人。其他的教派也说不上话，大家都是分开的，就找政府。我们当地政府呢，不敢管，也不知道怎么管，也没有一套规定，事情还敏感，都听上级的，就推脱责任、欺上瞒下，造成事态扩大。你看后来，政府动

① 陶建钟．复合治理下的国家主导与社会自主——社会管理及其制度创新［J］．浙江学刊，2014（1）．

员村委会、党委来让大家不要参加，自己不出来干预，也不行。最后，还是得靠中央。(访谈资料 MCZ)

一方面，在不同类型冲突治理主体之间横向分工、协作关系意义上，复合型冲突治理的关键在于通过不同治理主体的治域、角色及权责划分，实现多元治理主体的自主参与和有序合作。然而，“东利事件”的复合型冲突治理却并未体现出这种分合有度的治理主体间关系模式，而是受到横向结构性错位问题的困扰——不同类型治理主体及其对应治理机制的角色和功能错位。实际上，就刚刚恢复宗教信仰自由政策不久的当地而言，囿于长期以来的行政主导式宗教事务管理体制，无论是宗教团体自身，还是基层自治组织等其他社会主体，相对于国家力量而言，其在教派冲突治理过程中的合法性以及治理能力均严重不足，难以承担起调解教派冲突的治理责任，最终只能以政府部门作为冲突治理的主导方。但吊诡的是，政府部门尤其是地方政府却也同样面临直接介入教派冲突治理的合法性及规范性风险，哪怕是在刑事案件和群体性械斗发生后，他们也并未及时担负起正式冲突调控者的角色，而是一直试图从中抽身或拖延，并主要通过村委会、地方精英等代理人实施错位的半行政化治理。在这一意义上，社会主体和地方政府作为干预者的角色失效还具有内在一致性。[①]

另一方面，在不同层级治理主体尤其是政府部门之间纵向关系意义上，复合型冲突治理同样面临上下层级在冲突治理中的治域、角色及权责边界划定问题，进而还关涉到依据何种冲突治理模式、治理规范这一重要议题。与之相应，纵向结构性治理错位——不同层级治理主体及其对应治理机制的角色和功能错位，不仅反映为高于冲突双方的上一层宗教组织或宗教权威人士在当地的缺失，而且还体现于地方

① 汪大海，柳亦博．社会冲突的消解与释放：基于冲突治理结构的分析［J］．华东经济管理，2014（10）．

政府在宗教事务治理方面的“无权限、无能力及无规范性指引”处境。在宗教权威体系内，更高层级宗教团体或宗教权威的缺失，妨碍了宗教内部治理主体及调解机制的作用发挥，并使得S派和C派一开始就向政府“求援”。而在国家行政体系内，基于“民族、宗教无小事”等相关政策及原则，地方政府在教派冲突治理方面的自主性、权力及可用手段都非常有限，而上级政府则常常握有更为关键的决策权及处置权。如此一来，出于政治优先和责任规避的考虑，东利县政府乃至更高层级的政府部门往往以政治化处置方式替代司法介入，并在向上转移治理责任的同时，向下委托中间人、代理人实施社会调解，而自身却在冲突治理中“隐身”。[①] 无疑，这在客观上迟缓了必要的司法及行政干预。

（二）治理为何错位：围绕几类治理主体的分析

无疑，造成冲突治理错位的原因及作用机制非常多样，本文无意也无力一一阐述，而是选择围绕几类关键治理主体，重点从其策略性行动和地方治理传统、民族及宗教事务管理体制等制度（体制）性因素约束角度，探讨冲突治理错位的原因。而事实上，基于“东利事件”的多重冲突属性以及我国基层社会的多元冲突治理传统[②]，行动者在冲突解决过程中确实具有较大的弹性选择及行动建构空间，这也是我们围绕几类主体行动展开治理错位原因分析的现实基础。

首先，在“东利事件”中，尽管政府部门并非直接利益冲突方，但其作为冲突调控者的角色却十分关键[③]。而且，由于宗教事务管理长期遵循单一行政主导体制，政府部门在“东利事件”复合型冲突

① 吴新叶．社会冲突中的涉民族因素及其解决——兼论法治在民族地区的实现［J］．学术界，2015（2）．

② 董建辉．传统农村社区社会治理的历史思考［J］．中国社会经济史研究，2002（4）．

③ 邱泽奇．群体事件与法治发展的社会基础［J］．云南大学学报（社会科学版），2004（5）．

治理中实际上仍被定位为统合不同治理主体及治理机制的主导性角色。同时，与民族事务的管理体制类似，我国宗教事务的管理体制还呈现出部门化特征，不仅形成了从中央到地方的宗教分级行政管理体制，还往往将重大事件或突发事件的管控权限向较高一级政府部门集中。① 如此一来，如果政府部门不能承担起自身责任并协调好不同类型及不同层级治理主体之间的关系，复合型冲突治理就往往面临较高的错位风险。我们在调查过程中就发现，“东利事件”的恶化常常被冲突双方以及当地群众归因为地方政府的失责，而地方政府之所以迟迟不介入并更多借助非正式机制展开间接型冲突治理，主要原因正是在民族、宗教问题的政治优先处置框架之下，其既无权限和能力主导冲突治理，也害怕承担政治责任：

事件恶化的主要原因是地方政府工作不力，我们要求政府处理，赶紧抓人、审案，不要怕这怕那的。都出人命了、打仗了，还怕什么！但公安部门、司法部门说这是宗教问题，不该管，不好管。事情也敏感，上面都有政策，不能随便自己动，万一政治上出了大事就麻烦了……政府就是不动，结果形成了这么大的事件，越来越严重。县里开始瞒着拖着，后来实在瞒不住了，就又跟上面市里、自治区里反映，让上面拿主意，上面也说也管不了。（访谈资料 MHL）

抛开“政府有人故意把事情弄大、好捞政绩”这一类阴谋论不谈，就结构性事实层面而言，由于“民族、宗教无小事，处置行动需要上级政府集中统一领导”的权责限定，以及相应法律规范、管理工具和联合组织机制均较为缺乏的现实制约，面对改革开放之后重获发展空间的地方性教派之间的冲突，当地政府并未及时采取司法介

① 严庆，张莉莉．部门化与多元化：中国民族事务治理主体建设研究［J］．兰州学刊，2015（12）．

入或高压控制，而是选择了更为保守的“大事化小”及“被动控制”策略[①]。1991 年“东利事件”正式爆发后，当地政府首先想到的是通过宗教领袖等中间人进行内部调解，尽量避免自身对民族、宗教问题的直接涉入；当事态扩大到群体性暴力冲突之后，当地政府又将责任和处置决策不断上移至更高一级政府，并借助于基层党群组织等半官方主体实施间接的冲突治理。

其次，基层自治组织、党组织是政府联系群众、管理基层社会的重要纽带，也是治理基层社会冲突的重要组织基础[②]，并往往对应处于正式治理机制与非正式治理机制之间的半官方、半行政化治理机制，是“复合治理”中的重要一维。显然，我们还会追问，为什么它们没能发挥冲突调控的预期作用？一方面，当“东利事件”发生时，虽然村委会等基层组织的动员能力在改革开放之后已经有了一定提升，但“门宦”这一封闭而集权型宗教组织制度在当地社会的影响却依然强大，而“所有人首先是教民，然后才是干部”则被视为一种基本价值观念和行为准则。当“东利事件”发生并不断冲突升级时，党支部和村委会（居委会）成员要么像其他人一样参与冲突，要么采取回避态度甚至逃离社区，以逃避来自政府和教门的双重压力。另一方面，当“东利事件”从日常冲突演变为刑事案件、群体性武装械斗之后，被政府推向冲突调控一线的村委会（居委会）、基层党组织，显然还面临合法性及治理能力严重不足的现实挑战：

村委会、党支部啥的，政府都管不了，你让我们管住大家，那管不了，我们哪有那本事，政府都管不了，前期我们也就是建议政府赶紧打压……后面事件厉害了，家家出人参加，我们也有压力，你再让我们管，更管不了了。首先我们是教民，（清真寺）寺里的事情不能

① 张春颜．控制与化解：转型期中国冲突治理的内在逻辑［J］．学习论坛，2015（2）．
② 赵树凯．乡村治理：组织与冲突［J］．战略与管理，2003（6）．

对着干。没办法，我只能想办法不让儿子们参加，我自己也出去在外面住了一段时间，事情平息了再回来，其他的也做不了。（访谈资料MGL）

最后，包括冲突双方在内的宗教团体及权威人士，也是塑造“东利事件”冲突治理结构及效果的另一类重要主体。当时，东利县乃至更大范围内的伊斯兰教协会刚刚恢复建立，对当地各个教派及门宦的影响力还十分有限。而在“门宦”这一特殊宗教组织及制度约束之下，当地不同门宦甚至同一门宦内部不同派别在宗教组织及权威体系上也相对独立。如此一来，依托更高层级宗教组织或宗教权威人士的调解机制，或者冲突双方之间横向沟通协调机制，也就都难以发挥作用。依托各自门宦宗教领袖的感召和动员，冲突双方进而很快形成强大的自组织力量，并使得冲突事件走向暴力性对抗。关于这一点，一位当年参与过教民动员、协调工作的内部人士观点也能予以佐证：

别的教派是寺坊制度，我们是门宦制度，教主的权力大，清真寺的阿訇也由他指派，权威还全国统一。你让别人来裁判、协调，那是不太可行的。东利事件中，我们爷（教主）后来发话了，政府不管我们自己来，我们开始就跟着干。组织者要求每家出一个人，组建准军事化的队伍，加强训练。当时也摊派到我头上，谁敢不去啊。大家都是自愿参与，参与的人都是有组织的，组织的人有清真寺的阿訇和寺管会人员……后来工作组和部队来了，也是我们爷考虑后说大家散了吧，我去承担责任，这才平息了事态。（访谈资料MFL）

而且，“东利事件”中的冲突双方——S派和C派，还分别采取不同的策略性行动，以促使政府引入对己方更为有利的冲突治理机制，这也是冲突治理错位的一个重要原因。一方面，在宗教内部调解无望的前提下，S派先是希望“公权”和行政干预及早介入，并多次试图通过向政府申诉、施压来取缔C派，以获取超出司法公正之外的更多利益——实现教权的统一以及C派的依法取缔；然后，在公权无法帮助其实现利益诉求的背景下，S派又以“教派的事情只能由自己来解决”为原则，动员广大信众以武力对抗机制击败对手。另一方面，C派则与之不同，其先是以“教派纷争是教门内部事务”为理据，阻拦公权的及时介入以及司法审判、行政调解程序的启动；然后，又在冲突升级为群体性武装械斗之后，试图通过阐释和传播其泛政治化冲突属性——地方骚乱、回民暴动，将冲突治理引向政治化处置机制。

六、结论与讨论

本文以“东利事件”四个阶段的冲突演化为线索，基于“复合治理”框架，在描述事件演化和冲突升级过程的基础之上，重点回应了“冲突为什么失控”以及“治理为什么错位”这两个内在关联的问题：第一个问题，主要在冲突治理与冲突性质及其适用性解决框架之间低度耦合关系意义上，指向复合型冲突治理错位的表现、影响及其两个基本结构性维度——横向和纵向结构性治理错位分析；第二个问题，则主要围绕复合型冲突治理中的几类关键主体，指向冲突治理错位的行动者建构及制度性约束因素影响分析。

概括而言，“东利事件”不仅经历了从日常冲突到刑事案件，再到群体性械斗甚至地方骚乱的冲突类型转变，还呈现出由个体性非暴力冲突到局部性暴力冲突，再到全局性暴力冲突的冲突等级变化，并对应教派合法性认定到司法公正，再到武力迫使对方屈服以及事件平息及公平处置的利益诉求焦点转换，从而适用不同类型的冲突解决框架。同时，冲突双方各阶段的利益诉求又几乎都是不相容的，这也就意味着外部治理主体及治理机制引入的必要性。① 因此，与国内诸多社会冲突事件类似，东利事件既具有连带不同治理主体及治理机制的复合型治域特征，还伴随事件演化而发生冲突性质及治理机制的动态变化。而冲突解决的关键正在于如何通过有权威的治理主体和有效的治理机制，将各方置入与不同阶段利益诉求、冲突性质相一致的冲突解决框架，并调用相应治理权威及规范以整合各方利益诉求。

然而，在“东利事件”的演化过程中，尤其是在前三个阶段，先后被引入的冲突治理机制均未能有效回应不同阶段的治理需求，并遭遇冲突治理与冲突性质及其适用性解决框架之间低度耦合意义上的“治理错位”。这不但意味着教派冲突的内部与外部、正式与非正式有效治理机制缺位或相互牵制，还因为错位使用耦合度低的治理机制而造成冲突终止机会一再后移②：一方面，治理错位使得冲突双方的利益诉求难以在各阶段主导性冲突治理机制之下得以实现或整合，从而导致冲突治理处于无效或低效状态；另一方面，因为治理机制的错位引入及使用，以及不同主体在冲突治理过程的角色及权责边界不清甚至混淆，冲突解决的时机也一再被延误，并客观上促成冲突的转型、升级。③

实际上，在“东利事件”的近三年演变过程中，宗教牵连司法、司法牵连行政、行政牵连半官方力量、基层行政又牵连跨层级行政④，而宗教组织、基层党组织及自治组织、地方政府以及“隐蔽在后”的中央政府等都曾作为一类治理主体，对其实施过基于特定规范及权威体系的治理。然而，这种多元复合型冲突治理，既面临各治

① 普鲁特，金盛熙．社会冲突——升级、僵局及解决［M］．王凡妹，译．北京：人民邮电出版社，2013：46.

② 蒋俊杰．跨界治理视角下社会冲突的形成机理与对策研究［J］．行政管理改革，2015（3）．

③ 肖唐镖．当代中国的“维稳政治”——抗争政治中的政府回应为视角：沿革与特点［J］．学海，2015（1）．

④ 丁希宇．教派与权争：静安寺住持传继纠纷（1922—1923）［J］．世界宗教研究，2012（4）．

理主体间角色及作用边界划定不清、治理规范及权威缺失的现实挑战，也受到我国部门化、行政主导型宗教事务管理体制的制度性约束，并容易被各方策略性行动所建构，从而陷入结构性治理错位困境。进而，在不同类型、不同层级治理主体之间关系意义上，“东利事件”的治理错位还可整体上概括为两种类型——横向结构性治理错位和纵向结构性治理错位[①]：前者主要指向宗教团体、政府部门、基层自治组织等不同类型治理主体的角色错位，以及其对应治理机制的功能错位；而后者则对应地方政府、中央政府等不同层级治理主体的角色错位，以及其对应治理机制的功能错位。

当然，“东利事件”在复合型冲突治理方面还有其特殊性，这也是造成其结构性治理错位、螺旋式冲突升级的重要背景及原因。一方面，由于民族、宗教问题的特殊性、敏感性，加上当时仍处于我国民族、宗教政策的“拨乱反正”时期，当时的民族地区基层政府奉行“民族、宗教问题无小事”的原则，在处置教派冲突事件时，往往遵循谨慎应对和责任推脱的行动逻辑。正是基于这一行动逻辑，在“东利事件”发生后，当地政府首先采用置身事外、拖延和大事化小的行动策略，而在事件持续恶化甚至失控后，又向上推责，变成一个被动的上级政策或决策执行者。[②] 另一方面，新中国成立之后，虽然国家对基层社会的统合性治理能力不断提升，但国家力量进入宗教场域展开冲突治理的制度规范及经验模式仍较为缺失，而传统回族社区“围寺而居”的居住格局以及以教派、门宦和清真寺为中心的社区治理传统在当时的东利县也依然作用强大。如此一来，当地政府就既没有进入宗教场域展开教派冲突治理的合法性和组织基础，也受制于单一行政主导的宗教管理体制，更多通过基层自治组织等代理人实施半

① 陶建钟．复合治理下的国家主导与社会自主——社会管理及其制度创新［J］．浙江学刊，2014（1）．

② 张成．涉及民族因素的突发群体事件处置行动逻辑研究［J］．贵州民族研究，2011（1）．

行政化冲突治理。[1] 而当地各教派、门宦自成一体的宗教组织制度，则无疑进一步了加大教派冲突外部治理的难度。

“东利事件”已经过去20多年，虽然我国民族地区也取得了举世瞩目的社会经济进步，并已在事实上形成了“稳定压倒一切”的冲突治理体制，但此类冲突事件的社会土壤却依然存在，需要我们给予更多的关注和研究。正如本文所示，如何理顺复合治理结构中不同治理主体、治理机制的作用边界及合作互补关系，既是重要的现实问题，也是基层社会治理研究需要进一步回应的重要理论议题[2]。而且，这一讨论及其价值显然不止于社会冲突治理研究范畴，是未来中国国家治理及社会发展中的重要基础性问题。当前，中国的国家及社会治理方式正处于大转型阶段，在日益强调多主体协同社会治理的当下，如何整合不同治理主体及治理机制之间的关系以实现有序的“复合治理”，这一问题值得进一步探讨。

---

① 黄宗智．集权的简约治理——中国以准官员和纠纷解决为主的半正式基层行政［J］．开放时代，2008（2）．

② 杨雪东．全球化、风险社会与复合治理［J］．马克思主义与现实，2004（4）．

公共冲突化解机制与方法

县委书记大接访制度：实践逻辑与现实困境

——基于官僚体制内部的分析视角

田先红

摘　要： 县委书记大接访制度将常规信访工作转化为党委政府的中心工作，有利于强化领导干部的责任意识，整合官僚体制内部资源，推动基层信访问题尤其是信访疑难案件的解决，密切党群干群关系。不过，大接访制度的运行必须嵌入于官僚体制之中。官僚体制将大接访制度吸纳进入了其自身的运转逻辑，并按照官僚体制的内部运作规则对该项制度进行改造。为了使大接访制度能够得到顺利实施，中央和高层地方政府对基层官僚集团采取了相应的监控措施。但这并不能有效制约官僚集团的选择性治理行为。

关键词： 国家　群众　官僚体制　县委书记大接访

自 2008 年以后，中国在信访领域出台了一项极其重要的改革举措——县委书记大接访。① 大接访是党和国家为应对信访困局、贯彻群众路线而出台的一项制度。它要求基层党政领导定期接待群众来

作者简介：田先红，社会学博士，重庆大学研究员、博士生导师，主要研究领域为信访问题、政治社会学、基层治理和中国政治。

文章来源：《西北农林科技大学学报（社会科学版）》2017 年第 2 期。

① 又称“县级党政领导干部大接访”，本文使用“县委书记大接访”这一通俗说法。此处的“县委书记”并非仅指县委书记一人，而是泛指县域内的党政领导干部（涵盖乡镇干部）。

访，倾听群众心声。自大接访活动开展以来，国家对该项制度的重视程度远甚于以往任何时期。迄今为止，这一制度运行已历时多年。可以说，大接访制度不仅是国家信访治理体系的重要组成部分，而且是新时期中共践行群众路线的重要制度安排。

然而，与该项制度的重要地位相比，学界的相关研究却显得滞后且贫乏。目前关于该主题的文献多为信访部门官员的工作总结讲话和少量的研究报告。系统性、学理性的专门研究付之阙如。在偶尔可见的关于县委书记大接访制度的评论中，一些学者认为该项制度不仅不利于信访问题的解决，反而会进一步强化领导的意志和群众“信访不信法”的观念。[①] 笔者认为，对于如此重大的改革举措和制度安排，在厘清其背后的逻辑规律之前，我们不宜简单地对该项制度进行批判，而应该将其放在中国官僚体制的情境中去理解。

本文以笔者在豫东 M 市华江区信访局等部门进行田野调研获取的一手资料为基础，从官僚体制内部视角对县委书记大接访制度的运行逻辑展开实证研究。核心关切的是县委书记大接访制度嵌入中国官僚体制之后，是如何运行的？又是如何被官僚体制改造的？国家及官僚体制内部各行动主体又是如何围绕该项制度的实施展开博弈互动关系？借此，我们可以获得哪些关于中国官僚体制运行的规律性认识？

一、县委书记大接访制度的缘起与变迁

常言道：郡县治，天下安。县（区）位居中国行政体制结构的枢纽地带，是联结国家与社会的桥梁。[②] 新中国成立后，县级政权在

① 赵树凯．从信访制度看社会稳定机制［J］．中国乡村建设，2009（3）．

② 学界已有不少成果就县级政权在国家治理体系中的重要角色进行了阐述，可参见：徐勇．接点政治：农村群体性事件的县域分析［J］．华中师范大学学报（人文社会科学版），2009（6）．刘天旭，贺东航．县域、民生与和谐社会构建［J］．岭南学刊，2009（2）．樊红敏．县域政治［M］．北京：中国社会科学出版社，2008．

我国信访治理体制中扮演着极为重要的角色，受到党和国家高度重视。可以说，“信访问题解决的多少、快慢，成绩的大小以及成功与否，关键在于县（市）一级机关”。[①] 鉴于县级政权在信访工作中的重要地位，新中国成立初期国家颁布的《关于处理人民来信和接见人民工作的决定》就要求“县（市）以上各级人民政府必须指定专人处理人民来信；建立接待室或问事处，接待来访群众”[②]。时至1957年11月，国务院颁布了《关于加强处理人民来信和接待人民来访工作的指示》，着重强调要加强县级机关信访工作。[③]

改革开放后，县级信访工作进一步加强。1982年中共中央办公厅、国务院办公厅转发的《党政机关信访工作暂行条例（草案）》用专门一章的篇幅就加强县级党委和政府的信访工作问题做出了详细规定。[④] 2007年3月，中共中央、国务院《关于进一步加强新时期信访工作的意见》第十九条着重强调“预防和解决基层发生的信访问题，县级是关键，要高度重视县级信访工作，切实加强指导”[⑤]。

领导干部接访制度是县级信访制度建设的重要环节。早在新中国成立初期，就已经有许多县建立了县长、书记接见群众来访日制度。1957年5月，第一次全国信访工作会议肯定和推广了领导接见群众来访日制度。[⑥] 从此，这一举措逐渐被吸纳进入信访治理体制之内，构成了新中国信访制度的重要传统。不过，长期以来，领导干部接访制度并未受重视，其规范性、严格性较为欠缺。2007年3月，中共中央、国务院《关于进一步加强新时期信访工作的意见》提出，要

---

① 刁杰成．人民信访史略［M］．北京：北京经济学院出版社，1996：52.

② 刁杰成．人民信访史略［M］．北京：北京经济学院出版社，1996：35.

③ 刁杰成．人民信访史略［M］．北京：北京经济学院出版社，1996：113.

④ 中共中央办公厅、国务院办公厅：《党政机关信访工作暂行条例（草案）》，1982年4月8日。第四章第十六条强调：“县一级党委和政府（包括相当县一级的单位），要就地解决来信来访中的问题。凡是县里能够解决的问题，都应当积极主动地就地予以解决。”第十七条强调：“县委和政府及各部门的负责同志要亲自处理信访问题。”

⑤ 中共中央、国务院．关于进一步加强新时期信访工作的意见，2007.

⑥ 刁杰成．人民信访史略［M］．北京：北京经济学院出版社，1996：53、85.

在全国大力实施领导干部大接访①。随后，领导干部接访制度渐渐被强化。尤其是2008年举世瞩目的奥运盛会在北京举行，国家对稳定和秩序的强调提升到一个全新的高度。与之相应，县级政权被推向信访工作的前台。2008年6月28日，国家召开了处理信访突出问题及群体性事件电视电话会议（俗称“6·28”电视电话会议）。此后，县委书记大接访活动迅速在全国展开。

2008年北京奥运会结束后，县委书记大接访并没有淡出中国官僚体制，而是转向了常规运作形态。2009年4月，中共中央办公厅、国务院办公厅连续发布了《关于领导干部定期接待群众来访的意见》等三个文件，特别强调“县（市、区、旗）党委书记、县（市、区、旗）长一般每月安排一天时间接待群众来访，县（市、区、旗）党委和政府班子成员、市县两级的部门领导干部都要定期接待群众来访”②。县委书记大接访的直接目标，就是要缓和社会冲突和矛盾，减少上访及其他社会不稳定因素，保持政治社会稳定。

二、县委书记大接访的制度体系

在新时期，县委书记大接访制度设置更加细化。从中央到地方各级党委政府就县委书记大接访提出了一系列严格、细致的要求。具体而言，这一制度体系涵盖了以下一些次级制度安排。

（一）党政一把手负责制

在中国的行政体制下，党政一把手尤其是党委一把手在党务和政务重大决策中扮演着最为重要的角色。自上而下的各种方针政策也必须经过一把手的推动才能得到更好的贯彻落实。同样，在县委书记大

① 中共中央、国务院．关于进一步加强新时期信访工作的意见．2007.

② 中共中央办公厅、国务院办公厅．关于领导干部定期接待群众来访的意见．2009.

接访运动中，党政一把手也被赋予最大政治责任。大接访制度将常规信访工作转化为党委政府的中心工作，赋予其更强的政治意涵。上级给县级党政一把手制定了严格的责任目标和工作要求。例如，建立县（市、区）委书记、县（市、区）长“四个一”工作制度，即县（市、区）委书记、县（市、区）长每人每月至少参加一次接访活动、主持一次疑难信访问题和信访不稳定因素排查分析会、化解处理一个信访突出问题、督办一次信访工作进展情况。

此外，相关制度还规定一般领导在接访时请假或请人代接都需要向党政主要领导汇报。在笔者调研的华江区，区委书记周平清曾经批示：“县委书记大接访是信访工作重要举措，请区党政班子及其他接访同志高度重视、严肃认真。不得随意缩短时间或让别人代接，确有特殊情况的，直接向书记和区长报告，并采取相应调整办法。”正因为党政领导尤其是主要领导在县委书记大接访工作中的极端重要性，所以各级党委政府在贯彻落实该项制度时，都要求主要领导必须高度重视。华江区还提出了大接访要坚持“一把手”工程的口号。

（二）考核与追责并行

为引起县级政权重视，大接访工作还被纳入党委政府信访工作责任制考核内容。考核内容包括大接访的台账、档案健全程度，党政领导干部按时按量接访情况，大接访案件受理、交办、结案率、满意率等。例如，2011 年 M 市《信访工作党委政府责任制考核办法》规定：“坚持县市区党政领导干部工作日每天接待群众来访制度，确保党政领导接待日落实率 90% 以上（含 90%），每下降 1 个百分点扣 5 分；领导接待日受理案件按期结案率 95% 以上（含 95%），每下降 1 个百分点扣 2 分。”对于考核结果，将纳入政府奖惩范围。考核不过关的，依据问题轻重对县级党政领导、责任人、直接责任人给予通报批评、诫勉谈话、行政警告等不同程度的党纪政纪处分。

此外，上级还定期不定期地对县委书记大接访的落实情况进行督查。每次督查结果都在辖区范围内进行通报。同时，还根据督查结果对相关责任单位和责任人给予通报批评、诫勉谈话、书面检查等处分。

（三）多种接访方式并举

1. 单独接访与联合接访

县委书记大接访的形式包括单独接访与联合接访。所谓单独接访，指由单个的县党政领导接待来访者。单独接访意味着接访领导只能凭自己个人职权或者协调自己分管的相关部门处理信访案件。若信访人反映的问题超出接访领导职权，则接访领导只能将该案件转办或者劝说信访人选择对口领导接访。因此，单独接访在解决问题的效果方面有一定局限性。

所谓联合接访，就是多名县领导甚至所有主要县领导和相关职能部门负责人同时参与接访。笔者调研的华江区就曾经举行过联合接访。例如，2014 年 4 月 10 日上午，华江区党委、政府、人大、政协的领导参与联合接访，另有区里的 20 个单位参加。整个上午共接访 12 批 20 人次，来访量较平时明显更大。联合接访汇聚了县级政权的主要力量，有利于推动信访问题的解决。不过，联合接访耗费的人力、物力资源太多，因而不可持续，只能间或举行。

2. 定点接访、重点约访与带案下访

定点接访是指在某一特定的接访地点面见来访群众。接访的对象不固定。这是大接访的主流方式，也是最容易被上级考核的内容。重点约访是指根据信访案件需要约见信访人。约访具有特定的对象。约访还包括协调解决当事人诉求的问题。带案下访要求领导深入基层社会，听取和收集群众意见，研究问题成因，探讨解决办法。

三种接访方式形构出三种不同的接访领导—访民关系模式（即干群关系模式）。定点接访只需要接访领导在接访场所等待群众上访。它在接访领导—访民之间形构出一种被动的求助—服务关系。重点约访要求接访领导主动联系访民前来解决信访问题。虽然接访领导还是在接访场所等待访民前来解决问题，但它对接访领导的主动性提出了更高的要求。主动下访要求接访领导放下身段，主动深入基层和群众解决信访问题。它在接访领导—访民之间形构出一种完全主动的服务关系。所以，在这三种接访方式中，主动下访对领导的要求最高，重点约访次之，定点接访最次。对于接访领导而言，主动下访难度最大，重点约访次之，定点接访最次。

（四）接访与包案勾连

接访只是接待访民，受理、交办或者转办访民反映的问题。尽管参与接访的县级领导都拥有或大或小的职权，能够推动信访问题的解决。但是大部分信访案件都难以在现场获得圆满解决。此时，如何妥善处理那些在现场无法解决的信访案件就成为大接访制度面临的难题。如果不能将现场无法解决的案件在领导接访之后继续纳入处理的议事日程，那么大接访的意义将大打折扣。所以，大接访制度就不能仅限于现场的接访，而必须落实接访领导的后续责任。领导包案就是强化接访领导后续责任的制度安排。

华江区在接访领导包案方面作出了严格的制度规定：对群众反映强烈的突出问题，要实行领导包案，并落实包调查、包协调、包处理、包落实、包稳定、包息诉罢访的“六包”责任制。包案领导还需要与区信访工作领导组签订书面的包案责任书。

此外，制度还规定每个县级党政领导每月至少带案下访一次，做到下访对象明确、任务具体、工作落实；每个县级党政领导每月至少对自己接访和下访的案件进行一次回访，确保息诉罢访，案结事了；每个县级党政领导每月至少到分包乡镇、部门督促检查一次信访工作开展情况。

大接访还实行首问负责制，即“谁接待，谁包案，谁负责”。第一位接访某信访案件的领导，一般被定为该案的包案领导，负责该案件的受理、交办、督办和跟踪问效。首问负责制在领导干部与接访工作之间建立责任——利益联结纽带①，有利于强化党政领导干部的信访工作责任，避免推诿现象。

包案制度“是基层政府在面临科层体制与上访者双重压力时所做出的制度安排……（它）不仅在正式体制内进行了分工合作，而且为构建基层政权与上访者之间的联结关系提供了平台，形成纵横交错的信访维稳责任体系”②。

（五）纵向与横向贯通

为推动县委书记大接访制度的贯彻落实，官僚体制内部形成了一张纵横交错的责任网络。

1. 纵向：县乡一体化

县级政权是县委书记大接访活动的主体。不过，若仅凭县级政权处理信访问题，既非其力所能及又非其所愿。所以，县级自然会将乡镇（街办）纳入大接访的制度体系中。从华江区的实践来看，区里甚至给各个乡镇领导干部的接访工作提出了比区自身更为严格的要求。例如，区里规定：“各乡、办事处要保证每天都有党政主要领导值班接访……区委信访工作领导组将组织专项督查组对各乡办党政主要领导接访情况进行抽查暗访，督查情况定期通报。”③ 通过这一制度安排，县乡都被整合进入县委书记大接访体系中。

---

① 王汉生，王一鸽．目标管理责任制：农村基层政权的实践逻辑［J］．社会学研究，2009（2）．

② 田先红．基层信访治理中的包保责任制：实践逻辑与现实困境［J］．社会，2012（4）．

③ 中共华江区委信访工作领导组办公室．关于认真贯彻落实全市领导干部接访处访工作会议精神的通知，2012－11－02．

2. 横向：主要领导与一般领导分工

按照规定，县级党政主要领导一个月至少安排一天接访，其余党政领导安排接访的天数较主要领导更多。除了党政主要领导负责主持党政全面工作之外，其余党政领导都有各自分管的业务工作领域。区领导（尤其是主要领导）接访时，信访案件牵涉的相关下属（包括副职领导、乡办和区直单位负责人等）要陪同接访。每位接访领导都可以利用自己的职权召集下属（或分管业务领域的下属）协调解决信访问题。

随着上述一系列制度安排的设立，县委书记大接访制度渐渐实现了常态化。地方政府将县委书记大接访视为一项政治任务来完成。县委书记大接访制度也得以确立它在国家信访治理体系中的中心位置。

三、官僚制与县委书记大接访制度的实践逻辑

县委书记大接访制度实施以后，其实际运行深受官僚体制内部各种复杂交错关系的影响。这使该项制度的实践逻辑呈现出与制度文本规定的偏差。

（一）权力推动与权力依赖

总体而言，在县委书记大接访制度实施过程中，由于党政主要领导掌握着辖区内的权力和资源，在解决信访问题上确实具有独特优势。所以，该项制度的实施对于促进信访问题的解决、缓解信访严峻形势起到了积极的推动作用。据统计，2010 年 1—8 月，华江区党政领导共接访 167 批次（不含重复访），其中现场解决 125 起，占比为 74.85%，立案交办 42 批 255 人，到期应结 31 案，实际结案 17 件，

群众满意131案，群众满意率92.3%（现场解决都满意）。[①]

大接访之所以能够取得一定的效果，与官僚体制的权力结构密不可分。在县级政权层面，县域主要行政权力集中于县级党政领导干部尤其是党政主要领导（一把手）身上。县级党政领导干部在处理各项行政和公共事务方面无疑具有较大优势。县委书记大接访强调县级党政领导干部亲自接访，是希望利用他们手中的权力资源推动信访问题的解决。

在实际运行时，大接访制度被深深嵌入官僚体制中。大接访制度的运转，在很大程度上是以权力为依托的。每位区党政领导都有自己的工作分工。相应地，每位领导（主要领导除外）一般只分管自己工作领域中的信访问题。这既是科层制顺利运转的要求，也是信访问题得以高效、有序解决的前提条件。因为每位领导只在自己分管领域中才能有效行使权力，动员相关资源解决信访问题。一旦超出自己的分管领域，则无法调配相关资源。

接访时，党政领导依靠自己的权力、地位来推动信访事项的解决。领导地位的高低、权力的大小，在很大程度上决定了信访问题解决的速度和程度。同时，有不少问题确实需要县级党政主要领导拍板才能解决或者更好地解决。尤其是那些涉及不同部门间整合、资源大规模跨部门调配的信访案件，更是需要党政领导特别是主要领导的亲自介入。例如，自2011年开始，华江区妇幼医院职工上访反映医院改制后导致职工待遇降低。他们要求政府重新收回医院，确立其公办性质，给职工发放财政工资。此事涉及区卫生局、人社局、区编委和财政局等多个部门，若非区主要领导出面断无解决之可能。之前此问题之所以一直久拖不决，就在于各部门步调不一致，都从部门利益出发而互相推诿。最终还是党政主要领导亲自介入才使该问题得以解决。

---

① 华江区信访局．华江区2010年党政领导干部大接访工作情况汇报．2010－08－31.

党政主要领导位高权重，可以动用更多的资源，促使下级重视和落实。特别是那些涉及不同部门利益、需要整合协调各部门行动的信访事项，往往只有“一把手”拍板，才能实现部门整合，推动问题的解决。且在现实中，访民的问题往往都会涉及多个部门。仅靠某一部门无法解决这些问题。这在客观上更加需要党政主要领导出面协调。

我们看到，党政主要领导在解决信访问题上具有更高的效率，而且往往吸引了更多的访民。例如，2012 年 9 月 12 日，华江区区长曾辉祥接访时，共有 7 批 33 人次上访，其中，现场解决 2 起，其余 5 起均承诺了解决期限。[①] 当天下午，曾辉祥还在接访现场临时召集 5 位副区长和财政、劳动、人事等局委负责人商讨解决群众信访事项。此外，据华江区信访局统计，自 2012 年初至 2012 年 9 月，区委书记周平清共召开党政联席会议 8 次，研究解决信访事项 58 起，区长曾辉祥召开区长办公会 14 次，研究解决信访事项 132 起。[②] 党政主要领导的独特权力地位，使他们在解决问题上具有更大优势。主要领导如此强大的资源动员和体制整合能力，绝非一般领导所能比肩。

党政主要领导解决问题的优势，吸引了更多的上访者选择在主要领导接访时来上访。所以，每逢党政主要领导接待日来上访的访民要比其余领导接待日多出许多。据华江区《信访工作简报》所述：“华江区每逢党政主要领导的信访接待日，上访群众较多，多的时候每天达二三十批几百人。”[③] 2012 年 8 月 16 日，华江区委书记周平清当天共接访 6 批 20 人次。[④] 根据华江区 2011—2012 年区党政领导接访情况统计数据，也可以显示党政主要领导较其他区领导更能吸引上访者，见表 1 和表 2。

---

① 华江区《信访工作简报》第 21 期，2012 - 09 - 13.

② 华江区《信访工作简报》第 21 期，2012 - 09 - 13.

③ 华江区《信访工作简报》第 22 期，2012 - 09 - 20.

④ 华江区《信访工作简报》第 18 期，2012 - 08 - 17.

表1　2011—2012 年华江区党政领导接访情况①

年份	总批次（含重复访）	区委书记、区长批次	区委书记、区长人均批次	其余党政领导批次②	其余党政领导人均批次
2011	278	78	39	200（12 人）	16.67
2012	239	53	26.5	186（11 人）	16.91

数据来源：华江区信访局 2011 年、2012 年区党政领导干部大接访汇总数据。

表2　2010 年 1—8 月华江区党政领导大接访情况

	接访次数	接访批次（含重复访）	批次/接访次数（次均批数）
党政主要领导	12	49	4.08
其余党政领导	114	208	1.82
合计	126	257	—

数据来源．华江区 2010 年党政领导干部大接访情况汇报，2010 年 8 月 31 日。

根据表 1，2011 年区委书记和区长两名党政主要领导接访平均批次为 39，而其余党政领导接访的平均批次为 16.67。2012 年，区委书记和区长两名党政主要领导接访的平均批次为 26.5，而其余党政领导接访的平均批次为 16.91。在这两年中，区党政主要领导接访的平均批次都远高于其余党政领导。笔者还注意到，区委书记和区长每个月一般都只安排 1 次接访，而其余党政领导每个月一般都会安排 2 次。③

① 华江区信访局会将每月的区领导接访值班安排表张贴在公告栏上。上访人员还可到接访科索要领导接访安排表。此外，接访科每天还会在一块醒目的宣传板上写明当天的接访领导姓名和职务，上访人员进出接访大厅时可以较容易看见。上访人员尤其是那些老上访户对于领导接访的情况大多比较了解。笔者观察到，不少上访人员来到信访局时首先都会了解当天接访领导的具体情况。如果是主要领导或者对口的领导，一般都会进去接访室反映或者在外面守候。如果是一般领导或者不是对口领导，就转身离开。

② 除区委书记、区长之外，华江区 2011 年共有 12 名一般区领导参与大接访工作，2012 年共有 11 名一般区领导参与大接访工作。

③ 根据华江区信访局 2012 年 1—8 月的大接访统计数据，区委书记和区长总共接访 16 次，人均 8 次，而其余 11 名党政领导总共接访 114 次，人均 10.36 次。另外，中共中央办公厅、国务院办公厅颁发的《关于领导干部定期接待群众来访的意见》规定：“县（市、区、旗）党委书记、县（市、区、旗）长一般每月安排一天时间接待群众来访，县（市、区、旗）党委和政府班子成员、市县两级的部门领导干部都要定期接待群众来访。”从该规定也可看出，国家对党政主要领导和一般党政领导在接访任务安排上也存在区别。党政主要领导的接访任务要比一般党政领导更轻。

也就是说，区党政主要领导接访的总次数较其余党政领导更少，而接访的批次数量却较其余党政领导更多。如果考虑这一因素，那么对于上访者而言，区党政主要领导要远较其余党政领导更有吸引力。另外，我们从表2也可以看出，在2010年1—8月，华江区党政主要领导每次接访的平均批次数量为4.08，其余党政领导每次接访的平均批次数量仅为1.82，前者是后者的2倍多。

由于信访问题的解决效率与权力的大小呈正相关关系。权力越大，解决信访问题的效率越高。这导致的负面效应是：一般领导干部和工作人员因位低权轻而在处理信访工作时力不从心。如同华江区群众工作部副部长王华南所言："有的领导觉得自己拍板了也没啥用，干脆就不拍。"① 一些领导干部也常以自己无权解决为由而对信访事项予以推脱。这在一定程度上助长了推诿现象，并损及政权的群众基础和合法性。此外，它还在客观上强化了群众对权力的膺服，使得权力因素在国家信访治理工作中的功能进一步凸显。大量的信访问题都被推向了党政主要领导，让群众误以为凡事找主要领导可以得到解决，可能助长群众"信访不信法"的观念。

可见，县委书记大接访制度与现有的权力体系相契合，同时又强化了既有的权力体系。党政主要领导可以依靠自身权力实现对辖区内官僚集团的整合，督促下属解决访民的问题。这维系了党政主要领导的魅力型权威②，而牺牲了其他党政领导干部和一般工作人员的威望。然而，问题在于，党政主要领导并不能总是亲自去解决访民的问题，而必须要依靠下属和一般工作人员去解决。如果访民的问题最终未获解决，同样会令访民对党政主要领导的权威产生怀疑。

---

① 访谈笔记，2013-04-03，WJQ.

② 马克斯·韦伯．经济与社会（上卷）［M］．林荣远，译．北京：商务印书馆，1997：269.

（二）权力与责任倒置

理想的权力配置模式应该确保权责互相匹配，如此方能实现有效治理。然而，在县委书记大接访的制度安排中，却出现了严重的权力与责任倒置现象。

首先，在横向上，主要领导与一般领导的权责不匹配。主要领导位高权重，在处理信访问题上更具优势，而一般领导权力更小，在处理信访问题时难度更大。从权责匹配角度来讲，主要领导的接访任务应该较一般领导更重。然而，无论是上级规定还是县级政权的实际操作，大接访的值班任务安排都是优先照顾区主要领导。例如，中共中央2009年颁发的《关于领导干部定期接待群众来访的意见》规定："县（市、区、旗）党委书记、县（市、区、旗）长一般每月安排一天时间接待群众来访，县（市、区、旗）党委和政府班子成员、市县两级的部门领导干部都要定期接待群众来访。"[①] 在华江区的党政领导干部接访值班安排表中，区委书记和区长每个月都只安排一次接访，而其余党政领导干部一般都安排两次甚至更多。掌握权力、资源更多的主要领导被安排更少的接访任务，而权力小、解决信访问题的资源和能力更弱的一般领导却被赋予更重的接访任务。党政主要领导具有更多的解决信访问题的权力资源，上访群众对党政主要领导有更高的期待，但群众接触和求助于党政主要领导的机会却更少。这也是每次党政主要领导接访时往往场面爆棚的重要原因。

其次，在纵向上，县乡之间权责不匹配。县级政权是一级职能和机构都较为完备的政权。无论是在权力、地位还是资源等方面，县级政权都要优于乡镇政权。按道理来讲，县级政权应该承担更多的接访任务和信访治理工作。然而，在现实中，乡镇的接访任务和信访治理工作量都要远甚于县级政权。例如，县级党政主要领导只要求每个月

① 中共中央办公厅、国务院办公厅．关于领导干部定期接待群众来访的意见．2009.

接访一次，其余党政领导一般每个月为两次左右，而乡镇、办事处的党政主要领导却被要求每天值班接访，甚至要随时随地接访。此外，上级要求乡镇将信访问题解决在基层。对大部分信访案件而言，县里都要求乡镇出面办理和解决。但实际上，乡镇却并不具备解决信访问题的权力和资源。

概言之，无论是在纵向上还是在横向上，大接访制度在实际运行过程中都因为接访主体的权责不对等而影响了信访治理的效率。

（三）首问负责制与专业分工的矛盾

前文提及，为强化接访领导的责任、督促接访领导解决群众反映的问题，县委书记大接访实行首问负责制。首问负责制有利于明确信访案件的责任人，进而规避推诿、拖延现象。然而，首问负责制却与官僚体制内既有的业务分工秩序存在一定的矛盾。一旦群众反映的问题并非接访领导业务分工范围内之事，接访领导将无权处理。即使接访领导可以召集相关部门负责人前来协调，但是由于这些部门并非该接访领导管辖，其负责人可以不予理会或者采取应付推脱之策。按照官僚制的运作惯例，下属一般只对自己的直接上级负责。在中国的官僚体制中，各种宗派、关系圈子盛行，许多领导都有自己的势力范围，而一般下属也都被吸纳进入各种圈子里面。[①] 特别是有的部门负责人只唯党政“一把手”马首是瞻，不把其他一般党政领导放在眼里。此时，要让接访领导协调这些部门解决问题，其难度之大可想而知。

为降低首问负责制可能遭遇的阻力，华江区大接访制度规定：“对不属接访领导所分包乡办、区直部门的问题，要明确建议由其他相关领导包案处理，区委信访工作领导组再发文交办分包领导。”[②]

---

① 刘能．等级制和社会网络视野下的乡镇行政［M］．北京：社会科学文献出版社，2008.

② 中共华江区委．关于进一步规范领导干部定期接待群众来访的意见．2012－08－17.

不过，这一规定的效力有很大局限性。笔者在接访室观摩领导接访过程时，常常碰到一些上访者反映的问题并非当班接访领导业务分工范围。此时，接访领导常常表示无能为力，只能照例登记上访者反映的问题，走完交办程序。而被交办信访案件的包案领导又往往以该信访案件并非自己接访为由推脱，或者不跟踪督办。如此，群众反映的信访问题又继续被吸纳入漫无边际的官僚体制常规运作过程中。群众反映的问题是否解决、何时解决，仍然取决于他们将诉求“问题化”的能力。

（四）选择性治理与接访绩效的消解

在中国的基层治理中，选择性政策执行①现象较为普遍。基层政府为了迎合上级需要，常常只贯彻执行那些上级重视的政策，而对其余政策不予执行或随意应付。在县委书记大接访制度运行过程中同样存在类似情况。

1. 重形式程序而轻实质解决问题

按照制度规定，上级要定期不定期对县委书记大接访工作进行督查。督查的重要内容之一是相关文牍台账的整理规范情况。台账是接访制度绩效的重要体现，也是上级考核检查区里落实该项制度具体情况的非常重要的凭证。台账比较直观简单，容易进行考核检查。无论平时工作做得如何优秀，如果台账不规范，同样将面临上级的批评。所以，笔者在华江区信访局看到，近年来局里对台账建设高度重视。信访局给每一位县级党政领导都建立了接访台账，台账内容包括接访时间、地点、来访人姓名、信访内容、批示办理情况等。

然而，在大接访的形式、程序日益受到重视的同时，解决群众实质问题却仍然被忽视。胡伟曾指出：“群众路线对于共产党与其说是

---

① O' Brien Kevin, Lianjiang Li. *Selective Policy Implementation in Rural China* [J]. Comparative Politics, 1999, 31 (2): 167 -186.

一种制度，还不如说是一种作风……就一个党员或党的领导干部而言，他是否联系群众以及多大程度上联系群众更多取决于他个人的民主作风而非制度。”① 王绍光也认为，群众路线过于依赖干部的自觉性，党员干部在贯彻群众路线时容易走形式，这是群众路线的软肋。② 同样，作为新时期群众路线重要体现的大接访制度的贯彻也依赖于领导的个人素质和作风。领导素质和作风过硬，则效果较为明显。否则，效果将大打折扣。在实际中，一些接访领导常常心不在焉，致使接访流于形式。对群众反映的问题一概交办了事，而实质上并没有解决问题。接访之后，上访者反映的问题继续被纳入官僚体制的常规运作过程。一旦官僚体制各部门间发生摩擦、扯皮，那么上访者的问题将继续无解。此时，上访者只能等待下一次的领导接访，通过诉求领导重新激活官僚运作过程，使自己的问题早日纳入官僚体制的议事日程。华江区信访局在总结大接访活动情况时也指出：“存在重视案件办理而忽视不稳定因素化解的情况。到目前为止，60 起不稳定因素，向领导组办公室书面报情况的仅 1 起。”③ 重形式、程序现象的广泛存在导致大接访的实质效果受到严重影响。

2. 重上级交办案件而轻自立案件

在信访目标考核责任制的压力下，县级政权对上级交办的信访案件必须高度重视。否则，将面临被扣分或者考核不合格的风险。所以，上级交办信访案件的办结速度一般都较快，效率较高。相反，对于区自立案件，因为缺乏考核压力，推诿拖延现象严重。华江区信访局曾总结道：“一是重视上三级交办的案件，对区自立案件（县委书记大接访案件）重视不够。上三级到期 34 件案件已全部办结，但区自立案件 33 件仅办结 8 件。二是区自立案件超期未结现象比较严重，

① 胡伟．政府过程［M］．杭州：浙江人民出版社，1998：78.

② 王绍光．中国的代表型民主［J］．中共杭州市委党校学报，2014（1）．

③ 华江区信访工作领导组办公室．关于集中交办信访案件和不稳定因素办理情况的通报．2009－09－22.

自立案件到期应结17件，有9件超期未结。”[1] 既然上级交办的案件较区自立案件能够得到更好更快地解决，那么群众自然倾向于到上级上访。这也可以部分解释为什么越级上访发生的频率如此之高且屡禁不止。它跟官僚体制的选择性治理策略紧密关联。

可见，在对上负责的体制下，县级政权在县委书记大接访过程中面临“有压力的目标约束与低度过程约束”[2]。它往往只重视上级关注的政策目标，而忽视其他。这种选择性治理策略消解了大接访制度的绩效。

（五）政治与专业的冲突

执政党对党员干部的要求是“又红又专”。大接访是一项政治任务，是贯彻执政党的群众路线、消除党政领导干部官僚主义作风的重要制度设置。对于这一具有较强政治色彩的工作，领导干部接访时必须推掉手头的业务工作，全心投入接访之中。不能因为业务工作而打断接访过程，否则就会被视为对群众不尊重，对群众反映的问题不重视，对群众耍官僚主义。大接访在约束领导干部的同时，也不可避免地带来两个问题。

1. 冲击领导干部的业务工作

2012年7月10日，华江区当班接访领导在接访期间因突发急事，需要前往处理，便提前离开接访室。7月11日，区当班接访领导又因到市里开会而找人代替接访。此事恰好被河南省信访工作督查组发现。最终，华江区被省里通报批评。就前一事件，根据制度规定，华江区接访领导确实违规，至少可以追究其未能妥善安排他人代替接访、致使接访空岗的责任。就后一事件而言，参加上级安排的会

---

① 华江区信访工作领导组办公室. 关于集中交办信访案件和不稳定因素办理情况的通报. 2009-09-22.

② 王汉生，王一鸽. 目标管理责任制：农村基层政权的实践逻辑［J］. 社会学研究，2009（2）.

议当属接访领导业务工作范围内，临时让人代替接访应属无奈，但制度规定不得替接，所以区里仍然受到省通报批评。若坚持“一切工作都要为大接访让路”，必然会影响领导干部的业务工作。特别是在中国官僚体制中，领导干部时常面临着各种突发事件，需要紧急调配人力资源应对。常规的接访工作与官僚体制的即时动员往往难以兼容。这使得领导干部在接访政治任务与业务工作中左冲右突，疲于应对。越是地位级别低的领导越可能需要随时响应上级的召唤和安排，从而越需要更多的自主支配时间。吊诡的是，这些领导往往被安排更为繁重的接访任务。

2. 干扰科层组织的正常运转秩序

接访意味着暂停领导分管的业务工作，需要暂时打断科层制的运转流程，而这极可能影响既有的科层组织运转秩序。对于分工专业、流程严密的科层组织而言，任何一个部门、流程的暂停，都可能带来相应的秩序紊乱，甚而导致科层组织陷入瘫痪状态，严重影响科层组织运作效率。华江区领导干部接访制度还规定，区领导接访时，其分管的相关部门、乡办负责人以及信访案件涉及的部门负责人也必须陪同接访。笔者在接访室观察区领导接访时，常常看到不少工作人员包括一些区领导来到信访局接访室外边等待向正在接访的区领导汇报工作。华江区的一份《信访工作简报》也曾记述这么一个小插曲：区委书记周平清在信访局接访室持续接访5个小时，而因为工作问题需要向区委书记汇报的几名副区长也在旁边等了近5个小时，直到接访结束后，这几名副区长才向区委书记汇报工作。可见，大接访制度对官僚体制正常运转秩序的干扰较深。它时常打断官僚体制的正常运转过程。这必然会遭到官僚体制的反弹，进而影响到该项制度的可持续运行。一旦缺乏来自上级的检查考核压力，那么该项制度极可能流产。

四、结语

上文已经从官僚体制内部的视角分析了县委书记大接访制度的运行实态和逻辑。县委书记大接访是执政党治理官僚体制、贯彻群众路线的一项重要举措。大接访制度的初衷，是密切基层党政干部与群众之间的联系，为群众解决问题，缓解社会矛盾冲突。信访工作本是党委政府的常规工作。一般情况下，信访部门受理群众信访诉求之后，都是按照常规流程将信访案件交办、转办到相关责任部门。但是，对于某些疑难信访问题，尤其是那些涉及跨部门或者跨地域的信访难案，仅凭某些部门的力量和常规程序难以解决。官僚体制内的推诿、扯皮等弊病也加大了信访问题的解决难度。大接访的诸多制度安排，都是针对官僚体制的一系列弊病而设置的。它在一定程度上有利于制约基层官僚集团偏离执政者的意图和民众的利益的倾向，避免官僚体制自我利益的过度膨胀，密切党群干群关系。大接访制度将常规信访工作转化为党委政府的中心工作，特别是通过领导包案制度使其上升为一项政治任务，有利于强化领导干部的责任意识，整合官僚体制内部资源，从而推动基层信访问题尤其是一些疑难信访案件的解决。同时，大接访也向民众宣示了一种亲民、为民取向，对捍卫执政党的宗旨、提升执政党的合法性具有积极作用。从这个角度来看，大接访制度的出台有其合理性的一面，也有较强的现实针对性。这也正是多年来国家大力推行和落实大接访制度的基本出发点。

不过，大接访制度也有其局限性。它重在消化已经发生的信访问题，而并没有从源头上根治信访问题。同时，它虽然有利于强化领导干部的信访工作责任意识，但同时也可能引导群众碰到问题时都求助于领导干部尤其是党政主要领导，强化其“信访不信法”的观念。

此外，大接访制度的运行必须嵌入于官僚体制之中。官僚体制将大接访制度吸纳进入其自身的运转逻辑，并按照官僚体制的内部运作规则对该项制度进行改造。在实践中，大接访制度与官僚体制之间存有难以克服的张力。大接访制度具有较强的刚性，它要求官僚体制在很大程度上牺牲或者放弃自身的利益。官僚集团为了维护自身的利益，确保自身运转，必须对大接访制度进行吸纳和改造。于是，大接访制度在实际运行过程中出现了“名实分离”的问题，在一定程度上偏离了制度设置的初衷。特别是在常规治理时期，官僚体制往往对这些边缘性的业务工作采取应付之策。这必然影响业务工作的效率。为避免这种偏离过度伸张，上级就必须启动非常规手段来刺激官僚体制，加强对县级政权的监控，使其“运动”起来，贯彻落实大接访的相关政策安排。因此，督查、检查等手段就显得异常重要。它是使官僚体制保持活力的源泉。

不过，上级为了确保下级贯彻落实制度的积极性，也必须充分顾及下级的处境，不能形成过强的刚性压力。而且，督查制度能够发挥一定的督促作用，却难以避免下级的选择性治理策略。在督查期间，下级高度重视大接访工作，一旦督查结束，下级又继续消极怠工。于是，大接访制度的运行又演化为官僚体制内部监控与反监控的诸种游戏。这使得地方政府在落实大接访制度时并未能有效达到中央贯彻群众路线、缓解信访治理困局的期望和要求。

可见，官僚体制的运转必须在制度化的刚性压力与其自身的适应能力之间保持一定的弹性和平衡。在官僚体制与群众之间存有一定的张力甚至矛盾。科层体制的各项制度就在这种相互矛盾和掣肘的过程中运转。县委书记大接访制度运行中的种种怪现状背后所折射的，正是官僚集团的自身利益与民众利益之间的内在紧张。

笔者认为，为缓解目前的信访治理困境，既要有短期应急的治标之策，又要有统筹全局的治本之举。在短期策略层面，需要进一步健全和完善县委书记大接访制度。如前所述，大接访制度确实有利于强化党政领导干部的信访工作责任意识，密切党群干群关系。所以，在信访工作仍然繁重的当下，不宜简单地将该项制度废除。但是，我们可以对相关制度安排进行调整。例如，可以加大对领导干部实质性解决信访问题的考核，而不是过于注重对领导接访台账、文案等形式程序的考核；可以在接访工作与业务工作之间保持适当平衡，避免大接访制度过多冲击领导干部的常规业务工作，等等。这样，大接访制度才可能具有更高的效率和更强的生命力。

从长期来看，信访工作必须具有统筹全局的战略视野。我们需要在形成信访问题的根源上着力。其中，最为关键的有两方面：一是进一步健全和完善基层民主制度，构建干部与群众良性对话、协商的平台。在一些重大社会问题（如征地拆迁等）上面，政府必须充分尊重民众的意愿，做到科学、合理决策。二是切实推进依法治国战略，真正做到依法行政，牢固树立法制的权威。唯有如此，信访问题才能从根本上得以解决。

亲属利益捆绑：体制间压力传递及公共冲突解决

许 尧　杜宁宁

摘　要：冲突解决从本质上看，是双方力量的一种对抗和博弈。为使自己在冲突中获胜，双方都会倾向于邀请、吸引或胁迫有利于自身力量提升的第三方介入。具体到政府介入的基层公共冲突中，基层公共事务管理者为推进冲突的解决，经常或软或硬地将冲突表达者的体制内亲属动员起来，使其介入冲突事项中，并且以亲属的体制内利益为砝码，要求或劝导冲突表达者降低或转变诉求标的。亲属在此发挥了将体制内压力转移到体制外主体的载体功能，能够通过摸底儿、多元化利益满足、荣损与共等具体策略形成对冲突表达者的内在压力，从而打破僵局，促进公共冲突的解决。但这种方式在对环境的依赖性、合法性、合理性、有效性等方面也存在着广泛的质疑和批评，公共事务管理者在选用时必须十分慎重。

关键词：亲属利益捆绑　冲突解决　体制间压力传递　公共冲突管理

作者简介：许尧，管理学博士，南开大学周恩来政府管理学院、南开大学人权研究中心（国家人权教育与培训基地）副研究员，研究方向为公共冲突管理；杜宁宁，南开大学周恩来政府管理学院博士生，研究方向为公共冲突管理。

基金项目：天津市社科规划项目“维权与维稳的内在逻辑及相互促进机制研究”（编号：TJGL15－009）。

文章来源：《理论与现代化》2017年第6期。

一、问题缘起及概念界定

中国社会的公共冲突表达和解决具有独特的文化心理背景，表现为相当复杂的多方博弈过程。来自底层的民众在面对自认为不合理的对待或追求利益实现的过程中，基于“经济计算”的功利自觉①，不断创造、模仿着被证明行之有效的表达方式，“普通百姓”“一穷二白”的状态赋予了他们“没啥好失去”的心理，加上政府内部自上而下的“刚性维稳压力”及对“和谐”的强调进一步放纵了其意愿表达的“随意性”，使得这些表达诉求的行为经常性地处于制度不允许的范围，或处于合法与非法的边缘地带。

政府或掌握某种公共资源的公立机构在面对这些抗议时，由于对方的“体制外”特征，往往缺乏必要的“谈判砝码”，无法形成促成对方让步和合作的“资源集合”并“有效施压”，广泛存在一种“无处发力”的无奈感或“拳头打苍蝇”的效能缺失感。

在体制内压力资源丰富、体制间相对绝缘、熟人社会关系网交叉纵横等客观社会情境下，一些地方政府在面对公共冲突时，习惯于从冲突表达者的周边亲属中寻找“体制内的人”，以此作为突破口，利用体制内亲属对公共权力及其控制资源的强度依赖来动员或要求其介入冲突，并将亲属的某些体制内的利益与该冲突事项的化解进行“捆绑”，要求亲属作为第三方做冲突表达者的“思想工作”，促进其立场软化或改变，诉求降低或转移。

笔者在近年来的研究访谈中，不少地方政府的公共冲突管理者和上访、抗议的民众都谈到了这种博弈现象，在一定程度上讲，这种办法已经成为地方政府（尤其是基层政府）管理、控制和化解公共冲

---

① 李俊．转型期农民维权的行为逻辑——基于政治心态的检审［J］．政治学研究，2016（3）．

突的主要工具（策略）之一。

对于公共冲突的解决，很多研究者注意到了培养反映社情民意的“线人”①，强调高层次权威资源的介入②，孤立抗议者并给他们的正常生活制造不便③，“花钱买平安”④，“兜底儿”⑤，“摆平”⑥ 等实践中常见的一些做法。也有学者从宏观上讨论了“压力型体制”⑦ 等制度因素，但对冲突化解中亲属间关系压力的关注和研究远远不够。部分人士注意到了“株连式拆迁”⑧ 等现象，但缺乏对这种现象的理论分析。邓燕华和欧博文通过对2005年“浙江东阳”事件的观察，注意到了利用亲属、朋友的社会关系来做“思想工作”的现象，并将之归结为“关系压制”（Relational Repression）⑨，但没有看到这种关系中所包含的体制内外属性，也没有对这种压力在体制间的传递进行分析。

为分析和论述便利，笔者用“亲属利益捆绑”来指称这种行为或策略。具体指的是，在公共冲突中，冲突一方（A方）的亲属（C方）本来与冲突事项没有直接关联，但被冲突另一方（B方，往往是掌握一定公共资源的公立机构）强制拉入进来，并且使该亲属（C方）的某种体制内的利益与冲突A方在该冲突情境中的某些让步建

---

① Lee，C. & Zhang，Y. *The Power of Instability*：*Unraveling the Microfoundations of Bargained Authoritarianism in China*［J］. American Journal of Sociology，2013（6）.

② 韩志明，张鹏举. 社会冲突治理手段及其提升［J］. 理论探索，2016（4）.

③ 刘怡然. 失序的家园：一个城中村的拆迁与弈争［D］. 清华大学，2014：108.

④ 毕诗成. 花钱“买平安”徒留糊涂账［J］. 人民日报，2013-04-11.

⑤ 李婷婷. “兜底”的调解者——转型期中国冲突管理的迷局与逻辑［J］. 社会主义研究，2012（2）. 杨华. “政府兜底”：当前农村社会冲突管理中的现象与逻辑［J］. 公共管理学报，2014（2）.

⑥ 郁建兴，黄飚. 地方政府在社会抗争事件中的“摆平”策略［J］. 政治学研究，2016（2）.

⑦ 杨雪冬. 压力型体制：一个概念的简明史［J］. 社会科学，2012（11）.

⑧ 如：陈英凤. “株连式”折迁是一种软暴力［J］. 上海地产，2010（12）. 张玉胜. “株连式拆迁”是在滥用公权［J］. 工人日报，2013-10-29. 陶金节. “株连式拆迁”源于权力私有化［J］. 民主与法制时报，2011-04-04.

⑨ Yanhua Deng and Kevin J. O'Brien. *Relational Repression in China*：*Using Social Ties to Demobilize Protesters*［J］. The China Quarterly，2013，215（9）：533-552.

立强关联，从而迫使A方为保全其亲属的体制内利益和亲属间的“面子”而放弃原有对抗性立场或降低（转移）原有诉求，从而达到该公共冲突事项的解决。

在这种冲突过程中，相关主体的目标定位、资源优势、冲突劣势、行为取向等情况，均存在显著不同。

对于冲突表达者（A方）而言：目标多数定位于增进自己的利益所得，尽可能减少损失，同时，有些还与政府或其他公民“斗气”，要发泄自己的不满，在周边民众中树立“不受欺负的形象”。他们的优势在于，与基层政府相比，往往具有道义上的优势，能够更容易吸引关注和赢得同情，当前日益发达的自媒体为其优势发挥创造了便利条件；同时，由于体制外的特征，他们的生存发展对体制内的资源没有强依赖，从而减少了行为“顾虑”，“不按规矩出牌”的成本比较低。与此相关，冲突表达者往往愿意吸引更多的人关注此事，从而通过构建公共秩序和舆论压力，迫使政府尽快满足其诉求。

对于基层政府（B方）而言：目标主要在于要尽快恢复社会秩序，使局面处于可控范围之内①，同时要避免显失公平的现象出现，当然，这些目标的背后往往还有其他发展性的积极目标，比如顺利推进某项工程，完成某项既定任务等。政府在法律、政策、经济、宣传、资源动员等方面具有显著的优势，既可以做出奖励性的引导，又可以做出惩戒性的处罚。其主要劣势在于，当前的网络传播极其便捷，一个小事件可以通过网络传播迅速成为公共事件，这对政府迅速、准确、合理处置冲突提出了严峻挑战；同时，整个体制对和谐社会的强调，导致他们在运用强硬手段治理民间的“刺头”或“搅局者”时放不开手脚。和任何个体化的民众相比，政府的优势是绝对性的，所以，他们更希望在比较小的范围内来化解冲突，尽可能避免

① 郁建兴，黄飚．地方政府在社会抗争事件中的“摆平”策略［J］．政治学研究，2016（2）．

规模性民众参与进来，从而导致其失去对整个局面的控制。

亲属一方（C方）则更多地处于矛盾和尴尬之中：就目标定位而言，既害怕在体制内的资源和机会丧失，又害怕处理不好，伤害和亲属（冲突一方）的关系；既可能左右逢源，沟通双方，促成合意，又可能左右为难，都不敢得罪，而受夹缝气。既具有了解双方情况和意愿的便利，又不掌握冲突化解的主动权，所有决策都得依靠冲突双方来处理。本来与冲突事项无直接关联，却由于自己的“体制内身份”和“亲属关系”不得不介入，并承担负面结果的风险。

三方主体的基本差异可以归结为表1。

表1　冲突双方及亲属的基本状况及行为倾向

	A方（冲突表达者）	B方（政府）	C方（亲属）
目标定位	增进利益；发泄不满	恢复秩序；维系公平	维系所得；减少损失
资源优势	无所得亦无所虑；道义资源	合法强制力；体制内压力	居间优势；信息优势
冲突劣势	势单力薄；法律文化弱势	网络炒作与监督；和谐压力	被动卷入；左右为难
行为取向	闹大；吸引外部力量加入	缩小冲突范围；减少参与者	沟通双方；促成合意

二、以“亲属利益捆绑”促进公共冲突解决的典型案例

在公共冲突及其处置中进行亲属利益捆绑，在现实中有着多元且复杂的表现，为了加强分析的具体化，本文选择了以下4个案例。

案例A：停尸堵路抗议案

2009年，J县C村村民张某、王某、李某、冯某等9人在Z水电站工地打工，某日下午工作结束后，该9人搭乘本村高某的三轮车回家，途中三轮车在与汽车避让中发生侧翻，导致张、王、李、冯等6

人当场死亡或到医院抢救无效死亡，其余人均有伤残。Z水电站认为张某等9人回家途中自愿搭车，与公司无直接关联，只愿从人道主义角度提供死亡者的丧葬费。由于事故重大，损失惨重，而拖拉机司机高某是本村村民，无赔偿能力。以亲属死亡的6家家人为主，所有涉事亲属商议后，决定用张等死者6人尸体堵路，并在事发路段设立灵堂，禁止来往车辆通行，以此要求Z水电站赔偿200万元。堵路初始，6家结成攻守同盟，不给足额赔偿，都不埋尸体，共同坚持到最后，并在现场支锅做饭，以示坚持到底的决心。由于Z水电站工程为省重点工程，每耽搁一天都会导致巨大的人力物力损失，地方政府化解压力巨大，在多次协商无果后，地方官员利用李某家儿子为J县某局公务员、王某家儿媳为县一中教师为要挟，如果坚持不让步，则该2人将被除职。李、王两家顾及工作岗位，先后撤出抗议队伍，抗议联盟得以瓦解，其他4家也先后将死者埋葬。尽管后期家属历经数年的上访、静坐，前前后后获得40余万元赔偿，但6家联盟的抗议高峰得以解决主要是由于体制内亲属被捆绑，导致抗议者不得不让步。[①]

案例B：树苗庄稼补偿案

2008年，W县委、县政府班子商议决定在县城南郊征地200多亩建主题公园，并初步商议了征地的补偿方案，将按照农田里树木、农作物的实际情况进行补偿，确定了每棵树及各类农作物的补偿标准。消息传出后，涉及征地的农户为获得更多补偿款，争先恐后地连夜在农地里种植树苗、庄稼，第二天便出现了农地里密密麻麻地栽满小树苗，小树苗下又遍布青苗的情况。县委县政府征求法律专家，但找不到合适的对策。多次商议后决定从当地的乡镇班子、村委班子着力进行突破，凡是村委会成员自身及亲属、乡镇干部亲属的责令该

① 案例来源于笔者2010年7月对C镇镇长L先生，抗议当事人F女士等的访谈。

干部承包负责，三天内拆除不合理栽种的树苗和青苗，其余民众也依据在村里的血缘宗族及个人关系情况都分包到村干部的个人头上，限期拆除。一周后，民众们看到政府的果断态度，在所对应村、镇干部的劝导下，先后去除了为获得额外赔偿而栽种的树苗和庄稼。①

案例 C：嘉禾强制拆迁案

2003 年，湖南嘉禾珠泉商贸城开发公司的企业承包下了当地商贸城的建设项目，嘉禾县政府为了让工程范围内的 1100 户居民迅速按照开发商给出的条件搬迁，喊出了“谁影响嘉禾一阵子，我就影响他一辈子”的口号。2003 年 8 月 7 日，嘉禾县委、县政府颁发“136 号文件”，强力实施“四包两停”政策。“全县广大党员干部职工尤其是党政机关和企事业单位工作人员，务必做好珠泉商贸城建设范围内被拆迁对象中自己亲属的拆迁动员工作”，其中“四包”指在规定期限内完成拆迁补偿评估工作；签订好“拆迁安置补偿”协议；腾房并交付各种证件；做好“妥善安置工作，不无理取闹、寻衅滋事，不参与集体上访和联名告状”。“两停”指对达不到要求的干部，将“暂停原单位工作、停发工资”。政策实施后，先后对没有完成工作任务的 11 名公职人员进行了降职、调离原工作岗位到边远乡镇等处理，其中，县交通局党组书记郑纯兵被免职、县政法委正科级干部文日保、劳动局副科级干部李祖刊等被给予降职处分。广发乡聘用干部李湘柱、县人民医院护士李静、城关中学教师李翠凤、珠泉完小教师李红梅、车头中学教师李小春、县工商局市场管理中心李绍珍等人也先后被调离原工作单位，调到偏远乡镇任职。“四包两停”政策出台后引起了嘉禾县干部群众的强烈反对，2004 年 5 月 11 日嘉禾县废

① 案例来源于笔者 2016 年 5 月 24 日对 H 先生的访谈。H 先生在案例发生时任该县人民政府县长助理。

止了136号文件。对嘉禾县房屋拆迁中损害群众合法权益问题，湖南省政府、建设部进行了联合调查，结果表明，这是一起集体滥用行政权力、损害群众利益的违法违规事件，并对主要领导进行了撤职、严重警告等处罚。①

案例D：伙食费争议案

J县位于太行山深处，该县最南部的Y镇中心小学为寄宿制，周边10多个行政村的适龄儿童300多人在该校读书，按照校方要求，2014年每生每天需交10元伙食费。四年级某同学家长W先生质疑学校收取的伙食费太贵，而没有给同学们提供与该价格匹配的饮食服务，并据传言该校校长带头，各代课老师均不交伙食费而免费吃饭，要求查阅该校伙食费收支账本。校方回复强硬，称W先生没有权力查阅账本。双方发生争执，W先生问“纪委是否有权力查阅账本”，校方回复“可以”。W先生便甩门而去，让对方“等着瞧!”校方打听后知道W先生在县纪委有“关系”，便赶紧设法动员在另外一所学校教书的W先生的亲嫂子L女士做工作，劝他不要弄到纪委去。作为妥协，该校领导将W先生的儿子列为“贫困生”，每年享受国家800多元的补贴，并让其不要声张。W先生考虑到L女士的关系，同在一个系统“抬头不见低头见”“弄僵了不好”，同时，部分解决了自己孩子的吃饭问题，尽管心仍不满校方的贪腐，勉强接受了该方案。②

可以看出，上述案例中的冲突处置过程中，均出现了体制内亲属被迫参与进来的情形，其利益捆绑方式与强度，体制间压力传递的方

① 本案来源于湖南嘉禾拆迁事件大调查，扬子晚报，2004年5月15日；嘉禾县撤销因强制拆迁受“株连”公职人员的处分，新华网，http://news.xinhuanet.com/newscenter/2004-05/27/content_1494677.htm. 访问时间：2016年5月18日。笔者对事件过程进行了精简.

② 本案例来源于笔者2016年4月30日对W先生的访谈。

式与效果可以归结为表2。

表2　对四个案例亲属利益捆绑与压力传递的情况比较

案例名称	A 停尸堵路抗议	B 树苗庄稼补偿	C 嘉禾强制拆迁	D 伙食费争议
亲属利益捆绑方式	近亲属捆绑	相关亲属捆绑	近亲属捆绑	相关亲属捆绑
亲属利益捆绑强度	强捆绑	中等捆绑	强捆绑	弱捆绑
体制间压力传递方式	要挟式传递	承包式传递	要挟式传递	劝说式传递
体制间压力传递效果	抗议同盟瓦解	冲突诉求降低	冲突能量扩散	诉求替代满足

三、为何强制亲属捆绑介入：政府的行为逻辑

冲突及解决可以被视为冲突双方力量的对抗，每一方都在冲突过程中寻找自身力量的增长点，并设法加以利用，直到自身力量在博弈关系中，完全占据优势，并以此为基础，达成实现自身愿望的冲突解决方案。

综合分析这些年中国社会的抗议案件，尽管体制内的公民也有针对不同事项的抗议，但其总体而言，数量少、暴力色彩淡，可控性强；相反，体制外的公民在抗议规模、暴力化程度、可控性等方面明显区别于体制内的公民。之所以存在这些差异，根本原因在于，体制内公民在获得政治资源、经济资源、社会声誉等方面都高度依赖于公共权力机构；而对于体制外的公民而言，由于单位制解体后，政府不掌握决定其命运的关键资源，他们往往体现出对政府更对立的态度和采取更具有对抗性的表达策略，包括堵路、静坐、大规模人群聚集等。

体制内外对抗方式的差异显示出不同群体民众由于在体制中所获利益的不同和对未来资源分配预期的差异导致其对现状具有不同的包容度，即使面对不满，也会采取不同的抗议模式。

这种现象也在一定程度上启示着基层公共冲突管理者，如果能够将体制内的压力传递给体制外的冲突表达者，将无疑会给冲突向政府所预期的方向发展提供方便。而对基层公共冲突管理者而言，可能的代价在于，将与冲突事项无关的第三方拉进来，是否具有合法的依据。这种顾虑在冲突表达者往往也采取了“非法”的抗议行为、维稳的刚性压力①、体制内工作人员普遍具有的“政治觉悟”、限期实现某种目标的任务与上级默许②等具体环境下变得淡化。于是，将冲突表达者的体制内亲属拉入进来，甚至将其利益与冲突表达者的行为进行强制捆绑，便成为一种解决冲突的惯用办法。

从中，我们可以看出政府的行为逻辑：（1）将体制内的资源进行充分利用有利于实现对社会民众的有效控制；（2）将体制内压力通过一定途径传递给体制外民众有利于公共冲突的解决；（3）中国社会广泛存在并被人们所重视的亲属关系，是传递体制间压力的有效载体；（4）解决冲突是第一位的目标，是否有足够的合法依据来采取相应行为，并不是多数地方政府所要重点考虑的问题。

四、亲属利益捆绑促进公共冲突解决的具体机制

亲属利益捆绑是否能够真正促进公共冲突的解决，取决于是否具备了适合具体冲突情景的具体机制，所传递的压力是否能够真正影响冲突表达者的决策，通过亲属传递压力的行为是否能够被当事人接受等。具体而言，亲属利益捆绑促进公共冲突解决的过程中，存在着如

---

① 于建嵘．当前压力维稳的困境与出路——再论中国社会的刚性稳定［J］．探索与争鸣，2012（9）．

② 如北海《关于协助做好银滩改造拆迁户尽快签订协议工作的通知》中，“市委、市政府主要领导要采取非常办法、非常措施、非常力度、非常政策、非常速度，限期完成银滩改造被拆迁户120多户协议签订工作”。参见：“非常拆迁”实为“非法拆迁”［N］．新京报，2010－10－20.

下具体的机制。

（一）利益捆绑机制

选择冲突表达者的哪些亲属介入，将亲属的哪些利益与冲突表达者的行为捆绑，是基层公共冲突管理者首先需要面对的问题。为建立捆绑关系，有效施加压力，基层政府所需要做的第一项工作就是收集冲突表达者及有可能影响冲突表达者行为的相关人士的信息[①]。

一般而言，近亲属更容易影响冲突表达者的行为，但如果亲属关系近到已经与冲突表达者的利益高度一致，则亲属更容易与冲突表达者形成攻守同盟，很难从政府的角度来考虑问题。在这种情况下，政府只有施加的压力足够强，才能够对其产生根本性的震慑效应。相反，如果亲属与冲突表达者的关系缺乏足够的亲密度，则利益硬捆绑可能不会奏效，而更适合采取激励导向的软捆绑，比如如果冲突得以解决，亲属将得到某种机会或利益。但是，无论亲属与冲突表达者的关系远近，政府和冲突表达者哪一方在道义上更具有优势，对利益捆绑的合理性至关重要，比如在案例 B 树苗庄稼补偿案中，民众不合理行为在先，所以，政府对给予亲属关系的利益捆绑便随之具有合理性；但在案例 C 嘉禾强制拆迁案中，显然政府行为的道义缺乏，整个事件浸透着公权力的傲慢和专横，其利益捆绑便不具有合理性，反而会引发抗议者的对抗行为升级。

利益捆绑能够改变冲突表达者的行为或心理，其内在原因在于，它增加了冲突表达者所要考虑的因素，增加了其想要保有的价值，比如亲属的体制内利益、亲属的面子等；增加了其对抗性行为的成本，这些成本不光包括自己的利益，还牵扯到亲属的利益和机会等。这种双向得失考虑会改变冲突表达者原有的得失算计平衡，从而影响其行

① Yanhua Deng and Kevin J. O' Brien. *Relational Repression in China*: *Using Social Ties to Demobilize Protesters* [J]. The China Quarterly, 2013, 215 (9): 537.

为选择。比如在案例 A 停尸堵路抗议案中，抗议者本身的直接目标是增加赔偿额度，但子女利益介入后，保有他们的工作和晋升机会便成为更优先的目标。这种目标转换会对其行为产生决定性影响。

（二）压力传输机制

利益捆绑的目的是改变冲突表达者决策的考虑因素，从而将第三方在体制内所受到的压力通过亲属关系传递给冲突表达者。

作为体制内成员，在具体冲突场景中，他（她）所要承担的压力包括道德性压力，比如自己的亲属采取的是违法行为或者不符合乡俗民约的行为，则自己也脸上无光；职业发展压力，包括晋升压力、履职压力、绩效考核压力、工作地点转换压力等；同时，他们也承担着来自乡亲的压力，如果一味只从政府角度考虑问题，也会被认为是“狗腿子”“没良心”。

在将亲属所受到的压力进行传输之前，首先是政府将各种压力打包，将其各种利害与该冲突的解决建立强关联。这样亲属在做冲突表达者的工作时，可以一边埋怨政府的做法缺乏情理，一边也设法引起冲突表达者的同情，“端公家饭碗”就得听人家的，“没有别的选择”，从而唤起对方的同情。一旦自己的情况得到冲突表达者理解和同情，就有了进一步做工作的可能。

就压力传递的具体形式而言，存在着三种类型：第一，自己人解决自己事的“承包式传递”。如果冲突表达者与冲突管理者成员之间存在着一定的亲属关系，则很容易出现将“冲突管理者”与“冲突表达者”依据亲属关系进行匹配，从而形成“承包式”的压力传递。此时，冲突表达者与冲突管理者呈现出“零和”关系，即如果冲突表达者坚持自己的诉求和表达方式，则冲突管理者将被追究责任，在这种情况下，双方就不仅要考虑法律要求、诉求合理性等与事件本身相关的内容，更要考虑双方关系面子的内容。案例 B 树苗庄稼补偿案即是这种情况。那些民众显然是希望利用政策的漏洞来试图获取不当的利益，尽管有违情理，但却没有明确的违规违法，这种情况要依据法律来处理，很难找到合理的应对办法。但如果将亲属体制内利益与冲突解决捆绑，就会几何级地扩大处置冲突的可选策略空间，显然，体制内的施压和处置办法要比针对一般公民的依法行政灵活得多，也方便得多。

第二，解决不了就下岗的“要挟式传递”。与“承包式传递”中冲突管理者本身就与冲突表达者存在亲属关系不同，“要挟式捆绑”中的亲属本身与冲突事项并无实质性的直接关联，而是被承担冲突管理职责的权力机构或代表强行拉入冲突事项中，亲属在此扮演的是工具性的角色。被强拉进来，是为了从冲突事项外增加冲突表达者的压力。这种捆绑从性质上来，更为刚性生硬，合法性基础薄弱，但其传递的压力也最大，往往直接与工作岗位相关，案例 C 嘉禾强制拆迁案就是这种情况的典型。

第三，规避熟人丢面子的“劝说式”传递。相对于“承包式传递”和“要挟式传递”，“劝说式传递”更软也更灵活，在劝说式传递情景下，亲属介入带有帮忙的性质，往往没有刚性目标的压力，也缺乏与其核心利益的强制性关联，亲属会由于与冲突管理者和冲突表达者都具有某种社会关联而被冲突管理者邀请介入，希望能够发挥“和事佬”“双面胶”的功能，促进冲突双方的和解。案例 D 伙食费争议案即属于这种情况。L 女士一方面与学校领导存在同行同事关系，另一方面与冲突表达者 W 先生具有亲属关系，她与冲突双方都具有一定信任基础，也不希望双方把关系搞僵，弄得两败俱伤。在这种情况下，冲突双方只是找到亲属来扮演“沟通者”“传话筒”的功能，真正的和解还需要双方在实质性利益上进行进一步试探磋商。

（三）合意磨合机制

亲属利益被捆绑，并介入冲突后，亲属主要扮演的是协调者的角色。相对于政府与冲突表达民众的直接对话，亲属在沟通协调方面更具有优势。尤其是在以下几个方面，亲属更能够方便地进行沟通和协调。

第一，基于信任的摸底儿。区别于西方文化中，以个体为基础的“获致性关系”（achieved relationship）形态，在中国文化中，最主要的意义单位不是“个人”，而是“家”，这种“先赋性关系”（ascribed relationship）或准先赋性关系是社会关系交往的逻辑起点①。由此，在“熟人”和“陌生人”之间形成了完全不同的两种逻辑，所谓“内外有别”②，熟人之间讲究相互礼让，陌生人之间则更多相互提防。亲属的介入，有利于冲突当事人产生是“自己人”的判断，更容易将自己的“底线要求”透露出来。而在与政府的对立中，为了提高自己的最后所得，不会轻易透露自己的底线。所以，亲属介入后，更容易知道冲突表达者所要求的底线诉求是什么，也更容易了解，在这些刚性诉求的背后，存在着什么样的深层考虑，也就是诉求背后的需求是什么。这就为政府采取有针对性的满足对方需求的方案提供了基础，而不再是聚焦于之前的所“宣称的目标”和刚性的“满足方案”。由“立场”到“利益”的转变将会为冲突化解提供必备的条件③。

第二，消除误解误判。在公共冲突中，谣言、传言是导致冲突升级的一个重要因素④，冲突当事人在谣言面前，由于缺乏判断的能力，或是缺乏判断的足够信息，从而导致冲突当事人误判对方可能会采取升级策略，而为了先发制人，率先将对抗程度升级，从而陷入冲突升级的螺旋循环。亲属的介入，一方面，表明政府愿意协商谈判的

---

① 杨宜音．试析人际关系及其分类——兼于黄光国先生商榷［J］．社会学研究，1995（5）．

② 王德福．论熟人社会的交往逻辑［J］．云南师范大学学报，2013（3）．

③ Roger Fisher and William Ury. *Getting to Yes*：*Negotiating Agreement Without Giving In*［M］. Boston：Houghton Mifflin，1981.

④ 常健，金瑞．论公共冲突过程中谣言的作用、传播与防控［J］．天津社会科学，2010（6）．

态度；另一方面，也使得彼此的想法有了相对温和的交流渠道，避免双方信息沟通不畅而导致对抗升级。

第三，基于多元途径的利益满足。在具体冲突事项中无法满足的利益或诉求，可以通过其他外在关于该冲突事项的方案来加以满足。在一些涉及较多主体的利益冲突中，政府一方不会轻易采取个别对待的有伤规则权威性和一致性的让步策略。由于维护公共权力威严的需要，也不宜轻易和冲突对方过多谈论其他的满足方案。甚至在一些基层公共冲突的案例中，冲突表达者本身的出发点并不在该冲突事项本身，而是通过给政府造一些难题，想在外在于该冲突事项的其他方面获得一些利益，也就是其本身就“醉翁之意不在酒”。亲属的介入，从其本原的目标讲，会对冲突当事民众一方产生不利的影响，因为他要从政府一方的立场来劝说冲突当事人让步。作为居中调停者，亲属也需要一定的“诚意”和“工具”来促成当事人的让步，这种诚意往往表现为探讨其他途径满足抗议者利益需求的方案。在案例 D 伙食费争议案中，W 先生要求查账的直接目的是减少自己在孩子上学期间的饮食支出，而要能实现自己费用的减少则未必就必须要通过查账，这就是一种通过亲属介入而实现诉求“转移满足”的案例。在对基层社会公共管理者的访谈者，这种案例比比皆是，成为既维护公权力威严和规则一致性，又实际上满足了冲突表达者的利益需求。当然，这从具体的个案来看，似乎是满足了双方的需求，但是否因此而促进了更多的民众采取这种闹大的表达方式是另外需要讨论的话题。

（四）关系胶合机制

一般而言，在亲属利益捆绑和介入之前，冲突双方已经经历了多轮互动，如果用格拉索的冲突升级九阶段理论①来分析，冲突双方已

① Friedrich Glasl. *Konflictmanagement*, *Ein Handbuch für Führungskr*? [M]. fte, Beraterinnen und Berater, Bern: Paul Haupt Verlag, 1997. English edition. *Confronting Conflict* [M]. Bristol: Hawthorn Press, 1999.

经撕破脸皮，很难用友好的形式来进行平等协商，冲突的认知焦点已经由对冲突事项的判断上升为对人的判断，不再相信对方的诚意，这时坚持自己的立场和要求往往出现刚性的特点，不再妥协或让步。亲属的介入在一定程度上能够发挥“双面胶”的特性，将关系破裂的政府和民众双方通过居间沟通，化解误解，多元化探索满足方案，从而实现双方关系的“胶合”。具体而言，捆绑式介入的亲属可以在以下一个或几个方面发挥其胶合功能。

第一，缓解敌对的情绪。在冲突状态下，往往会伴有愤怒、不安、焦躁、忧虑等情绪，这些情绪是促进冲突双方采取对抗性行为的心理基础，情绪的积累和发泄也是促进攻击、暴力等极端行为的重要原因。由于这些情绪在很大程度上是由于相互封闭以及对对方进一步行为的猜测引起的，而亲属的介入将带来很多明确的信息，从而有利于缓解这些负面情绪，进而将冲突主体重新回归到理性的状态。

第二，修复信任的裂痕。当前中国基层政府与民众之间的信任程度并不理想，在冲突状态下，则更糟糕，所以，很多抗议民众在人群聚集后一定要等到“立马兑现”的结果，而不是一个“空头承诺”。亲属介入后，由于亲属个人之间的互信关系会衍生出民众对政府的某种信任。有时，亲属还在协调过程中发挥“担保人”的角色，从个体角度来保证某种承诺的落实，会进一步打消冲突表达者的顾虑，从而接受某种冲突解决的方案。

通过上述具体机制，“亲属利益捆绑”和体制间压力传递实现了两种资源的充分利用：（1）体制内的压力资源。中国社会中体制内资源的分配和使用具有较大灵活性，生活在体制内的公民对公共机构及其职责承担着广泛的道德化责任，在公共行政、事业单位中工作的公民普遍具有的“中共党员”身份使其具有宽泛意义上对公共秩序的道德责任，政府号召体制内公民进行一些与自身职权并无直接关联的行为在当前的政治环境中是一件看起来很正常的行为。（2）民间社会的关系资源。中国社会，尤其是基层社会，还带有比较浓厚的传统社会的特征，熟人之间、亲属之间的“面子”“义气”依然是高于“利益”“权利”的价值符号。“亲属利益捆绑”打通了公共权力领域“体制内压力传递”与私人民间社会“人活一张皮”的“面子”心理，能够在现有的法治化程度不高的环境下，将体制内压力通过亲属关系，传递给冲突表达者，由于体制内压力具有全面性、长久性、根本性等特点，这种压力的转移能够对当事人形成巨大的心理压力，由于是照顾亲属面子而让步，也从一定程度上照顾到了冲突当事人的“面子”，创造了其让步的“台阶”，从而形成一致的冲突化解方案。

五、以亲属利益捆绑来解决冲突所面对的主要质疑

亲属利益捆绑作为一种公共冲突解决的方式，在当前政府经常性地卷入或被卷入公共冲突，同时，缺乏必要的能够缓冲冲突能量的社会组织，缺乏政府与民众进行对话与协商的必要平台和渠道，缺乏政府与民众之间的必要信任，民众广泛采取体制外的抗议方式，及冲突处置和秩序维持压力较大的背景下，具有一定合理性。同时，实践也证明，如果运用得当，这种方式也能够促进公共冲突的解决。但这并不意味着这是一种值得推广的冲突解决方式，更不意味着它能够适用于任何的冲突场景。相反，公共冲突管理者在运用这种方式时，应当看到其存在的结构性缺陷及对其广泛的质疑，只有将这些负面因素都考虑进去之后，才能够综合协调，拿捏好分寸，有效地促进公共冲突的化解。

综合而言，对以亲属利益捆绑来解决公共冲突所面对的局限和质疑主要在以下四个方面。

第一，对熟人社会的高度依赖性。亲属利益捆绑对公共冲突解决的有效性高度依赖于其环境属性。在具有熟人社会属性的基层具有一定适用性，这种社会属性经常表现为村落、县域社会、特定社区、特定行业等。在这种环境下，人们之间还习惯于通过亲属关系、业缘关

系等来调解冲突事项，熟人之间的千丝万缕的联系也为亲属关系发挥作用提供了社会网络基础。但这种社会关系网络在陌生人组成的城市社会中几乎不存在，而且，城市社会是以市场经济和法治为基础的，这也严格限制了这种方式的适用性。

第二，对行为合法性的质疑。亲属利益捆绑与法治政府建设的要求相背离，表现在强制或要挟亲属介入冲突缺乏法律依据，从另外一个角度讲，公共权力部门存在滥用公共权力及其影响力的嫌疑。在冲突表达者不按常理出牌，或存在明显无赖逻辑的情况下，公共权力部门便以“以恶制恶”的方式来获得公共冲突的解决，尽管具有一定合理性。但其弊端也显而易见，因为，这种以恶制恶的行为互动展现和演绎的是一种“丛林法则”，这种“丛林法则”可能会促进民间社会丛林法则的盛行，从而削弱法律、道德、良心等正向价值对人们心理的约束作用，造成社会冲突能量的无序状态。

第三，对行为合理性的质疑。亲属利益捆绑事实上容易造成对亲属利益的侵犯，也存在着对冲突表达者不公的嫌疑，而这都可以视为公权力的滥用。亲属作为与冲突事项本身没有直接联系的主体，其介入冲突中在多数情况下没有基于当事人的自愿，亲属基于体制内工作的整体性压力不得不介入冲突中，其体制内的利益压力通过亲属关系传递给了冲突表达者，这种曲线式的冲突解决，是在冲突事项之外寻找解决冲突的办法，它在扩大了冲突议题的同时，使得冲突焦点实现全部或部分转移，这种转移由于是公共权力部门主导的，因此，可能偏离了冲突表达者的原本诉求。如果冲突表达者的原本诉求不合理，这种解决方式就具有一定合理性，但如果冲突表达者的诉求具有合理性，这种解决方式就在合理性上存在重大缺陷。

第四，对运用效果的质疑。对其有效性的质疑存在三个主要方面：首先，如果冲突事项涉及冲突表达者核心利益，亲属的介入不一定会产生预期的效果，在当前利益博弈白热化的情况下，当事人会在利益、面子、成本等诸多因素中进行权衡，结果无法预测，甚至有些通过“断绝夫妻关系”等手段来弱化、终止亲属间的关联，打破政府体制间压力传递的链条。其次，即使是暂时促成了冲突表达者让步，也主要是基于当事人的“畏惧”心理而达成妥协方案，因此，难以实现对公共冲突的根本性、长期性化解，当这些威胁性因素不存在或发生转换时，冲突能量容易以新的形式再进行聚集。最后，就其长期效果而言，随着中国社会法治化程度的提高，城市化步伐的加快，这种方式能够发挥作用的趋势并不被看好，也是在这个意义上讲，亲属利益捆绑可能是在转型期中国特定环境条件下的一种奇特的冲突解决办法，无法成为具有长期性的有效的冲突化解办法。

将信访事项导入人民调解的天津做法及其完善

许　尧　　赵天航　等

摘　要：为缓解信访系统化解公共冲突的压力，天津市自2015年始探索建立“信访事项导入人民调解”制度，建立了信访事项人民调解委员会，通过政府购买服务，来支持“访调委”的建设和运转。市访调委在化解冲突过程中，探索建立了冲突能量的导入机制、缓冲机制、化解机制、转化机制，有效地发挥了法律咨询、法治宣传、心理抚慰、情绪疏导等功能，取得了很好的社会效果。区县访调委则情况较为复杂，不少区县还面临着工作难度大、工作人员经验不足、调解案件数量少、调解认知度不高、规范性不足、资金缺乏等问题，需要进一步加以完善和提升。

关键词：访调对接　信访　人民调解　公共冲突管理

为认真贯彻落实党的十八大和十八届三中、四中、五中、六中全会及习近平总书记“要综合施策，下大力处理好信访突出问题，把群众合理合法的利益诉求解决好”的指示精神，缓解信访压力，更

作者简介：本报告是南开大学周恩来政府管理学院公共冲突管理研究中心“访调对接”研究课题组全体努力的成果。所有课题组成员均参加调研和录音材料整理，最后由许尧、赵天航执笔完成。课题主持人为：许尧，管理学博士，南开大学周恩来政府管理学院副研究员，研究方向：公共冲突管理。课题组成员包括：赵天航，南开大学周恩来政府管理学院博士生；毛讷讷，周恩来政府管理学院博士生；刘明秋，周恩来政府管理学院博士生；杜宁宁，南开大学周恩来政府管理学院博士生；王雪，南开大学周恩来政府管理学院博士生；刘雨涵，天津理工大学本科生。

基金项目：天津市司法行政系统2017年重点调研课题。

好地发挥人民调解在化解社会矛盾中的作用，天津市2015年建立了信访事项人民调解委员会（以下简称访调委），探索性推进“访调对接”机制。

该机制运转两年多来，在化解社会冲突方面取得了明显成效，得到了多位领导同志的好评，同时，也面临着一些影响未来可持续发展的潜在问题。为了全面、系统地了解“访调对接”机制的创制、发展、运转情况，有针对性地提出进一步完善和发展的建议，南开大学周恩来政府管理学院公共冲突管理研究中心组建了课题组，对相关问题进行了系统调研，现将相关情况和思考总结如下。

一、“访调对接”的必要性与创新性

（一）“访调对接”机制在天津的产生与发展

天津与全国其他地方类似，多年以来，由于各种复杂因素影响，不少群众习惯选择信访途径反映和解决权益类诉求，将信访视为化解冲突、满足诉求的最主要途径，信访部门作为党和政府联系群众的纽带功能逐渐得到扩展。

为了维护社会稳定，多地信访部门承担了超出《信访条例》规定范围的大量矛盾纠纷化解工作。天津市各级信访部门尽职尽责，做了大量艰苦细致的化解纠纷工作，但是，信访事项依然频发、未结信访事项逐年增多，天津信访工作面临的压力和挑战不断增大。2013年、2014年、2015年全市信访总量分别达到了19594件、33223件、26446件，长期处于高位运行。

与此同时，人民调解在我国的纠纷化解体系中的作用越来越得到实务界和学术界的重视。考察信访和人民调解的特征可以发现，此二者在占有社会资源、化解纠纷方面均有各自的潜在优势，因此，为更好地实现优化整合，补齐短板，天津市在相关部门和领导的支持下，尝试开始探索建设“访调对接”新机制。主要过程可以分为以下五个阶段。

第一阶段，高层酝酿阶段。2014 年 12 月，市委领导提出“要积极探索将信访事项导入人民调解工作机制，多渠道化解矛盾纠纷”的工作要求。

第二阶段，区试点阶段。2015 年 3 月，在天津市委政法委的领导下，市综治办牵头，市司法局、市信访办密切配合，组织开展“访调对接”工作，成立了“访调对接”工作领导小组，在河西区、和平区、东丽区、宝坻区、蓟州五个区县进行试点。

第三阶段，经验固化阶段。2015 年，在五个区县进行试点的同时，成立了市级层面的“访调对接”工作领导小组及领导小组办公室，以统一协调推动全市“访调对接”工作落实。此后，“访调对接”工作领导小组成员深入相关区县基层展开调研，制定了相关制度，为工作的开展奠定了规则基础。[①]

第四阶段，全市推广阶段。2015 年 12 月 30 日，召开了市区两级综治、司法行政、信访系统负责人参加的动员部署大会，“访调对接”工作全面推开，天津市 16 个区陆续成立了相应机构。

第五阶段，实质运转阶段。2016 年以来，全市 17 家访调委都积极展开了相关工作。2017 年 6 月，市司法局在海河教育园区科技工作者之家召开了人民调解工作座谈会。

（二）信访与调解的功能差异与互补

信访和调解的功能定位是不同的，信访实现的是冲突能量流转功能，即通过该渠道来使相关冲突能量在此汇集，信访机构再根据事情的原委，将冲突能量委派流转到相关政府部门或组织，它的核心职能

---

① 在广泛听取基层意见的基础上，制定了《天津市“访调对接”专项工作领导小组会议制度》《天津市“访调对接”专项工作情况通报制度》《天津市信访事项人民调解委员会调解规程》《关于在部分区县信访机构建立人民调解工作站的实施意见（试行）》。

并不在于从本身上削减冲突的能量；而人民调解恰恰相反，其核心职能在于将汇集到此的冲突能量进行疏解，从而从根本上化解冲突，达成冲突双方的合意。

与上述功能定位不同相关的区别还包括：（1）从属性上来说，信访部门是国家设置的正式的国家机关，人民调解组织则是民间的社会组织；（2）从权威性上来说，信访渠道的相关决策或方案具有较强的法律约束力，调解则更强调合意，是人民群众自我教育、自我管理、自我服务，化解自己内部的矛盾纠纷的过程，本身的权威性要弱于通过正式渠道获得的冲突解决方案；（3）从行为方式上来说，信访需要严格地按照相关法律法规的要求规范地履行自身的职能；相对而言，调解则具有更多的灵活性，可以根据现实情况，采取更具有针对性的举措和办法。

调解与信访的功能定位差异，以及其他相关的重要区别，是二者能够对接和互补的基础。目前，天津市信访事项人民调解委员会将自身的职能界定为四项，分别是：人民调解、法律咨询、法治宣传、心理抚慰与情绪疏导①，这就与信访渠道的流转和解决具有非常显著的区别。

（三）“访调对接”对于有效管理社会冲突的创新意义

“访调对接”对于有效管理社会冲突的创新意义在于，促进了渠道间冲突能量的互通和整体性化解。具体可以归结为以下三个方面：

第一，部分缓解了信访渠道冲突能量的长期拥堵。信访渠道是近年来民众最经常采用的冲突表达渠道，在一定程度上讲，大

① 法律咨询表现为，访调委中具有法律基础的工作人员会针对访民的某一问题从法律角度作出解释，并提出建议和解决方案，定期对访民进行普法宣传工作，通过发放小折页等活动，使百姓对访调须知和经典案例有一定的了解。心理抚慰和情绪疏导表现为，调解员在整个调解过程中，重视当事人的情绪引导和心理安慰，从而更好地控制事态的发展，让当事人心平气和地通过协商来探讨可能接受的方案。

量的冲突能量集聚在此渠道，而由于信访渠道重在冲突能量流转，本身化解冲突的能力是有限的，所以，大量冲突能量的积累和相互碰撞，再加上很多冲突长期得不到有效解决，促进了冲突表达者之间的相互学习和冲突能量之间的相互蔓延。“访调对接”相当于在信访和调解两个大的冲突化解渠道之间打通了一条“运河”，使很多适合调解的冲突能量导入人民调解这个渠道中，从而大大缓解了信访渠道的冲突处置压力，有利于社会冲突的及时化解。

第二，人民调解的作用得到了更充分的挖掘和发挥。人民调解作为民间化解冲突的一种方式，具有广泛的群众基础，具备完备的组织体系，更灵活，也更节约，是具有中国特色，符合中国现实国情的一种冲突化解方式。由于其主体的民间性，相对于信访等国家力量主持的冲突化解渠道，人民调解化解冲突的潜力更大，还有很大的潜力可以挖掘和利用。

第三，能够更灵活高效地适应新时期的社会冲突管理。国家正式渠道的冲突管理，能够为整体社会冲突能量结构性疏解提供框架内支撑，他们具有公共权力，享有法定的财政支持，具有固定的工作人员，严格执行相关法律，是社会冲突管理的中枢力量。但是，当前中国处于变化不定之中，冲突的能量规模大、波动大、形式多、变化多，这与正式国家机关的法定性、固定化等特点形成了一种矛盾关系。“访调对接”机制并不属于国家法定的冲突管理框架，但可以通过政府购买服务等形式来获得支持，社会冲突多，机制有效，政府就可以多购买一些服务；反之，社会冲突少了，机制缺乏有效性，政府就可以少购买一些，甚至转而购买其他社会组织的服务，这就增强了政府行为的主动性和有效性，能够更灵活高效地适应新时期的社会冲突管理。

二、“访调对接”冲突管理机制构建与完善

从冲突管理的角度，参考系统论的主要思维，天津市信访事项人民调解机制主要包括四个方面。

（一）冲突能量导入机制

如果将“访调对接”视为一个系统，那么，从社会上导入社会冲突，就是冲突能量进入这个系统的第一步，也是相关职能和机制开始运转的第一步。那么，到底什么样的冲突，在什么样的条件下，就可以进入这个机制，这些冲突是不是人民调解所擅长的，是不是在这个权威等级能够有效化解的，这是该机制是否有效的重要内容。

以天津市信访事项人民调解委员会的相关规定来看，进入“访调委”的冲突案件要具备三个条件：第一，当事人自愿；第二，由信访办导入；第三，符合相关制度对纠纷类型的要求。具体如表1所示。

表1　导入“访调对接”机制的案件和程序要求

要件	内在原因或治理逻辑
当事人自愿	调解作为民间社会的冲突化解方式，其根基在于民众是自愿选择的
信访办导入	“访调委”不独立接收社会民众直接找过来的案件，而是将自身职能嵌入信访事项化解的过程和体系中，不是另起炉灶，而是定位于发挥好辅助作用和分流作用
纠纷类型要求	受理类型：公民之间有关人身损害赔偿、财产权益和其他权益的纠纷；公民与法人之间或其他社会组织之间的民事纠纷；公民、法人或其他社会组织与行政机关之间发生的争议纠纷；领导交办的信访事项
	不予受理类型：法律、法规规定只能由专门机关管辖处理的，或者法律、法规禁止采用调解方式解决的；人民法院、公安机关或者其他行政机关已经受理和调解完结或依法裁判的；未经信访部门委托移送的

续表

要件	内在原因或治理逻辑
程序性要求	对经集体讨论研究甄选确定导入调解程序的信访事项，信访部门填写《天津市信访与信访事项人民调解委员会对接工作移送单》，经主管领导签字后，连同信访事项相关材料一并导入访调委。同时，告知信访人到人民调解组织接受调解。信访事项人民调解组织对于移交的信访事项，经审查确定受理的，应及时立案并反馈给信访部门和信访人；确定不予受理的，应及时将相关材料退回信访部门，并以书面形式告知理由

值得关注的是“访调委”对导入案件的立案偏好也经历了一个过程。在刚开始运作时，案件导入标准主要有四点：（1）初访案件优先，对于某一案件，相比于重访而言，上访公民如果是初次上访，则优先导入；（2）“个访”案件优先，相比于“群访”而言，“个访”案件会被优先导入访调委；（3）当前案件优先，对于历史积案而言，当下发生的案件会被优先导入；（4）相对于案情复杂、多元、交叉的案件，案情简单、清晰的案件优先导入。从这个标准，我们能看出，访调委在初始阶段是比较慎重的，这对于从简单入手，促进机制的逐渐成熟是必要的。

经历一段时间的实践后，访调委的案件导入标准作出了修改，调整后改为：只要双方当事人都同意调，都可以进入访调委。这就意味着：不论是个访，还是群访；不论是历史案件，还是当前案件；不论是初访案件，还是重访案件，都可以导入访调委进行调解。这一转变显示出了访调委对于有效应对不同案件的自信。

（二）冲突能量缓冲机制

冲突能量导入后，意味着机制运转的正式开始，但并不代表着要直接进行最核心部分的处理。一般而言，冲突当事人都会带着很多负面的能量，对事务的理解也会比较偏激，对对方的认知和判断都处于比较极端的状态。这个时候，如果直接进行谈判、协商等，难以取得预期的效果。所以，冲突能量导入后，要建设冲突能量的缓冲机制，通过有效的工作，把各种诉求中夹杂着的恐慌、不安、报复、愤怒、紧张等情绪性内容尽可能“挤”出来，从而展现出当事人最核心的本质性诉求，这个过程如同剥洋葱一般，要一层层地深入。

情绪在冲突管理中起着重要作用。彼此双方带着情绪来面对冲突事件会在五个方面加快冲突升级的节奏：（1）放大自己的损失程度；（2）恶化对对方的价值判断；（3）提出超出实际的诉求；（4）放弃理性的协商和谈判；（5）促进伤害性互动的产生和迅速升级。

冲突缓冲机制的核心使命就是要尽可能降低情绪性内容的比重，要通过倾听、引导、表达同情、提供更全面的信息等多种方式，引导冲突当事人将自身的情况表达出来，将自身的情绪舒缓下来。这种做法及功能，被称为情绪抚慰。

情绪抚慰主要起到冲突能量缓冲的作用，其具体作用可以概括为四个方面：（1）使当事人的紧张、焦虑和不安通过向别人倾诉得到发泄；（2）一些情绪性冲突能量会在讲述过程中自然消失或弱化，从而使当事人的诉求更集中在实质性内容方面，更偏向理性；（3）将自己的不满通过情绪化的讲述表达出来后，当事人会在感情上更靠近调解人员，从而更容易相信对方的中立性，从而更容易从心理上接受调解方案；（4）情绪平复为后续的协商、取证、谈判提供了必要的基础和条件。

（三）冲突能量化解机制

冲突能量得到必要的缓冲之后，就进入了最核心的冲突事项化解环节，这是冲突管理最核心的部分，也是决定冲突是否能够得以缓解的最关键的部分。

冲突能量化解：（1）关键在于“查”，即纠纷事实情况的调查；（2）难点在于“定”，即相关责任的认定；（3）重点在于“调”，即矛盾的调和。在冲突能量化解过程中，也要围绕上述重点难点关键点来开展工作。

第一，着力细查，还原冲突案件的事实基础。调解员需要全面细致了解信访事项反映内容和发生过程，当事人信访诉求以及有关意见和建议；认真查阅研究当事人提供的相关材料，并通过走访、取证等方式进行必要的查证核实。还原事实原貌是成功、公平化解冲突的基础。

第二，专业认定，科学准确划分相关责任。一是要严格执行法律的相关要求，要按照《人民调解法》《信访条例》等法律法规的规定依法开展调解工作。调解员需要认真查阅法律、法规和政策规定，走访相关专业部门和专家，为妥善解决信访事项诉求找到法律依据，坚持依法调解，而不是简单“和稀泥”。二是要全方位获得专业性支持。现代社会生活中很多纠纷涉及专业知识，不依靠专业人士很难准确确定相关的损失程度、责任归属等，纠纷也就陷入缺乏客观性的僵局。这就需要广泛地利用社会专业人士和机关的力量，天津市访调委建立了包括 8 个单位、60 名个人在内的智力人才库，是一种有益的尝试。

第三，斡旋对话，促进主体间合意的达成。一是要在冲突化解中形成合力，通过情况定期通报、集体研讨、共同形成最优化的冲突化解方案。二是要促进公平、公正的协商对话，要营建公正无私、透明公开的工作环境和文化环境，通过严格的程序和有效的规则来使相关方聚焦于冲突事实，表达出合理的诉求，避免“会闹者多得”的不合理现象。

（四）冲突能量转出机制

任何机制都不是万能的，“访调对接”机制也是如此。由于当事人的性格和诉求特点、访调委本身的能力局限、历史与现实的其他原因等，一些纠纷案件即使穷尽了该机制内的所有方法，也无法在规定时间内成功达成合意。这就要求建立冲突案件的冲突能量转出机制。

冲突能量的转出不是回避社会责任，而是让那些需要更高权威才能化解的冲突不在“访调对接”机制内逗留更多时间，造成调解资源的低效浪费，从而将有限的资源更好地聚焦于能够成功化解的冲突，避免顽固的、复杂的冲突能量在此渠道内的大量拥堵，避免“访调对接”机制由于冲突能量过大而导致系统瘫痪。

冲突能量的转出也不是简单的放弃或告知，而是要引导冲突能量转向其他体制内的、规范的、和平的冲突处置方式去谋求问题的解决，不能让冲突当事人对体制内渠道丧失信心，不能将这些冲突能量再次失范，以至于采取群体性、街头性的、暴力性的对抗行为来展现。

天津市访调委建立健全了冲突能量的转出机制。明确规定：（1）对达成调解协议的，帮助当事人签订《信访事项人民调解协议书》。当事人认为无须制作调解协议书的，可采取口头协议方式，载明协议内容。（2）对未达成调解协议的，向当事人下达《信访事项调解不成告知书》并告知可以依法通过仲裁、行政、司法等途径继续维权。调解结束后，将所有调解资料按照“一案一卷”要求，装卷归档，以备查询。并将调处结果反馈至信访部门。

三、“访调对接”冲突化解能力的综合提升

“访调对接”系统的有效性一方面取决于具体的机制设计是否科学，机制运行是否有效；另一方面取决于冲突管理的主体能力是否高超，是否具备引导、规范、化解、转化相关冲突能量的技术和能力。所以，在构建和疏通上述四种冲突能量管理机制的同时，天津市访调委通过多种方式，不断强化访调对接系统处置和管理冲突的能力，具体表现为提升相关工作人员的能力和提高整个机构的能力。

(一)部门间的协同和联动机制

“访调对接”涉及多个部门，这就需要在部门间要形成制度化的、协同合作的治理格局，如果相关部门之间缺乏有效的协同基础，则访调对接机制就会成为无根之木。综合分析天津市的相关制度规定，可以总结出相关部门的职责分工合作情况。如表2所示。

表2　“访调对接”机制相关部门的职责分工

部门	对职责的原始表述	职责提炼
综治部门	切实发挥牵头单位和领导小组办公室作用，协调推动各有关部门开展“访调对接”工作。加强对“访调对接”的调查研究，制定出台相关工作法规政策和制度规范。协调推动相关部门解决信访事项人民调解工作中遇到的重大问题	牵头领导 协调推动 调查研究 规则制定
司法行政部门	加强与信访部门协调，在信访部门推动建立信访事项人民调解组织。依法加强对信访事项人民调解工作的指导，促进信访事项人民调解工作规范化建设。加强对人民调解员队伍的日常管理，指导他们坚持依法律、按政策调解，明法析理，息访止争。加强对人民调解员的培训，提高调解员的政治业务素质	建立组织 业务指导 日常管理 提高素质
信访部门	积极配合司法行政部门开展工作，推动在信访部门建立信访事项人民调解组织。加强对“访调对接”工作研究，主动与信访事项人民调解组织沟通协调，建立健全“访调对接”工作机制，推动信访事项人民调解工作深化发展	配合司法 健全机制 推动深入
其他相关部门	法院、检察院、公安局、农委、建委、教委、卫生计生委、国土房管局、民政局、人力社保局、环保局、总工会、工商联等部门要认真履行职责，积极配合综治、司法行政、信访部门做好“访调对接”工作，为信访事项人民调解组织开展调解工作提供必要的支持	积极配合 提供支持

综合分析上述分工情况，可以发现部门间职责存在着“1+2+N”结构。(1)综治部门处于最高层，重在全局性推动和规则制定。(2)司法行政部门和信访部门是访调对接机制的两个核心部门，司法行政部门作为访调委的主管部门，事实上是整个机制运转的后台核

心，在访调机构的运转、业务开展、人员培训、整体能力提升等方面扮演着最关键的角色；信访部门在机构建设上处于“配合”司法行政部门的地位，同时和司法行政部门一起，是优化访调对接机制的核心力量；也可以认为司法行政部门和信访部门是推进“访调对接”机制的“两驾马车”。(3) 其他部门，处于及制度外层，主要起到配合、支持的作用，尤其是在涉及具体领域事项时提供必要的支持。

(二) 调解经验的内化和提升机制

再复杂的冲突最后也必须依靠调解员细致的工作来得以化解，所以，调解员的能力是整个冲突化解职能落地的重要支撑。调解员能力的提升不仅仅是个人经验的积累和体会升华，也需要整个机构不断将提升调解员的能力作为机构的重要工作任务。

天津市访调委将经验提升进行了制度化。具体化为四种情况：(1) 每个月定期召开“访调对接”月度工作情况分析会议，针对导入、调解的信访事项进行分析，重点分析疑难复杂的信访事项，集体研究会诊，确定调解思路，制定调解方案，明确解决时限；(2) 每半年召开“访调对接”工作推动会，总结半年工作，有的放矢做好下半年工作；(3) 每年定期召开“访调对接”年度总结会议，总结过去一年的工作情况，明确新年度工作任务，交流经验，查找不足，确定重点，提出措施，形成共识；(4) 通过四名调解员担任基层人民法院陪审员，学习有关纠纷案件的审理，回来后介绍经验和体会，从而使广大工作人员更好地掌握法律法规具体运用的尺度。

(三) 外部智力资源的挖掘和利用机制

由于资金、人力等方面的限制，要提高“访调对接”机制的综合化解能力，就需要善用、巧用社会上存在的调解资源。

天津市访调委根据各类纠纷案件的具体需求，建立了“访调对接”人才库。智力人才库成员由单位和个人组成，根据特定专业领域的矛盾纠纷特点设定专业智力人才库成员单位和个人的入册条件。设置拆迁安置、城建城管、环境污染、劳动争议、企业改制、物业管理、婚姻家庭、生产经营、涉法涉诉、相邻关系、消费维权等板块。以突出化解社会矛盾纠纷为问题导向，以提高人民调解工作法治化、科学化、规范化为目标，实现信访事项的依法调解。

除此之外，天津市访调委还和专业调解委员会形成合作关系。相关专业调解委员会包括征地拆迁、非法集资、环境污染、劳资纠纷、企业改制、物业管理、医疗纠纷等专业调解委员会。市访调委与各专业调委会业务实现了在工作上的对接。对市信访部门分流的信访事项，由市访调委按照“专业对口”的原则，转交或者指派对应的专业调委会进行调解。

（四）财政资源的获取和使用机制

资源保障系统的建立是开展任何活动的基础，信访事项人民调解工作的顺利开展也需要得到足够的财力支持。主要包括办公经费、人员经费、调研经费等。目前，天津市政府通过市财政和区财政将调解工作经费、调解员工作补贴统一纳入财政预算，每年度通过市访调委提交财务预算和工作计划来竞标，政府通过购买服务来支持访调委的工作。

综合上述系统内外的机制组合，对照天津市已经制定的相关制度及规范，可以发现，在主要的机制构建上，绝大多数都有具体的主体性制度规范相配套。具体参见表3。

表3　天津市信访事项人民调解相关制度及规范

所属机制	制度、规范、文本名称
总体治理架构	天津市信访事项人民调解委员会访调对接工作规程（试行）
	天津市信访事项人民调解委员会调解工作流程
	天津市信访事项人民调解工作流程图

续表

所属机制	制度、规范、文本名称
部门联动机制	天津市访调委与市信访办协调配合工作机制（试行）
冲突能量导入	天津市信访与信访事项人民调解委员会对接工作移送单
	信访事项人民调解申请书
	天津市信访事项导入人民调解工作反馈单（存根）
冲突能量化解	天津市信访事项人民调解委员会工作人员清廉从业六条禁令
	当事人接受调解须知
	信访事项人民调解协议书
	天津市信访事项人民调解不成告知书（存根）
冲突能量转出	当事人终止调解告知书
冲突化解能力提升	天津市信访事项人民调解委员会智力人才库实施办法
	天津市信访事项人民调解委员会关于地铁建设信访事项人民调解实施细则
	天津市信访事项人民调解委员会“访调对接”工作会议制度

四、“访调对接”的成效与挑战

（一）“访调对接”在市级层面建设和运转情况

天津市信访事项人民调解委员会隶属天津市人民调解员协会，接受市司法局指导，目前配有 8 名专职人员，其中，6 名为退休人员，退休前任职于市委政法委、市司法局或市信访办，有的曾分管人民调解工作，均具有扎实的法律知识基础和丰富的群众工作经验。

成立两年多以来，市访调委共受理市信访办导入信访事项 465 件，成功调解 401 件，调解成功率为 86.2%，群众满意率为 100%。

2016 年 11 月，市信访办申报的“访调对接项目”荣获全国“法治信访进步奖”。时任天津市委常委、政法委书记袁桐利曾对“访调对接”工作及调解员队伍予以高度评价：“落点精准、发力精确、专业高效。”2017 年 2 月，时任市委副书记、市长王东峰在市访调委调研时称赞“访调对接是一个很好的形式，制度好、机制好，要保持和坚持下去”。2017 年 7 月，市委书记李鸿忠对访调对接工作机制给予了充分肯定，要求市访调委坚持关口前移，手段前置，实现精准对接，不断提高调解成功率。

综合来看，市访调委的机制比较健全，化解冲突成效显著，已经具备了发挥典范作用的条件和基础。

（二）“访调对接”在区县层面的建设与运转情况

对于天津市各区县来说，“访调对接”的领导工作是由以区政府分管领导、区综治办主任、区政法委书记、区司法局局长、区信访办主任等作为组长、副组长或成员组成的“访调对接”工作领导小组负责。其基本任务是充分认识“访调对接”工作的意义，统筹推进各具体部门和单位开展“访调对接”工作，负责其领导、决策、指挥职能。领导小组下设办公室，负责日常事务性工作。

作为“访调对接”工作的两个关键单位，在坚持“属地管理，分级负责”和“谁主管、谁负责”原则的基础上，区司法局和区信访办积极探索建立依法、科学、合理处理信访问题的新机制，通过加强协作配合，定期联系，及时沟通，共同协商解决“访调对接”运行中的问题。

在区一级层面上，都成立区信访事项人民调解委员会，配备了专职调解员；在镇街层面上，建立信访事项人民调解组织，发挥承上启下的作用，专门受理信访部门对接移交的信访案件，开展矛盾纠纷排查工作，分析研究和有效化解信访积案、及时发现解决工作中存在的问题。

此外，在农村土地承包经营、医疗、劳动、自贸区商事等领域建立专业性调解组织，及时对口化解信访部门传递的纠纷。在村居层面上，强化司法工作室的建设。紧紧围绕民生热点，立足实际，把那些热心社会事业、责任心强、有一定工作能力的人充实到基层信访调解组织中，开展信访事项调解工作。

为确保相关工作顺利开展，各区司法局、区综治办和区信访办落实经费申请，经区领导批准，由区财政统一划拨。有的区县设立了“访调对接”专项资金制度，如南开区为保证访调有序对接，多方筹措经费，设立专项基金500万元；滨海新区司法局申请人民调解专项经费53万元。有些区县实了施调解工作经费保障制度，试行信访事项调解工作案件奖励机制，对成功化解信访案件的调解人员予以一定的补贴或奖励。

总体而言，区在建设访调对接机制上存在着比较大的差异，表现在领导重视程度、资金保障程度、人员选派、机制建设等方方面面。这与整体治理框架中的属地管理具有密切的联系。总体而言，访调对接机制的效果还是比较显著的。

（三）天津市访调对接机制面对的挑战

天津市“访调对接”机制作为一种多元冲突化解渠道的互通机制，是冲突化解实践的创新之举。该机制把信访与人民调解有机结合起来，通过整合社会资源，建立来信来访工作与人民调解工作相对接的新机制，加大化解纠纷的力度，是天津市坚持用法治思维法治方式化解纠纷的创举。

实践证明，“访调对接”工作机制有效地整合了人民调解与信访工作，将“法、理、情”三方面紧密结合，以柔性方式化解信访事项，有效地减少了社会对抗与矛盾，维护了社会和谐与稳定。但同时，我们在访谈、调研和查阅相关报告的过程中发现，作为一种新生的事务，信访事项人民调解机制也存在着一些或显或隐的问题，值得引起关注。

详细分析2017年6月7日在海河教育园区科技工作者之家召开的人民调解工作座谈会上各访调委介绍的情况，可以将相关问题归纳为表4。

表 4　访调对接工作所面对的挑战

挑战 / 访调委	工作内容与人员的问题				机制方面的问题				社会环境问题
	问题复杂；工作难度大	专业要求高；经验不足	取证等问题的局限性	调解案件数量少、类型单一	部门间缺乏沟通和配合	专项资金缺乏；调解员报酬低	调解的规范性不足	平台作用发挥不够	调解认知度不高；群众抵触
滨海新区	√	√	—	—	√	—	—	—	—
和平区	√	—	√	—	—	—	—	—	—
南开区	√	√	—	—	—	—	—	—	—
河西区	√	—	—	√	—	—	—	—	—
河东区	√	—	—	—	—	—	—	—	—
河北区	√	—	—	—	—	—	—	—	√
津南区	—	√	—	√	—	√	—	—	√
北辰区	√	√	—	—	—	—	—	—	—
西青区	—	—	—	√	—	—	—	√	—
武清区	—	√	—	—	—	—	√	—	√
宝坻区	√	—	—	√	√	—	—	—	—
红桥区	√	—	—	—	—	—	—	—	√
东丽区	—	—	—	—	—	—	√	—	—
宁海区	√	√	—	—	—	—	—	—	—
静海区	—	√	—	√	—	—	√	—	—
蓟州县	√	—	—	—	—	√	√	—	—
市访调委	√	—	—	—	—	—	—	—	√
总计	12	7	1	5	2	2	4	1	5
占比	71%	41%	6%	29%	12%	12%	24%	6%	29%

从表 4 中所统计情况来看，大家反映比较集中的问题或挑战主要集中在：（1）工作难度大，调解成功压力大；（2）专业要求高，工作人员经验不足；（3）调解案件数量少，类型单一；（4）调解认知度不高，群众抵触；（5）调解的规范性不足；（6）部门间沟通协调不够；（7）资金缺乏，调解人员报酬低。这些问题的严重程度如果

以柱状图来表示，则有图 1。

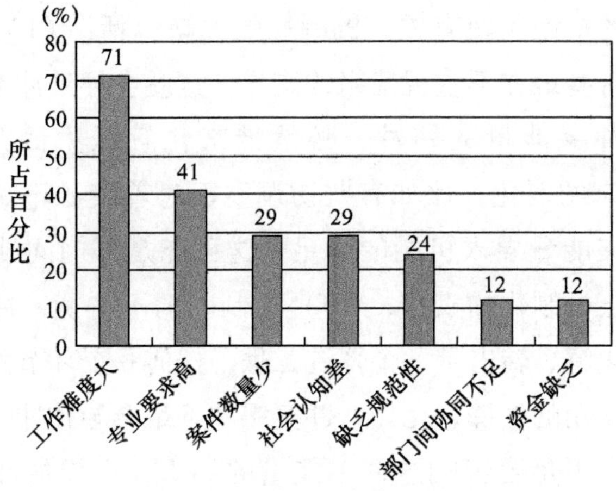

图 1　访调委工作中面对的挑战

这些所反映的问题，如果用我们之前讨论的系统内外的相关机制框架来分析的话，则可以形成表 5。

表 5　当前访调对接机制运转中所面对的问题和挑战

所属机制		具体表现	占比（%）	以机制合计（%）
冲突能量管理	冲突能量导入机制	调解案件数量少，类型单一	29	29
	冲突能量化解机制	工作难度大，调解成功压力大	71	95
		调解的规范性不足	24	
冲突能力提升	部门间协同机制	部门间沟通协调不够	12	12
	调解经验提升机制	专业要求高，工作人员经验不足	41	41
	资源获取和使用	资金缺乏，调解人员报酬低	12	12
	外部智力资源利用	取证问题的局限	6	6
效果	社会环境认可程度	调解认知度不高，群众抵触	29	29

由表 5 所反映的问题和相关数据，我们可以归纳出当前各访调委工作中面对的主要挑战包括四个方面：

第一，在机制设计和运转方面，进一步完善机制的任务还比较艰巨。整体而言，多数访调委在冲突能量化解方面的压力较大，这与冲突能量管理的机制欠缺有关。机制性的欠缺包括：（1）部分机制的缺失，比如有些地方不重视情绪的疏导，这就会导致冲突缓冲机制缺乏，而缺乏冲突能量的缓冲，必然带来化解压力的几何级增加；（2）部分机制的弱化，比如有些访调委面对着案源不足的问题，这就显示出冲突能量导入机制的不足，这可能是部门间缺乏必要的沟通，或者缺乏机制化的安排；（3）机制间的不平衡，冲突能量的导入、缓冲、化解、转出是一个系统工程，任何一个环节的缺陷都会影响其他机制作用的发挥，比如，冲突缓冲不足会导致冲突化解压力增加，冲突转出不足会影响这冲突能量的导入，也增加冲突化解的压力，等等。

第二，在调解队伍建设方面，聘用到胜任的人员比较困难，提高调解员冲突化解能力迫在眉睫。很多访调委在工作报告中提到访调压力大、经验不足、成功率低、社会认可度低等问题，这都与调解员的能力、经验、态度等有千丝万缕的联系。笔者在调研中发现：（1）不同访调委的工作是否有效，高度依赖于访调委主要领导之前工作期间所积累的社会资本和人脉网络，而具备强社会资本的领导者是高度稀缺的；（2）各访调委的人员构成主要以退休人员为主，他们普遍面对着年龄老化和高工作强度之间的紧张关系。

第三，在资源整合和供给方面，财政保障力度尚显不足。不少“访调对接”平台面临着经费不足的问题。原则上，访调对接工作是以政府购买公共服务的形式，通过招投标获得资金支持。但是在实践中，仅有少数访调委得到了规范化的固定支持。相当一部分区县由于地方财政支持的力度有限，“访调对接”机制的运行缺乏稳定的资金保障。与之相伴的问题是调解员的报酬太低。由于地方政府的畏难情绪和抵触情绪，加之地方财政，尤其是涉农区财政长期紧张，让其解决调解的经费比较困难。“巧妇难为无米之炊”，经费困难制约相关机制的完善和工作的进一步开展。

第四，在互联共促方面，访调委之间的“孤岛”现象比较明显，制约着相关经验的共享和相关问题的共同解决。访调对接工作的开展在我国较之“诉调对接”和“检调对接”工作，或“医患纠纷调解机制”，尚属新生事物，正处于起步摸索阶段，在很多方面没有经验可循，只能在实践摸索前进。而由于各访调委之间缺乏业务指导关系或缺乏互联互促机制，各自为战的情况比较普遍。总体而言，市访调委在机制建设上取得了不少的经验，但这些经验并没有扩散到相关区县。访调委之间的“孤岛”现象对本来就处于起步摸索阶段的访调对接机制的成熟和完善造成了不利的影响。

五、进一步完善天津市“访调对接”机制的建议

（一）坚持“辅助型”与“嵌入型”职能定位

职能定位是一个组织开展工作的原点，也是评价一个组织是否成功的关键。从目前的调查来看，天津市信访事项人民调解委员会的职能定位主要有两个特征：第一，从总体格局上看，是发挥辅助型的职能，是将涌入信访渠道，但从冲突特征看，更适合社会组织来调解的冲突案件，导入访调对接系统中，它本身不是替代信访，而是发挥辅助型的功能。第二，从功能和组织特征来看，信访事项人民调解委员会是嵌入信访渠道中，而不是另外开辟新的案例来源，这种嵌入能够依托现有的国家体制内的总体框架，不发生对既有框架的冲击，不影响既有框架的功能发挥。

课题组认为，这种辅助型、嵌入型的职能定位是恰当的，应当继续坚持。它不会和信访系统产生竞争关系，能够保证其作用对既有体系的完全正向性。在这方面，也要防止对新生事物的人为拔高，从而产生新的问题。

（二）完善访调对接总体治理框架

从当前的运行机制来看，主要存在着两个层面的问题。（1）从市级层面来看，存在的机制类问题主要是：部门间制度化协同不足、市级领导持续推进该机制创新的意思表达不明确、各种做法的提炼上升不足；（2）从区县来看，主要是创新动力不足、财政保障乏力、化解能力不足，与其他冲突化解渠道的沟通和互促不足。

机制构建是否顺畅决定着工作的成效。在运行机制与结构方面应当在两个方面加强工作：（1）进一步梳理综治办、司法局、信访办三个领导性机关的关系模式，要让实际负责的机关具有相应的权力，承担相应的责任，具备创新的动力，掌握足够的资源；（2）要明确市访调委对区访调委的业务指导关系，加强访调委之间的经验共享机制建设，要积极肯定区在探索推进访调对接机制方面的有效经验，要创造访调委之间相互交流的平台建设。

（三）充分发育信访系统不具备的冲突管理功能

访调委要十分重视自身职能和信访办、司法局等相关部门在职能优势上的区分和互补，比如信访办作为案件的流转部门，承担着大量的信访事项，所以，工作人员就没有精力来详细了解当事人的具体诉求，更无法有效地疏解他们的不安、不满、紧张、恐慌的情绪，而访调委则由于本身就要承担调解职能，而且作为社会组织，其工作方式和手段更为灵活和人性化，所以，在人民调解职能之外，发育和完善起情绪抚慰、引导，法制宣传等职能，这样就形成较为立体的、系统的冲突化解机制，从而能够发挥出信访办所不具备的，或不擅长的职能。这是该组织存在的基础。

（四）提升访调对接机制的规范化框架

不少区之所以在“访调对接”推进上持观望态度，主要原因有二：（1）对市级层面是否会持续推进该机制把握不准，担心大量投入后导致浪费；（2）目前还缺乏具有较高层次约束力的制度或规范来强力推进该机制的实施。建议在市级层面研究制定推进该机制的规范性文件，比如医患纠纷化解机制就曾以市长令的形式出现，具有更强的规范性作用。出台更高层次的规范性文件不是要让政府更深地卷入其中，而是要将治理的框架更加明确化、制度化，从而减少基层的犹豫、观望和形式主义。

网络社会
与公共冲突治理

网络公共冲突的压力效应及其回应机制

——基于典型网络群体性事件的分析

刘　明　　刘长姓　　原　珂

摘　要：在网络信息时代，公共冲突不再仅表现为面对面的公共冲突事件，而是越来越多地扩展至网络冲突层面。网民舆论在网络等信息平台的迅速聚集、分化与极化，是冲突事件在信息平台层面的进一步衍化，使得公共冲突在网民、原冲突方、政府之间形成博弈，对国家相关部门的责任施加了三种类型的压力：消极责任压力、积极责任压力和责任的合理性压力。面对这种广泛存在的新型冲突形式，国家相关部门需要给出必要而充分的回应。

关键词：网络公共冲突　群体极化　压力效应　复合回应机制

2016年的“贾敬龙死刑案”“魏则西事件”“雷洋事件”等单一事件，在主要的信息平台中瞬间传播和发酵，网民舆论很快集聚、分化，甚至极化，不仅涉及原冲突方之间的冲突，而且涉及网民之间的立场冲突，更为重要的是，触发了民众对政府的不信任，进而在信息平台中衍化为大范围的复合型公共冲突。网络公共冲突中的舆论集聚

作者简介：刘明，博士，南开大学周恩来政府管理学院讲师，主要研究方向为公共冲突治理与人权理论；刘长姓，南开大学周恩来政府管理学院博士研究生，主要研究公共冲突管理；原珂，博士，对外经济贸易大学教育与开放经济研究中心助理研究员，主要研究方向为公共冲突治理与教育经济管理。

基金项目：国家社科规划重点项目“公共领域冲突管理体制研究”（13AGL005）；国家社科基金青年项目“中国特色新型智库建设的政府规制研究”（15CZZ019）。

文章来源：《领导科学》2017年第35期。

和群体极化作为网络时代广泛存在的一种现象，越发触及相关国家部门运行的合法性，并对政府的相关决策造成巨大影响。厘清这类新型冲突的作用机制和回应机制，对相应冲突的治理显得尤为必要。

一、网络公共冲突的内涵与特征

传统意义上的公共冲突，主要指在现实世界中发生的直接或间接涉及公共利益的冲突，这类冲突的一个主要特征是面对面的，也即冲突各方通过直接的沟通和接触来面对冲突事件。但随着网络信息时代的不断推进，这种传统的概念图式和分析框架已经不能较好地解释网络冲突这种新型的公共冲突形式。这类新型的公共冲突，主要借助网络等信息平台得以扩展和爆发，并表现出了较为复杂的形式，对社会和国家的冲突治理提出了新的挑战。

在网络信息平台普及的时代，任何事件都有可能在网民中得以广泛传播和发酵，并形成大规模的舆论分化。然而，并不是所有的网络事件都能够被称为网络公共冲突。同传统意义上的公共冲突一样，网络公共冲突对现实世界的公共冲突具有一定的承继性。首先，网络公共冲突同现实社会的群体性事件一样，主要涉及人民之间的利益冲突，“在现阶段，中国的群体性事件主要表现为利益表达、不满宣泄和某种程度的价值（包括权利）追求，总体上属于‘人民内部矛盾’的范畴。”[①] 其次，同传统的公共冲突事件类似，那些涉及公共利益的公共事项，在经过网络平台的传播和发酵之后，同样可以直接衍化为公共性的网络冲突。最后，与传统的公共冲突稍有不同，大规模的网络公共冲突不仅由公共事项所触发，某些传统意义上的单一事件，同样极有可能引发大规模的网络公共冲突，并致使舆论矛头指向国家

① 王赐江. 中国公共冲突演变的新趋势及应对思路——基于典型群体性事件的分析[J]. 中国行政管理，2015（1）.

公共部门（行政、立法、司法）本身。例如，“雷洋事件”本身仅仅是行政执法中的一个单一事件，其本身构不成传统意义上的公共冲突事件，但是，随着这一事件在网络等信息平台上的传播和发酵，网民舆论迅速集聚和分化，并将矛头指向了政府执法人员和执法部门，使整个事件迅速衍化为涉及原冲突方、网络冲突各方以及政府各部门（行政、司法等）的复合型公共冲突，对政府处理这一事件形成了巨大的压力效应。

与传统的公共冲突相比，作为一种复合型的公共冲突，网络公共冲突通常会将舆论矛头或责任方指向国家部门。在传统意义上的公共冲突中，某些类型的公共冲突可以仅仅通过社会或自组织就能够获得解决，政府作为第三方并不必然介入。这类通过社会或自组织就得到解决的冲突，一般很难上升到网络公共冲突的层面。而触发网络公共冲突的原冲突事件，通常是那些要么需要政府介入的公共冲突，如“魏则西事件”等触发的网络公共冲突；要么国家部门本身就是原冲突的一方，如“PX 事件”“雷洋事件”“大学生掏鸟被判十年”等事件所触发的网络公共事件。不管网络公共冲突的触发性事件为哪一种类型，几乎都对政府的决策形成了压力效应。这种压力效应已经不再是传统公共冲突所通常表现的局部特征，甚至有可能表现为全国特征。由此，在界定一项网络事件是否可以被称为网络公共冲突事件时，需要考虑的一个必要条件是，这一事件是否对相关国家部门的责任要求造成了必要的压力效应。

综上，信息时代的网络公共冲突主要指，由那些直接或间接涉及公共利益的单一事件或公共事件所触发，引发公共舆论在网络等信息平台中出现较快集聚、分化甚至极化，进而对国家相关部门的责任要求造成显著压力效应的复合型公共冲突事件。与传统的公共冲突相比，网络公共冲突存在某些较为明显的差异如表 1 所示。第一，就公共冲突的触发事件而言，某个传统意义上的单一事件并不必然触发传统意义上的公共冲突，但可以触发大规模的网络公共冲突，如“雷洋事件”。第二，就冲突的规模而言，传统意义上的公共冲突一般是小范围的、区域性的；而网络公共冲突则可能是大规模的、全国性的，可能涉及几十万甚至上千万的民众。第三，就冲突的内容而言，与传统的公共冲突不同，网络公共冲突直接体现的是立场冲突或舆论冲突，而非利益冲突或暴力冲突。第四，就冲突的形式而言，传统的公共冲突主要涉及冲突双方（或第三方）“面对面”的单一冲突；而网络公共冲突则涉及原冲突方、分化的网民、政府等多方，并在现实层面和信息平台层面均有体现的复合型公共冲突。第五，网络公共冲突涉及的是民意和舆情，必然是那些能够对相关国家部门的责任要求产生显著压力效应的事件，而传统意义上的公共冲突并不必然对国家部门产生必要的压力效应。

表1　网络公共冲突与传统公共冲突的差异

类型 差异	传统意义上的公共冲突	网络公共冲突
规模	规模相对较小	规模较大
冲突内容	利益冲突、暴力冲突等	立场冲突、舆论冲突等
触发事件	公共事件	单一事件或公共事件
冲突形式	面对面的单一冲突	多层次的复合冲突
对政府的压力效应	非必要条件	必要条件

二、网络公共冲突中的群体极化及其压力效应

在网络公共冲突中，公共舆论的集聚和分化一般被认为是一种正常现象，但是，公共舆论的群体极化却被认为是现代网络世界，甚至是民主社会的一个通病。所谓“极化”，既是一个过程，又是一种状态，状态表示对某些意见的反对或赞成程度，过程则说明反对或赞成

随时间推移不断增加①。由于网络本身所具有的特征，网络世界中的极化往往更为明显。在《网络共和国——网络社会中的民主问题》一书中，美国当代的法哲学家凯斯·桑斯坦提到了网络时代的群体极化问题，“群体极化的定义极其简单：团体成员一开始即有某种偏向，在商议后，人们朝偏向的方向继续移动，最后形成极端的观点。”② 简单地讲，在网络公共冲突的舆情分析中，“群体极化”是指舆论在经过聚集、分化之后，走向极端的过程。这一过程不仅体现在一个网络公共冲突事件中，而且会在事件与事件之间形成传递。例如，某地方政府如果在某次公共冲突事件中刻意隐瞒信息和歪曲事实，在类似的公共事件中，民众或网民就会抱着怀疑甚至敌视的态度看待该地方政府的相关处理。

在一定意义上，群体极化是网络公共冲突完全爆发的一个标志。网络公共冲突中的群体极化现象突出体现在以下方面：一是带有固有的价值、立场、偏见、不满、愤恨等因素发表观点；二是非理性地参与网络讨论，群体无意识，极易受诱导并盲目跟从；三是原有的观点和立场固化与极端化，并形成传递效应；四是舆论在短时间内大量集聚和分化，并出现大量过激言论。群体极化固然具有直接或潜在的危害，但是，这种现象不仅是现实民主社会的一个客观规律，而且更是网络世界的客观规律，它具有一定的心理学基础。心理学研究认为，“人们潜在地具有‘从众’意识，而‘从众’本身并不含消极的价值判断，‘从众’有时是坏的（如酒后开车），有时是好的（如剧场排队），有时则是无关紧要的（如穿白色球衣）。”③

由于网络公共冲突主要指那些能够对国家各履职部门的责任要求

① DiMaggio, P., J. Evans, and B. Bryson. *Have American's Social Attitude Become More Polarized?* [J] American Journal of Sociology, 1996 (102): 690 – 755.

② 凯斯·桑斯坦．网络共和国——网络社会中的民主问题［M］．黄维明，译．上海：上海出版社，2003：50.

③ 戴维·迈尔斯．社会心理学［M］．侯玉波，译．北京：人民邮电出版社，2006：152 – 153.

带来必要压力效应的冲突事件，在网络公共冲突的大多数情况中，群体极化的目标一般会直接或间接地针对履职过程中的国家部门。例如，在涉及“官民关系”的多数事件中，在证据和事实没有经过官方验证的情况下，在舆论聚集之初的大部分网民都抱着对执法民警的怀疑、偏见等刻板态度进入论坛。这类情况的出现有其固有原因。首先，这与我国部分地区经常存在的“暴力执法”现象密切相关，造成民众对政府部门的执法形象形成负面的刻板印象；其次，在涉及“官民冲突”的事件中，普通民众处于明显的弱势，作为普通民众的广大网民具有天然的“同情心”和“同理心”；最后，也是较为重要的一点，在“官民冲突”的事件中，涉事的地方政府或部门往往是冲突的裁决方，有可能通过操纵媒体或证据来掩盖事实。

网民这种先在的偏见、怀疑和情绪化，有其存在的心理基础和事实基础，它构成了民主社会中公民自由表达的天然生态。以 2015 年 9 月发生的“山东平邑县村民因强拆被烧死事件”和 2016 年 5 月发生的“雷洋事件”为例。在事件于信息平台中传播和集聚的起始阶段，当事实和证据还没有完全展现的时候，大部分的网民都抱着对政府执法人员的先在偏见和怀疑展开争论。随着网民极化情绪的进一步爆发，国家相关部门面临着更大的压力，并最终促使高一级的地方政府和更多部门协调调查。在这两起网络公共冲突事件的推进过程中，民众的网络参与的确存在着明显的群体极化现象，但却很难断定这种现象就是负面的，而且，在客观上也推动了相关事件的公平解决。综上，如果网民的群体极化言论主要是针对触发事件本身的态度和表达，而不是恶意的煽动，也没有对国家或社会的公共秩序和公共安全造成实质性的影响，那么，在网络公共冲突的治理中，网民的这种群体极化现象应该被视为是一种中性事实，甚至有可能在公共冲突的治理中起着积极作用。

网络舆情是最真实的民意展现，而国家、各部门及其公职人员在法理上都是人民的代表。网络公共冲突作为一种公开而宏大的民意表达过程，必然会将压力效应施加到国家及其公职人员之上。这种压力效应的实质是责任压力，即民众对国家部门及其公职人员的职责内容或履责状况提出了质疑。综观近年发生的主要网络公共冲突事件，网络公共冲突对国家及其公职人员的压力效应主要体现在三个方面：(1) 积极责任的压力。国家部门及其公职人员由于疏忽、懈怠或信息不对称等主观或客观原因没有履行应尽的责任。例如，在“魏则西事件”“济南非法疫苗案”等事件中，多数网民将责任方指向相关国家部门，认为其没有承担最基本的监管责任。(2) 消极责任的压力。国家部门及其公职人员在履行公务时，侵犯了公民个体或群体的权益。如“雷洋事件”和“PX 事件”。(3) 责任的合理性压力。国家部门及其公职人员在履行责任的过程中虽然合法，但可能存在不合理。例如，在“大学生掏鸟被判十年事件”中，众多网民认为，这样的判决虽然符合法律规定，但并不合情合理。

三、我国网络公共冲突中“舆情—压力”的结构分析

我国正处在社会转型深水区，利益分化和社会矛盾尤为显著，由此带来的公共冲突和公共管理危机屡见不鲜，这些现象和事件在网络信息平台中得到进一步的集聚和发酵，给国家部门造成的压力也构成了最主要的压力来源[①]。以 2015 年舆情压力指数为例，见表 2[②]，社会矛盾和公共管理的舆情压力指数和热点事件数量高居前两位，且与 2014 年的情况基本类似。这在客观上反映了一个基本的事实：在现阶段，由社会矛盾所激发的个体或群体事件以及由此带来的公共管理危机，是国家部门在公共网络平台中的主要舆情压力来源。

① 原珂，乔印久．公众参与网络问政及优化策略探析 [J]．领导科学，2015 (10)．

② 2015 年互联网舆情分析报告：2015 年网络热点舆情 [EB/OL]．[2015-12-24]．人民网．

表 2　2015 年不同舆情领域压力指数

类别	热点事件数量	热点事件占比(%)	上一年度占比(%)	平均热度	平均舆论共识度	平均政府认可度	平均网民正能量	平均舆论生态指数	舆情压力指数
社会矛盾	103	20.6	25.8	56.79	3.47	2.84	0.38	6.69	106.46
公共管理	156	31.2	32.9	65.77	3.56	3.31	0.71	7.58	90.34
公共安全	58	11.6	12.1	62.54	3.60	2.98	0.23	6.80	61.41
吏治反腐	70	14.0	15.7	61.81	3.60	3.25	0.44	7.29	49.82
企业舆情	22	4.4	4.7	58.41	3.64	3.19	0.66	7.49	12.99
体育娱乐等舆情	27	5.4	2.9	66.10	3.72	3.26	0.76	7.73	12.41
涉外涉军	47	9.4	4.5	65.72	3.88	3.55	0.68	8.11	11.02
其他	17	3.4	1.4	66.76	3.62	3.53	0.64	7.79	8.00

另外，就网络舆情关注的社会矛盾焦点事件而言，2014 年至 2015 年两年期间，社会道德争议、未成年人及弱势群体保护、社会暴力、官民关系、警民关系、征地拆迁与群体维权等事项受关注较多。其中，在 2015 年，对政府的认同度最低的三类社会矛盾焦点事件分别是征地拆迁与群体维权、城管执法、官民关系，这说明民众对地方政府的执法情况存在不满，地方政府的执法形象有待提高。而在政府面临的舆情压力指数方面，在 2014 年，社会暴力、官民关系、未成年人及弱势群体保护三类事件排在前列，2015 年则是社会道德争议事件、未成年人及弱势群体保护、劳资纠纷排在前列。在代表网民群体极化程度的“平均网民正能量”这一指标中，在“警民关系”和“城管执法”几乎处于冰点，这再次说明，我国民众对地方政府的行政执法存在许多不满。[①] 2017 年 1 月公布的《舆情治理为契机提升社会治理能力——2016 年度社会热点事件网络舆情报告》指出，2016 年网络关注的公共事件类型同样主要集中在国家部门及其执法

① 2015 年互联网舆情分析报告：2015 年网络热点舆情［EB/OL］.［2015－12－24］. 人民网.

人员的履责情况和涉及民众切身权益的事件中，前者主要集中在涉警舆情、公共政策、司法案件、干部作风等方面，而后者主要包括教育舆情、医疗卫生等方面。[①] 该报告同时指出，未来社会舆情仍将长期保持较为活跃的态势，将主要集中在教育文化、医疗卫生、社会保障、环境保护等与民众切身利益相关的领域。各级政府将承载更多的舆情，舆论的诉求对象也将从中央转向地方，网民不仅关心政策的出台，更加关心政策的执行。

综观2014—2016年的舆情情况可以看出，现阶段我国国家部门所面临的舆情压力结构相对稳定，主要集中在三大类事件中：（1）民众认为，国家各部门及其公职人员在某些涉及民生的公共事项中没有尽到应有的责任，比如医疗卫生、教育公平、人身安全、贫富差距等；（2）国家各部门及其公职人员在履责过程中直接侵犯了民众的某些权益，导致民众不满，如警民关系、官民关系、征地拆迁等；（3）国家各部门在公共管理中存在不合理的情况，导致民众信任度降低，如腐败问题、公共事件处理、公共政策制定、司法公正等问题。这三大类事件所导致的公共舆情，分别对国家部门施加了上面所提到的三类责任效应：积极责任的压力，消极责任的压力，责任的合理性压力。网络公共冲突中的这些焦点事件都直接或间接地与公民群体或个体的切身权益相关。因此，网络公共冲突在本质上是公民的利益要求同国家的责任要求之间的博弈。

四、网络公共冲突的复合回应机制

综上所述，尽管可以将网络公共冲突视为一种本身不含积极效应或消极效应的中性现象，但是，它在实际运行的过程中所产生的效应

① 新华网网络舆情检测分析中心．以舆情治理为契机提升社会治理能力——2016年度社会热点事件网络舆情报告．2017（1）．

却是明显的，而且呈现两端化。具体而言，由于网络公共冲突的主动发起者一般是民众，因此，民众通常是积极效应的承受者，即有利于民众传达自己的立场和利益诉求，监督和督促国家部门履行责任。另外，国家部门及其公职人员一般是网络公共冲突的受施者，因此，国家部门往往是消极效应的承受者，需要接受来自民众的质疑和压力。由于舆情涉及民意，而国家是代表人民的，网络公共冲突便与公共部门的履责合法性直接相关，国家部门必须给出合理的回应。

国家部门在确立网络公共冲突的回应机制时，首先需明确网络公共冲突在集聚、分化和极化三个阶段的运行机理。集聚阶段主要指触发性事件发生之后，相关信息和舆论迅速传播和聚合的阶段。分化阶段主要指随着信息在信息平台的传播和初步讨论，不同身份的群体和个人在立场和态度等方面迅速出现分化。在网络信息时代，集聚阶段和分化阶段几乎是同步的，而且具有速度快、范围广等特征。在网络信息时代，国家几乎很难阻断信息的集聚和舆论的分化，更多需要是加以必要而及时的引导和疏通。

国家部门应对网络公共冲突的焦点应该是消解民众的群体极化。国家公共部门治理群体极化现象的目标一般分为两个：短期目标和长期目标。短期目标指缓解当下事件的群体极化现象；长期目标指弱化甚至是切断群体极化在事件与事件之间的传递。以“雷洋事件”为例，公共部门治理的短期目标是，通过向民众提供事实证据和公正、公开的裁决，缓解此事件所导致的民众对涉事部门和公职人员不信任，甚至敌视。公共部门治理的长期目标是，通过不断提升执法人员的执法能力和执法水平，改善执法形象，消解民众的不信任和偏见，进而避免群体极化在类似事件中的传递。在网络公共冲突的管理中，国家公共部门治理群体极化的过程，是重拾民众信任的过程，也是提升履责状况的过程。

具体而言，国家公共部门应该通过提供必要的回应机制来缓解群体极化现象。在群体极化的过程中，心理学的研究还证明了两种主要的影响因素，“信息影响和规范影响。从讨论中收集起来的信息大多有利于大家最初的选择，因此会强化对其的支持。而且，如果人们在比较了各自的立场后，惊奇地发现其他人都对自己最初的意向持支持态度，那他们就会表现得比以前的意向更胜一筹。”① 其中，信息因素主要指民众所接触或收集的信息类型，主要是一些事实性的判断，例如，“事件是什么样的，不是什么样的”。信息因素会影响民众的判断，如果民众接触或收集的负面信息过多，就极易导致负面的判断，反之亦然。规范因素主要涉及的是民众在讨论中所接触到的价值判断，例如，“如此做，是对的或合理的，或是不对的或不合理的”。民众在进行比较的过程中，如果接触到的负面判断过多，就极易形成负面的判断，反之亦然。依据影响民众群体极化的这两个外在因素，可以初步确立起国家部门应对群体极化的一套复合机制，见表3。

表3　复合回应机制

复合回应机制	信息回应	事实回应	提供权威的事实经过
		证据回应	提供证明事实的证据
		技术回应	提供必要的技术支持，如法律规范
	规范回应	立场回应	国家相关部门表明自己的立场、态度
		职责回应	国家部门履行必要的职责
		制度回应	确定稳定的政策、制度或法律规范
	其他辅助性回应	情感、道德、意识形态等	必要时，国家部门可以输入情感、道德等因素进行回应

在“复合回应机制”中，信息回应和规范回应往往需要同时进行。当网络群体极化一旦形成，国家相关部门不但需要及时提供必要的事实信息和证据信息，而且需要及时表明态度和立场，并将自己需要承担的责任公开。另外，信息回应较为侧重群体极化的短期目标，

① 戴维·迈尔斯．社会心理学［M］．侯玉波，译．北京：人民邮电出版社，2006，227.

即缓和当下的群体极化事件；而规范回应不仅侧重缓和当下事件，而且有利于民众对政府形成稳定的预期，进而有利于长期目标的实现，即弱化甚至切断群体极化在事件与事件之间的传递。因此，从长远看，国家公共部门在应对群体极化的过程中，应该重视规范回应的供给。例如，以强拆和强征为例，频繁发生的强拆和强征现象，导致了民众对政府执法的不信任甚至敌视，为了减少和避免类似事件的频频上演，相关国家部门应该给出必要的制度回应，在制度或法律规定上完善和规范拆迁事项，尤其是规范强拆、强征行为的相关责任。

此外，从过程分析来看，政府的信息回应与规范回应要同网络社会的一些自身特点实现共振。例如，在应对网络谣言、偏见等情况的时候，政府需要给网络以恰当的引导，发挥网络社会本身具有“自清理”功能。从这个角度考虑，政府在网络舆情发展过程的角色，就不应该仅仅是一个“灭火者”和“手术者”，更重要的是充当“调理师”[①]。复合回应机制主要是针对国家部门在网络公共冲突中所面临的压力效应而提出的。与围堵、打压、封锁等传统治理策略不同，无论是信息回应还是规范回应，在实质上是国家部门的责任回应，即国家相关部门通过输出积极责任或消极责任来缓解和疏导网络公共冲突，这是国家在网络公共领域中实行善治的内在要求。

---

① 常健．网络舆情的“自清理”功能及其实现条件［J］．天津社会科学，2013（6）．

媒体新闻议题建构方式与公共冲突及其治理

常　健　　郝雅立

摘　要： 媒体新闻议题具有建构性，使其融入某种特定的态度、立场和主张偏好。影响媒体新闻议题建构的主要因素包括商业收益、同行竞争、媒体形象、行业自律、政治考量、行政监管、法制考量等，它们对公共冲突主体的事实认知、情感波动、价值判断和行动意向产生影响。从对公共冲突治理的功能来看，可以将新闻议题建构方式分为“挑火式”“灭火式”“化解式”“转化式”。为鼓励“化解式”和“转化式”议题建构，不仅应当通过强化规制约束抑制和弱化“挑火式”新闻议题建构动机，而且需要更多利用横向制约消解“挑火式”新闻议题建构的效果和收益。

关键词： 媒体　新闻议题建构　公共冲突治理

媒体的新闻报道内在地具有建构性，新闻标题的不同修辞方式和内容结构的不同安排，都会对受众的认知、情感、评价和意志产生不同的影响。从公共冲突发生和治理的角度来看，媒体新闻议题的建构方式会对冲突主体和冲突过程产生重要的影响，并对冲突治理提供机遇或形成障碍。因此，需要对媒体新闻议题的建构方式及其对公共冲

作者简介：常健，南开大学周恩来政府管理学院教授，博士生导师，主要从事公共冲突管理和人权理论的研究；郝雅立，南开大学周恩来政府管理学院博士生。

基金项目：国家社科规划重点项目“公共领域冲突管理体制研究”（13AGL005）。
文章来源：《理论探索》2017 年第 2 期。

突治理的影响进行具体的分析，鼓励有利于冲突化解或转化的新闻议题建构方式，抑制和消解不利于冲突化解的新闻议题建构方式。

一、媒体新闻议题的建构性及其主要影响因素

媒体新闻议题是新闻报道的“宏观结构”。媒体新闻是经由媒体人制作而成，其新闻议题的形成不应被理解为一种纯客观的描述过程，而应当被理解为包含着媒体人主观偏好的建构过程。媒体新闻议题建构是通过使用话语策略，在选取事实、风险解读、人物评判的过程中对某些问题加以凸显，对某种态度加以强化，从而对受众的认知、情感、价值判断和意志形成影响。正如诺曼·费尔克拉夫所指出的：“话语实践在传统方式和创造性方式两方面都是建构性的：它有助于再造社会本身，它也有助于改变社会。”[①]

议题建构理论是新闻传播学中 M. 麦考姆斯议题设置理论的发展。议题设置理论提出，通过议题的图景重现[②]来预示受众群体“想什么”[③]，媒介所突出强调的议题会直接影响受众对该议题重要性的判断，使其形成“议题的显著性（Salience）认知”[④]，议题设置理论认为“新闻媒介的优先议题将成为公众的优先议题”[⑤]。朗氏夫妇以

---

① 诺曼·费尔克拉夫．话语与社会变迁［M］．殷晓蓉，译．北京：华夏出版社，2003：60.

② W. 李普曼（Walter Lippman，1992）在《公众意见》一书中提出了“新闻媒介影响我们头脑中的图像”的思想。

③ 伯纳德·科恩（Bernard Cohen）1963 年在《报纸与外交政策》一书中，提出论断：在多数时候，媒介在告诉他的读者该怎么想时可能并不成功；但是在告诉读者该想些什么时，却异常有效。

④ M. 麦考姆斯（Maxwell Mocombs）和唐纳德·肖（Donald Shaw）于 1972 年《舆论季刊》上发表论文《大众传播的议程设置作用》，提出假设：大众媒介通过日复一日的新闻选择和发布，影响着公众对于什么是当天最重要的事件的感觉。

⑤ M. 麦考姆斯（Maxwell Mocombs）和唐纳德·肖（Donald Shaw）于 1972 年《舆论季刊》上发表论文《大众传播的议程设置作用》，指出，“在媒介和公众的议程之间，存在一种因果联系，即经过一段时间，新闻媒介的优先一体将成为公众的优先议题”。

此为基础，在对“水门事件”的研究中将其修正和发展为议题建构理论，提出了媒介议题发展成为公众议题的六个步骤①，并指出在此过程中大众媒介、政治系统和社会公众进行着复杂的互动与博弈。

朗氏夫妇议题建构理论的重点是媒体宏观议题的建构和发展，与其不同，本文聚焦于媒体新闻议题的微观建构，特别是新闻报道的标题设置方式、事实描述方式、结构安排方式、语言修辞方式对新闻报道内容的影响，以及这些新闻议题建构方式对公共冲突进程及其治理的影响。

媒体新闻议题建构方式直接受到媒体生存环境的影响。媒体的生存环境涉及经济、社会、政治、行政和法律等多个层面中的多重因素，见表1。

表1　影响媒体新闻议题建构的主要因素

层面	影响因素	
经济	商业收益	同行竞争
社会	媒体形象	行业自律
政治和行政	政治考量	行政规制
法治	法定权利	司法执法

（一）媒体新闻议题建构受到其经济生存环境的影响

其中最重要的影响因素是媒体的商业收益和同行竞争。一方面，媒体的商业属性决定了媒体在新闻议题建构中需要考虑其商业成本和

① 议题建构的过程总结六个步骤：（1）报纸突出报道某些事件或活动，并使其引人注目。（2）不同种类的议题需要不同种类、不同分量的新闻报道，才能吸引人们的注意。（3）处在关注焦点的事件或活动必须加以“构造”或给予一定范围的意义，从而使人们便于理解。（4）媒介使用的语言也能影响人们对一个议题重要程度的感受。（5）媒介把已成为人们关注焦点的事件或活动与政治图景中易于辨认的次级象征联系起来。人们在对某一议题采取立场时，需要一定的认识基础。（6）当知名且可信的人开始谈论一个议题时，议题建构的速度会加快。

收益。媒体的收益主要来自社会广告投资，广告商投资的媒介选择主要受关注度的影响，每位媒体人也都要面对流量考评。因此，受众本位是新闻报道的基本导向，吸引关注是媒体新闻议题建构的基本动机。在媒介化的社会，受众猎奇、求新的心态在不断膨胀，注意力在不断缩短并聚焦至新闻标题。如何根据受众的需要、兴趣、心理、态度等来确定报道的选题、内容、角度、方式，就成为媒介议题建构中需要考虑的重要问题。因此，媒介会在新闻议题建构上积极挖掘新的卖点，抓住人们眼球，寻求较高的关注度，提高收视率、阅读率、收听率、点击率，追求媒体商业收益的最大化。另一方面，商业运作的媒体行业在盈亏衡量的自然考虑下会产生激烈的行业竞争。面对日趋激烈的新闻行业竞争，媒体报道不仅仅要努力“抢”新闻素材，向受众提供独家的新闻事实以吸引关注，还要尽力以独特的文本策略、语言策划、报道视角、思想观点在议题建构上标新立异、独树一帜，力求在众多同行媒体竞争中脱颖而出。

（二）媒体新闻议题建构受到其社会生存环境的影响

其中最重要的影响因素是媒体社会形象和行业自律要求。媒体形象是媒体媒介主体在社会信息生产和传播过程中于受众心中有意塑造的基本品相和印象集合。良好的媒体形象有助于形成媒体的竞争优势，意味着社会的承认和受众的接受。因此，媒体在建构新闻议题时会考虑对媒体自身的社会形象的影响。行业自律是媒体人以媒体行业内的行规、行约主动进行自我管理、自我约束、自我协调的行为。媒体的行业自律要求会对媒体形成行业内的约束压力，它要求媒体新闻议题建构要遵从行业共同秉持的职业道德，承担应当履行的社会责任，否则就会受到同业的道德谴责甚至规则处罚，失去同业的尊重甚至在业内的立足之地。因此，媒体在进行新闻议题建构时会考虑行业的自律要求，在用词筛选、角度切入和尺度拿捏等方面自我约束。

（三）媒体新闻议题建构受到其生存的政治和行政环境的约束

其中最重要的影响因素是政治考量和行政规制要求。在中国，新闻传播与意识形态具有密切的联系。无论是官方媒体还是社会媒体，在新闻议题建构时需要在政治上考虑与执政党和政府保持一致，坚持正确的政治方向和舆论导向。尤其是在关乎一些碰触社会底线的敏感问题进行议题建构时，坚持政治正确、顺应主流舆论导向往往是媒体议题建构的第一考虑。与此同时，媒体的运行还会受到政府行政规制的约束。政府通过行政审批、行业许可、文化审查对媒体运行进行监管，违背政府行政规制的要求会受到行政处罚。因此，媒体新闻议题建构必须考虑政府行政规制的要求。

（四）媒体新闻议题建构受到其生存的法治环境的约束

其中最重要的影响因素是法律对各项权利的规定、司法部门对侵权责任的判定以及执法部门对法院裁定的执行。媒体在进行新闻议题建构时必须遵守国家的相关法律法规，不得侵犯他人的合法权利。在公民对自身享有的法定权利日益明确，司法更加公正，执法日益规范和严格的大背景下，法律考虑在媒体新闻议题构建中的重要性正在不断提升。

上述这些影响因素之间存在着相互制约，例如，在商业收益与媒体社会形象之间、同业竞争与行业自律之间、商业收益、同业竞争与行政规制、法治约束之间都存在着一定的相互对立和相互制约。为了自身的生存和发展，媒体的新闻议题建构需要在多种因素之间作出权衡。

二、媒体新闻议题建构的话语策略对公共冲突主体意识结构的影响

公共冲突是事关公共利益的社会冲突。媒体新闻议题的建构会对

冲突主体的意识结构产生重要影响，从而引发、增强或削弱、打消冲突主体的冲突意愿。正如威廉·加姆逊（William A. Gamson）等人在《媒体形象与对现实的社会建构》一文中所指出的，"媒介议题本身具有易建构属性，冲突性话题因其事关公众生活而呈现出关注度高、敏感性强的特点而备受新闻媒体用心建构。媒体对于社会冲突的议题建构不仅能够组织新闻生产（即信息告知），而且还能够在竞争性话语空间中影响社会冲突的走向。"[①] 一方面，媒体新闻议题建构的方式涉及媒体在进行新闻议题建构时为实现目标所采取的话语策略。媒体新闻议题建构常用的策略技巧主要集中于变换背景、引导想象、渲染情节、凸显后果、贴注标签、隐性评价、归因定位等。另一方面，冲突主体的意识结构主要包括事实认知、情绪波动、价值判断和行动意向四个方面。二者的相互作用如表 2 所示。

表 2　新闻议题建构策略对公共冲突主体意识结构的影响

新闻议题建构的话语策略	主要手段	对冲突主体意识结构的影响
变换背景	情境预设、去情境化	事实认知
引导想象	巧设导入、创设情境、语意省略、质疑发问	
渲染情节	对形象、动作、语言、表情、工具、环境的生动描述	情绪波动
凸显后果	形容词模糊、副词模糊、数据表现	
贴注标签	命名、定义、建立联系	价值判断
隐性评价	直接唤起、间接激发、间接暗示、间接强化、反预期	
归因定位	质疑方案、定位起因、谴责行为、传递情绪、批判报道	行动意向

（一）影响冲突主体事实认知的新闻议题建构策略

在公共冲突中，对事实的认知是冲突主体情绪起伏和形成价值判

---

① William A. Gamson, David Croteau, William Hoynes, etc. *Media Images and the Social Construction of Reality* [J]. Annual Review of Sociology, 1992 (18).

断、行动意志的基础。媒体新闻议题建构的一些策略会显著改变冲突主体对事实的认知，其中最典型的策略包括“变换背景”和“引导想象”。

“变换背景”就是在涉及冲突的事实陈述中，对事件发生的情境和背景作出建构性表述，以此引导冲突主体认知关注点的定位。变换背景的常用策略包括情境预设和去情境化。情境预设策略是通过在新闻报道中对某方面背景情境的重点强调，使得冲突主体将所发生的事件与媒体所强调的背景情境联系起来，从而对事件产生的原因、意义、相互关系形成不同的整体认知。去情境化策略则是将事件脱离开其关系到的社会背景，仅强调事件本身，使得冲突主体无法理解事件产生的前因后果，或是根据自己的经历或想象来补充背景情境信息，从而对冲突事件形成脱离原本情境的理解。

“引导想象”是使受众在心理视像的自动补白过程中自动形成认知和判断。想象产生于媒体建构的社会情景，受众据此情景将自身经验形成的暂时联系进行新的结合，拼凑成具体的冲突情境。正如费利潘德·墨菲（Philipand Murphy）所指出的，“一个问题的事实不确定性越强，就越容易被社会建构。”[①] 媒体通过巧设导入、创设情境、语意省略、质疑发问等议题建构手段，引导受众根据自我想象进行补白，构筑其心理视像，并形成认知和判断。

（二）引发冲突主体情绪波动的新闻议题建构策略

在公共冲突中，情绪波动会直接导致冲突升级。媒体会采取一些新闻议题建构策略来影响冲突主体的情绪，包括情绪的性质和强度，其中最典型的策略是“渲染情节”和“凸显后果”。

“渲染情节”是在具有冲突性质的新闻事件报道中通过对事件人

① Philipand Murphy, M. Maynard. *Framing the Genetic Testing Issue: Discourse and Cultural Clashes among Policy Communities* [J]. Science Communication, 2000 (2): 22.

物形象、动作、语言、表情、工具、环境等进行生动描述甚至渲染，以过程的细节来再现事件情境和过程，调动受众的感官体验，使远离现场的受众也如同身临其境。“要展现，不要叙述”① 是这种议题建构的基本原则，它要求“帮助受众以一种身临其境的在线状态了解事实并参与体验”②，这不仅仅增强了事件的现场感，也增加了其议题的情感含量和情感冲击，易引发受众的情感共鸣，鼓动起受众的激动情绪。

“凸显后果”是从结果角度进行新闻议题建构，把冲突事件本身当作背景来处理，把冲突结果当作核心要素，凸显甚至夸大冲突所造成的损失或后果，引发受众的激愤情绪。“情感唤起是由人的预期与经历的不一致程度决定的。”③ 在后果程度的描述上，常用的手法包括：（1）以形容词进行模糊化的程度性描述，使用“触目惊心”“可惊可愕”等形容词描述冲突后果；（2）以直接性的数据表现冲突结果，给人以一种强烈的视觉冲击，让受众自觉定位冲突的严重程度，想象冲突的残酷性；（3）以副词进行模糊化的程度性描述，利用“至少”“迄今”等词语进行模糊表达，以备随时更新冲突动态。

（三）影响冲突主体价值判断的新闻议题建构策略

在公共冲突中，价值判断会使冲突主体以事实认知的角度，支撑和强化负面情绪，并为行动意志定向。媒体在新闻议题建构中会采取一些策略来影响甚至改变冲突主体的价值判断，典型的策略是“贴注标签”和“隐性评价”。

“贴注标签”就是用某种特定的评价词语将冲突事件归于某种受众所熟悉的特定社会情境、位置和价值类别，形成理解和评价框架，

---

① 高钢．新闻报道教程［M］．北京：高等教育出版社，2010：112.

② 操慧．重构现场：新闻报道的空间叙事策略［J］．四川大学学报，2011（3）．

③ 胡百精．中国危机管理报告（2010—2011）［M］．北京：中国人民大学出版社，2013：140.

使受众的视野在阅读过程中只能局限在标签证词设定的评价范围内，难以作出其他评价。标签性词语易于唤起受众的集体记忆，受众在标签性词语的引导下，会依赖于过去事件形成的刻板认知和固化判断来同化新生事件。在这种“结构化”的路径依赖和思维定势的影响下，受众即使存在一定的自由度和能动性，对事件的认知和理解也难以逃离已形成的框架和路径。戴维·巴勒特（David Barrat）指出，标签策略是“对事件进行鉴别，给它们命名、下定义，与其他事件联系起来”[①]。戴维·巴勒特也指出：“一个事件，只有在为人所知的社会和文化身份的范围内找到位置才能‘有意义’。”[②]

媒体新闻议题建构对受众价值判断的影响并非都是明显和公开的。为了遵守规约，媒体往往避免使用直接性的态度和价值表达话语，媒体经常采用更加隐蔽的“隐性评价”策略。正如怀特（P. R. R. White）所评论的，对事件的性质、程度、价值进行隐性评价是媒体报道的“态度标记”[③]，其共同特点是“立场先于事实”。隐性评价策略的常用手段主要包括直接唤起、间接激发、间接暗示和间接强化等。“直接唤起”是通过纯粹的信息内容来陈述事实，引导受众根据自己的文化和社会定位作出评判[④]。“间接激发”是新闻媒体以其自身立场进行主观表达，推动受众作出对人物、事件的价值判断。“间接暗示”是媒体在不显露动机的前提下，把对事件、人物的评价间接地提供给受众，让其领会言外之意、弦外之音，从而对受众的心理和行为施加影响。“间接强化”是新闻媒体以间接的态度表达（支持或者反对）为激发读者作出价值判断、强化情感势能创造条

---

① 戴维·巴勒特．媒介社会学［M］．北京：社会科学文献出版社，1989：95.

② 霍尔等．作为社会生产的新闻［M］．张国良，译．中国传播学评论（第一辑）．上海：复旦大学出版社，2005：148－153.

③ P. R. R. White. *Evaluative Semantics and Ideological Positioning in Journalistic Discourse—A New Framework for Analysis* ［A］. Mediating Ideology in Text and Image：ten critical studies. Lassen, I.（ed.），John Benjamins，Amsterdam，2006：37－69.

④ 王天华．新闻语篇的隐性评价与动态读者定位［M］．哈尔滨：黑龙江大学出版社，2010：88.

件。“反预期式”的隐形评价在提供信息的同时通过评价的共享和同化，使受众的态度立场不断明晰，情感势能不断增强。当受众的事件预期与其所见所闻高度不一致时，情感就随之被唤起、激发，甚至加以强化。

（四）影响冲突主体行动意向的新闻议题建构策略

冲突是主体间利益、价值、目标、信念或期望的互不相容而引发的对抗性行动。冲突中的行动意向直接决定了冲突的方式和烈度。媒体新闻议题建构的一些策略会直接或间接地影响冲突主体行动意向的确定，其中最重要的策略是“归因定位”。

归因（attribution）是“个体对某一事件或行为结果的原因的知觉。”① “媒体不同的归咎方式会对公众的理解、感知和反应有很大影响。”② “归因定位”是媒体在新闻报道中以自己的认知判断为基础，对某种社会事项或者社会现实进行的因果解释和推论。其具体方式包括：对解决方案的质疑，对可能起因的定位，对主体行为的谴责，对事件情绪的传递，以及对媒体报道的批判等③。它通过对认知的引导、对情感的唤醒和对评价的转变影响冲突主体的行动意向。首先，新闻议题的归因建构通过对事件的因果解释，强调或者模糊部分信息以形成事件的归因倾向，引导受众对新闻事件的认知、理解和记忆。其次，新闻议题的归因建构暗示了事件的起因，确定了事件引发的社会情绪性质及其矛头指向。最后，新闻议题的归因建构会转变冲突主体对事件的价值判断，“面对同一事件，媒体采用不同的新闻归因就会形成不同的报道主题，那么其对事实的选择和描述，对事件的结果

---

① 张爱卿．归因理论研究的新进展［J］．教育研究与实验，2003（1）．

② Susarla，A. Plague and Arsenic. *Assignment of Blame in the Mass Media and the Social Amplification and Attenuation of Risk*［M］. In Pidgeon，N，Kasperson，R. E.，&Slovic，P.（Eds.）. The Social Amplification of Risk. UK：Cambridge，2003：179－206.

③ 潘霁，刘晖．公共空间还是减压阀？——“北大雕像戴口罩”微博讨论中的归因、冲突与情感表达［J］．国际新闻界，2014（11）．

和影响的评价都将产生较大的差别”①。事实认知、情绪波动和价值判断三个方面共同作用于冲突主体的行动意向选择，使冲突主体确定了自己的行动定位。

三、媒体新闻议题建构方式对公共冲突治理过程的影响

媒体新闻议题建构会对公共冲突的治理过程产生重要的影响。根据媒体新闻议题建构方式对公共冲突治理过程的影响性质，可以将其分为四类：“挑火式”“灭火式”“化解式”“转化式”。同时，公共冲突治理过程可以分为四个阶段：潜在期、爆发期、升级期、平息期。各类新闻议题建构方式作用于公共冲突治理过程的不同阶段会对冲突治理效果产生不同的影响，如表 3 所示。

表 3　新闻议题建构方式对公共冲突治理过程的影响

冲突阶段 / 建构方式	潜在期	爆发期	升级期	平息期
挑火式	引发冲突	促使升级	阻碍化解	死灰复燃
灭火式	压制苗头	抑制爆发	强行平息	严防复发
化解式	发现苗头	寻找原因	整合利益	重建信任
转化式	寻找苗头	利用能量	结构创新	进化发展

（一）“挑火式”新闻议题建构对公共冲突治理过程的影响

“挑火式”新闻议题建构是通过夸大冲突性质的事件报道、激发愤怒情绪的情节描述、引发负面评价的价值语词和针对特定主体的归因定位，促使公共冲突爆发和蔓延。社会燃烧理论（social combustion theory）指出，任何事件的产生都必须具备三个基本条件：一是燃烧

① 陈红梅．框架与归因——关于乌鲁木齐“7·5 事件”报道的比较研究［J］. 新闻与传播研究，2010（1）．

材料，二是助燃剂，三是点火温度①。劳资矛盾、阶层分化、贫富差距、城乡分离、区域发展不平衡等人与自然、人与人的关系不协调问题是引发社会事件的燃烧材料，一般情况下这些燃烧材料不会自主燃烧，只有在达到了点火温度并施加助燃剂的情况下才会燃烧起来。在很多情况下，媒体“挑火式”的新闻议题建构方式正是发挥了燃烧“助燃剂”的作用。在公共冲突的潜在期，“挑火式”新闻议题建构将不具有冲突性质的议题建构成冲突性议题，促使冲突发生；在公共冲突的爆发期，“挑火式”新闻议题建构将有关冲突事项的新闻议题建构得更具冲突能量，推波助澜，导致冲突迅速升级；在公共冲突的升级期，“挑火式”新闻议题建构将有关冲突解决方案的议题妖魔化，为冲突化解设置障碍；在公共冲突的平息期，挑火式新闻议题建构已经平息或解决的冲突事项重新进行建构，导致冲突死灰复燃，卷土重来。

（二）“灭火式”新闻议题建构对公共冲突治理过程的影响

“灭火式”新闻议题建构是通过弱化冲突性质的事件报道、平息愤怒情绪的情节描述、消除负面评价的价值词语汇和归于客观的归因定位，抑制公共冲突的爆发和蔓延。其作用相当于火灾中的“灭火剂”。在公共冲突的潜在期，“灭火式”新闻议题建构将具有冲突性质的新闻事件建构成不具有冲突性质的议题，防止冲突发生；在公共冲突的爆发期，“灭火式”新闻议题建构将有关冲突事项的新闻议题建构得轻描淡写，抑制冲突升级的能量；在公共冲突的升级期，“灭火式”新闻议题建构宣扬有关冲突解决方案对冲突各方的各种好处，促使冲突平息和化解；在公共冲突的平息期，“灭火式”新闻议题建构宣扬冲突平息的和平景象，屏蔽有关冲突复燃的各种信息。应当指出的是，尽管“灭火式”新闻议题建构是通过抑制冲突能量来促使公共

① 牛文元．社会燃烧理论与中国社会安全预警系统（研究纲要）［R］．清华大学公共管理学院、中国行政管理学会“社会变革中突发事件应急管理”专家研讨会，2001-11-26.

冲突平息，但如果冲突能量未能得到适当的引导和释放，那么冲突能量的长期聚积就有可能导致更大冲突的爆发，对威胁社会的长治久安。

（三）“化解式”新闻议题建构对公共冲突治理过程的影响

“化解式”新闻议题建构是通过理性分析的事件报道、启发积极情绪的情节描述、引发正面评价的价值词语汇和指向冲突化解的归因定位，促使公共冲突的化解。其作用相当于消除引发火灾的“燃烧材料”，去除火灾的隐患。在公共冲突的潜在期，“化解式”新闻议题建构将发现的具有公共冲突苗头的新闻事件建构成常规性意见分歧议题，理性分析分歧的性质，促使和平解决分歧；在公共冲突的爆发期，“化解式”新闻议题建构理性表达冲突各方的诉求，寻找导致冲突爆发的主客观原因，使冲突能量得到适当释放，减弱冲突升级的能量；在公共冲突的升级期，“化解式”新闻议题建构积极寻找冲突各方的利益共同点，促使冲突各方建立互信，共同寻找冲突解决方案，促使冲突化解；在公共冲突的平息期，“化解式”新闻议题建构着眼于前冲突各方的关系和解和信任重建，使冲突化解局面得到巩固。与“灭火式”新闻议题建构不同，“化解式”新闻议题建构有几个明显的优势：第一，它使冲突能量得到理性释放，弥补利益表达“堰塞湖”的缺陷，起到了“社会安全阀”[①] 的作用；第二，媒体承担了冲突管理中具有权威性、公正性、可接受性及能力、技巧、经历的第三方角色[②]，成为公共冲突化解的“助推者（facilitator）”[③]；它使冲突各方的意见得到了充分的表达，各方的利益得到了充分的尊重和考虑，在此基础上形成的冲突化解方案更容易为冲突各方所接受和遵守，使得冲突化解局面能够得到长期维持。对于非制度和结构性缺陷引发的孤立性公共冲突，“化解式”新闻议题建构能发挥最佳的媒体

---

① L. 科塞．社会冲突的功能［M］．孙立平，译．北京：华夏出版社，1989：26－34.

② 常健．公共冲突管理［M］．北京：中国人民大学出版社，2012：194.

③ 常健，原珂．对话方法在冲突化解中的有效运用［J］．学习论坛，2014（10）．

作用。然而，如果导致公共冲突的原因不是孤立的事项，而与制度或结构上的缺陷有密切联系，那么“化解式”新闻议题建构在解决冲突方面就有些力不从心了。

（四）“转化式”新闻议题建构对公共冲突治理过程的影响

“转化式”新闻议题建构是通过理性深度的事件报道、启发探索精神的事件分析、引发深入思考的价值词语和指向导致冲突的结构性原因的归因定位，促使公共冲突能量转向结构调整和制度改革。与“灭火式”和“化解式”新闻议题建构不同，转化式新闻议题建构不是要抑制或消除冲突能量，而是要利用冲突能量的“火势”来消除或改变不利于社会和谐发展的结构性因素。与“挑火式”新闻议题建构不同，“转化式”新闻议题建构的目标不是要导致破坏性的社会后果，而是要将冲突能量引到建设性的方向，为社会的健康发展开拓创造更有利的环境。在公共冲突的潜在期，“转化式”新闻议题建构积极寻找和发现具有公共冲突苗头的新闻事件，将其建构成深度分析议题，指出其对社会构成的潜在威胁，引起有关各方的警觉；在公共冲突的爆发期，“转化式”新闻议题建构理性分析导致公共冲突的结构性原因，使冲突能量引向需要变革的事项；在公共冲突的升级期，“转化式”新闻议题建构积极利用冲突能量，鼓励冲突各方共同探索可行的变革方案，促使变革发生；在公共冲突的平息期，“转化式”新闻议题建构着眼于变革后出现的新问题，聚焦于弥补变革方案的不足，使变革成果得以巩固和完善。从冲突转化理论的角度来看，冲突是一种机会，“如果予以建设性治理便会成为变革的正面的和建设性的力量”[①]。“转化式”新闻议题建构正是要利用冲突能量的正面功能，将冲突过程作为社会自我学习、自我进化、走向成熟的机会，使冲突促进社会发展和变革。

① 常健，张晓燕．冲突转化理论及其对公共领域冲突的适用性［J］．上海行政学院学报，2013（4）．

四、建设鼓励有利于冲突化解和转化的媒体新闻议题建构的制度环境

如上所述，“挑火式”新闻议题建构会助燃公共冲突，“灭火式”新闻议题建构会压抑需要释放的公共冲突能量，而“化解式”和“转化式”新闻议题建构会促进公共冲突的化解和结构性变革。那么，应当如何创造条件来抑制“挑火式”新闻议题建构，鼓励“化解式”和“转化式”新闻议题建构呢？

如第一部分所分析的，媒体新闻议题建构会受到经济、社会、政治、行政和法治生存环境的深刻影响。因此，应当从媒体的现实生存环境入手，从横向和纵向两个维度建立相应的约束机制，如表4所示，提高“挑火式”新闻议题建构的经济和社会成本，充分抑制其动机和效果；同时，提高“化解式”和“转化式”新闻议题建构的经济和社会收益，使其动机获得充分鼓励。

表4　对媒体新闻议题建构的约束路径

领域	横向约束	纵向约束	领域
经济	强化行业自律	严格行业规制	行政
社会	社会舆论监督	惩治违法侵权	法治

（一）强化媒体行业自律，抑制媒体间恶性竞争

媒体新闻议题建构的重要经济动机，是获得商业收益和赢得同业竞争。如果在行业竞争中任凭那些偏好“挑火式”新闻议题建构的媒体肆意妄为，甚至在行业中坐强坐大，那么就会鼓励媒体行业进行没有底线的恶意竞争。因此，应当细化行业自律规范，强化行业内的相互监督，对采取“挑火式”新闻议题建构的媒体形成同业压力，甚至业内生存危机，以此来抑制媒体的“挑火式”新闻议题建构。

同时，媒体行业协会应当采取积极措施鼓励媒体的“化解式”和“转化式”新闻议题建构，在业内树立这些媒体的正面形象，使它们成为业内同行效仿的楷模。

（二）强化对媒体的社会舆论监督，鼓励媒体树立对社会负责的正面形象

媒体新闻议题建构的直接目标，是获得更多受众的关注。一些媒体为了提高受众对媒体的关注度，采取“挑火式”新闻议题建构方式，断章取义、夸大歪曲，甚至编制和散布谣言，唯恐天下不乱。因此，应当建立对媒体开展广泛的社会监督，对“挑火式”新闻议题建构的各种手段进行揭露，使其媒体形象受损，公众信任度降低，无法再吸引受众的关注度。同时，对采取“化解式”和“转化式”新闻议题建构的媒体要树立正面其形象，促使其媒体信任度提升，从而能吸引更多受众关注。

（三）严格对媒体的行业规制，加强政府对媒体违规行为的监管

政府对媒体的行业规制应当将媒体新闻议题建构方式纳入监管范围。监管部门应当深入分析“挑火式”新闻议题建构的各种手段及其特征，有针对性地建立相应的具体规制，并建立相应的监察机制，使“挑火式”新闻议题建构无处安身。同时，要防止对“灭火式”新闻议题建构的过度依赖，容纳化解冲突和转化冲突能量的各种方式，使“化解式”和“转化式”新闻议题建构获得更大生存空间。

（四）完善媒体侵权的相关立法，依法惩处媒体的违法侵权行为

“挑火式”新闻议题建构的许多手段会侵犯冲突当事方的各种法定权利和合法利益。应当结合“挑火式”新闻议题建构手段的侵权特征，建立相应的法律规范，对违法侵权行为依法予以惩处，保护冲突当事人的合法权益。

网络信访：概念辨析、实践演进与治理创新

张海波　　童　星　　倪　娟

摘　要： 网络信访是中国社会治理创新的一种实践，可以推动传统信访制度发生根本性变革，符合互联网大数据条件下政府治理变革的总体方向。“网络信访”这一概念缘起于政府信访工作的实践，涉及信访信息系统、网上信访、信访信息化和网络信访四种表述方式。追溯网络信访的实践演进，大体分两个阶段：一是基于政府专网的信访信息系统阶段，二是基于互联网的信访信息系统阶段。以淮安“阳光信访”为案例研究发现，网络信访的治理创新主要体现在方式创新、流程创新、功能创新和制度创新四个方面，在这四种创新中，方式创新和功能创新起核心作用。

关键词： 中国政治　信访　网络信访　社会治理　大数据　社会矛盾

改革开放近40年的巨大成就证明，中国治理的重要经验之一就是发展与稳定的平衡：稳定是发展前提，发展是稳定的保证。然而，在过去的十余年中，这一平衡遭受严重的挑战：一方面，由于发展的包容性不够，大量的个体、群体、阶层并不能从发展中获益，越发

作者简介：张海波，管理学博士，南京大学政府管理学院教授，南京大学社会风险与公共危机管理研究中心研究员，博士生导师；童星，南京大学政府管理学院教授，南京大学社会风险与公共危机管理研究中心主任；倪娟，南京大学社会风险与公共危机管理研究中心硕士生。

基金项目：教育部人文社会青年项目“群体性事件源头治理研究”（课题号12YJC810036）。
文章来源：《行政论坛》2016年第2期。

展，这些个体、群体和阶层的相对剥夺感就越强，发展并不能必然地保证稳定；另一方面，社会治理日益刚性化，大量的社会矛盾不能在制度内吸纳，反而被推向制度外，群体性事件数量逐渐上升，以至于“越维稳、越不稳”，畸形“维稳”不仅难以成为发展的前提，甚至会成为发展的障碍。①

在这一背景下，中央政府先后提出“社会管理创新”和“包容性发展”两大战略，以分别解决发展和稳定之间的张力。2013 年 12 月 10 日，党的十八届三中全会提出“创新社会治理体制”，以“治理”取代“管理”，进一步弱化社会管理的刚性，推动“维稳”向“维权”的转变，增强制度对社会矛盾的吸纳。② 2014 年 12 月，习近平在江苏调研时提出“四个全面”的重要论述：全面建成小康社会、全面深化改革、全面依法治国、全面从严治党，为处理发展与稳定的关系提供更为系统的指导思路。

网络信访是最近十年中国社会治理创新的一种实践探索，在提升社会矛盾化解的效率，推动“维稳”向“维权”的转变上发挥了积极作用，已经成为中国社会治理的重要创新。从缘起上看，网络信访先是电子政务的产物，近年来则顺应互联网大数据的趋势，有希望为传统信访制度带来革命性转变。

网络信访的创新实践既为社会治理的学术研究提供了新的观察素材，也为社会科学研究提出了新的问题。本文尝试初步厘清网络信访的概念，记录网络信访的实践演进，分析网络信访的创新之处与可能存在的缺陷，为下一步深入研究网络信访奠定基础。

一、网络信访的概念辨析

“网络信访”这一概念起于政府信访工作的实践，但到目前为

---

① 张海波，童星．社会管理创新与信访制度改革［J］．天津社会科学，2012（3）．

② 张海波．柔性社会管理［J］．中国行政管理，2013（6）．

止，表述并不统一，主要涉及四种表述方式。

（一）信访信息系统

2005年5月1日起实行的国务院《信访条例》只有第11条对网络在信访工作中的应用进行了简单表述：国家信访工作机构充分利用现有政务信息网络资源，建立全国信访信息系统，为信访人在当地提出信访事项、查询信访事项办理情况提供便利。县级以上地方人民政府应当充分利用现有政务信息网络资源，建立或者确定本行政区域的信访信息系统，并与上级人民政府、政府有关部门、下级人民政府的信访信息系统实现互联互通。《信访条例》当时并未明确提出"网络信访"的概念，而是使用了"信访信息系统"的说法，其中"提出信访事项""查询信访事项办理情况"都是今天网络信访的重要内容。

（二）网上信访

2007年3月10日，中共中央、国务院发布《关于进一步加强新时期信访工作的意见》，提出通过开通信访绿色邮政、专线电话、网上信访等多种渠道，引导群众更多地以书信、传真、电子邮件等书面形式表达诉求，确保民情、民意、民智顺畅上达。建立全国信访信息系统，设立国家投诉受理中心，为群众反映问题、提出意见建议、查询办理情况提供便利条件，为督查信访工作提供工作平台，确保群众诉求得到及时反映和有效处理。其中，除了信访信息系统，还增加了"网上信访"的说法。2014年7月，国家信访局对在信访实践中发展并沿用的信访业务术语进行了规范（参见《信访业务术语》），其中，第96条对"网上信访"进行了界定："公民、法人或其他组织通过党委和政府信访网站或电子信箱等反映情况，提出建议、意见或投诉请求，依法由有关国家机关处理的活动。"

（三）信访信息化

2014年2月25日，党的十八届三中全会之后，中共中央办公厅、国务院办公厅印发《关于创新群众工作方法解决信访突出问题的意见》，提出实行网上受理信访制度，大力推行阳光信访，全面推进信访信息化建设，建立网下办理、网上流转的群众信访事项办理程序，实现办理过程和结果可查询、可跟踪、可督办、可评价，增强透明度和公正性；逐步推行信访事项办理群众满意度评价，把办理工作置于群众监督之下，提高信访公信力。其中，信访信息化便是新的要求。根据这一要求，国家信访局于2014年发布《关于推进信访工作信息化建设的意见》，提出加快推进信访工作信息化建设的总体目标是：依托互联网建设一个全国统一的网上信访信息系统，进一步畅通和拓宽群众诉求表达渠道，规范信访事项受理办理程序，接受社会监督，推动相关地方和单位落实工作责任，维护正常信访秩序，形成加强和改进信访工作的良性循环。具体要做到“三化”：一是业务流程标准化。将《信访条例》规定的程序要求和工作职责，在系统中固化规范，实现法规流程的信息化再造。二是处理过程透明化。依托全国网上信访信息系统，实现信访事项网上流转、网上处理，处理环节、进展和结果公开透明，方便群众查询评价，接受社会监督。三是统计分析智能化。实现信息数据的自动采集、汇总和分析，提高信访数据深度运用的水平。

（四）网络信访

这种提法主要出现在地方信访制度改革的实践中。例如，2014年7月1日起实行的《广东省信访条例》使用了“网络信访”的概念，第三章第二节专门对网络信访进行了表述，其中第19条规定：“国家机关应当畅通网络信访渠道，加强宣传和引导，鼓励信访人通过网络信访渠道提出信访事项并提供相应的帮助。”第20条规定：

“县级以上人民政府应当建立本行政区域统一的网上信访平台，对信访事项进行登记、受理、分类、转交、转送、督办、反馈和公开，实现与上级人民政府、本级人民政府有关部门、下级人民政府及其他有关国家机关之间信访信息的互联互通，方便信访人在当地提出信访事项和查询信访事项办理情况。”

从上述政策要求来看，这四个概念的内涵相近，但又各有侧重：“信访信息系统”主要强调信息系统本身；“网上信访”主要强调通过网络表达信访诉求，主要是针对信访人而言；“信访信息化”主要强调政府信访工作的标准化、规范化、智能化，主要是针对信访受理部门而言；“网络信访”既包括信访人通过网络表达信访诉求，也包括信访受理部门通过网络办理信访诉求。比较来看，“网络信访”是相对完整的提法。因此，本文也采用“网络信访”这一表述，但这一表述也涵盖了“信访信息系统”“网上信访”“网络信访”三种表述。

二、网络信访的实践演进

2015 年 5 月 27 日，孟建柱前往国家信访局调研，大力推进网络信访工作，提出要“让数据多跑路、群众少跑腿”，要求最大限度地方便人民群众。这在一定程度上表明，网络信访从局部性的社会治理创新实践演进为全局性的社会治理创新实践。如果以网络信访的技术平台和治理创新为主线，这一过程可以大致划分为两大阶段。

（一）第一阶段，基于政府专网的信访信息系统

根据《信访条例》提出的建立信访信息系统的目标，在国家层面，国家发展改革委员会于 2006 年发布了《关于国家信访局全国信访信息系统一期工程项目建议书》，全国信访信息系统一期工程建设

工作得以启动。2007 年 1 月 1 日，全国信访信息系统上线并开展为期一年的试运行阶段。2008 年，全国信访信息系统优化版正式上线运行。2009 年和 2010 年，全国信访信息系统功能进一步完善，性能基本稳定。2011 年，根据全国信访信息系统一期工程建设进度，进行竣工验收。国家信访局 2009 年开通了网上投诉受理系统，受理三农、社保等部分专题。2013 年 7 月 1 日起，全面放开了网上投诉受理内容，信访人可以通过各级信访部门的网站进行投诉，半年时间内受理各类投诉为 14 万多件次。①

在地方层面，全国 29 个省（自治区、直辖市）、275 个地（市）和 1831 个县开通了相应的网上信访平台，上海、江苏、广东等 19 个省（自治区、直辖市）实现了省、市、县三级平台互联互通，228 个地（市）实现了市、县两级平台互联互通，135 个地市信访部门实现了与职能部门的互联互通。② 例如，上海市政府开通“中国上海”门户网站和“网上信访受理投诉中心”网站两个受理窗口，搭建起市信访办、97 个区县和市属部门、2200 个街道和区属部门组成的三级办理平台。

在这一阶段，信访信息系统依托的技术平台是政府专网，国家、省、市、县四级信访机构及相应的政府工作部门利用信访信息网络平台，实现互联互通、信息共享、网上办公，统一使用全国信访信息系统应用软件；以信访信息网络为平台，建立信访业务处理体系、督查督办管理体系、信访信息分析预测体系等。信访当事人则主要通过党委、政府领导信箱及信访部门网站提出信访事项。有统计数据显示，截至 2008 年，中央部委政府网站的普及率达到 96.1%，省市政府网

---

① 国家信访局门户网站网上投诉将于 7 月 1 日起全面放开受理内容［EB/OL］.［2013－06－30］. http：//news. xinhuanet. com/politics/2013－06/30/c_ 116343709. htm.

② 网上信访系统建设时间表出炉：年底前实现网上流转［EB/OL］.［2014－04－12］. http：//news. xinhuanet. com/legal/2014－04/12/c_ 126383341. htm.

站普及率达到100%，地市级政府网站普及率达到99.1%。[①] 这成为当时推行信访信息系统的基础。

虽然并无准确的统计数据对这一阶段的网络信访信息系统的效果进行评估，但从目前媒体公布的部分统计数据来看，效果并不显著。例如，全国网上信访数量从2009年的5万余件上升到2014年的14万件；2013年国家信访局和省、市、县三级党委、政府领导信箱及信访部门网站网上信访总量为248万件次，同比增加10.9%。[②] 这些统计数据显示，虽然网上信访的数量有所增加，但由于基于政府专网的信访信息系统对传统信访的办理方式和办理流程并无实质触动，在社会治理创新上的意义并不大。

（二）第二阶段，基于互联网的信访信息系统

2014年4月10日至11日，全国网上信访工作现场推进会在江苏省淮安市召开，借鉴淮安"阳光信访"的成功经验开发新的网上信访信息系统，提出以信息化建设和应用为突破口，全面推进网上信访工作，全面提升信访工作信息化水平，要求在2014年底基本建成基于互联网的全国网上信访信息系统，实现信访业务全部在网上流转。[③] 2015年1月1日，新的全国网上信访信息系统正式上线运行。同日，《信访事项办理群众满意度评价工作办法》正式实施。各省市也根据要求启动了新的网络信访信息系统建设。例如，吉林省按照国家信访局的统一部署，投入600余万元，在吉林全省建设新的信访信息系统，于2015年6月上线运行，并与全国信访信息系统联网。[④]

---

① 2008年中国省市政府网站普及率达100% [EB/OL]. [2009-01-12]. http://www.china.com.cn/abo utchina/txt/2009-01/12/content_17092406.htm.

② 网上信访系统建设时间表出炉：年底前实现网上流转 [EB/OL]. [2014-04-12]. http://news.xinhuanet.com/legal/2014-04/12/c_126383341.htm.

③ 全国网上信访工作现场推进会在江苏淮安召开 [EB/OL]. [2014-04-14]. http://politics.people.com.cn/n/2014/0414/c1001-24892052.html.

④ 吉林省政府新闻办召开关于网上信访工作情况新闻发布会 [EB/OL]. [2015-11-18]. http://www.gjxfj.gov.cn/2015-11/18/c_134827835.htm.

在新的全国网上信访信息系统中，用户通过互联网搜索即可找到，按照网页提示实名注册、登录后，就可以进入信访信息系统，提出投诉请求和意见建议，信访人在网上还可以实时了解信访事件办理进度，在规定时限内看到职能部门的答复意见，并进行满意度评价；如果对处理意见不满意的，系统会告知下一步的处理程序。

在这一阶段，网络信访是基于互联网的开放系统，政府信访受理机构既可以通过互联网受理、办理信访事项，信访当事人也可以通过互联网提交、查询信访事项，是完整意义上的网络信访。吉林省的统计数据显示："2015 年 1 至 10 月，吉林省信访局受理网上投诉 6524 件，同比增长了 8.2%；但全省县以上信访部门受理的信访总量同比却下降了 40.1%。这种升降对比显示，网上信访的增加可以减少来信、来访数量。"① 2015 年 1 月的全国统计数据显示，"网上信访量已占信访总量的 43.6%，超过 1/3 的省份网上信访量占到了总量的 50% 以上。北京、江苏、福建、江西、贵州等 30 个省（区、市）信访局（办）和新疆生产建设兵团信访局与国家信访信息系统实现了互联互通"②。"其中举报类信访事项信件占 25.8%，来访举报占 35.1%，而网络举报占到了 39.1%。"③ 这些数据显示，网络信访正逐渐成为信访的主渠道。

新的国家信访信息系统也提升了传统信访办理的效率。据统计，"通过国家信访信息系统，国家信访局向地方转送、交办的投诉事项按期办结率 68.5%，比之前提升了近 20 个百分点。湖南、山西等省份的办结率和答复率均在 80% 以上。"④ 吉林省的统计则显示，"自

① 吉林省政府新闻办召开关于网上信访工作情况新闻发布会 [EB/OL]. [2015 - 11 - 18]. http://www.gjxfj.gov.cn/2015 - 11/18/c_ 134827835.htm.

② 国家信访局：全国网上信访量已占信访总量的 43.6% [EB/OL]. [2015 - 06 - 29]. http://news.xinhuanet.com/politics/2015 - 06/29/c_ 127960174.htm.

③ 信访督察组长自曝督察过程中曾暗访地方不足 [EB/OL]. [2015 - 02 - 09]. http://news.xinhuanet.com/politics/2015 - 02/09/c_ 127472307.htm.

④ "让数据多跑路、群众少跑腿"——中国大力推动网上信访 [EB/OL]. [2015 - 05 - 30]. http://news.xinhuanet.com/2015 - 05/30/c_ 1115458430.htm.

2014 年以来，群众通过网上信访渠道提交的有效投诉及时受理率达 100% ，按期办理率达 93. 2% 。”①

在信访系统之外，司法系统也开始推行网络信访，这意味着网络信访由局部性的社会治理创新扩展为全局性的社会治理创新。2014 年 2 月 28 日，最高人民法院开通了网上申诉信访平台，受理属于最高人民法院依法处理的案件。平台采取外网受理、内网办理、外网答复的模式，当事人填写申诉信访信息，提交相应材料，完成网上申诉信访，之后可以随时随地查询申诉信访办理进程和反馈结果。该平台最大限度地避免了进京访、越级访、重复访。② 2014 年 5 月，最高人民法院又开通了远程视频接访系统，使用 17 套远程接访系统，实现与全国法院连通的远程视频接访，实现最高法、一审法院和信访当事人之间的三方沟通交流。申诉信访人可向案件一审法院或其住所地的基层法院提出申请，提交申诉材料。最高人民法院认为有必要的，也可主动通知信访当事人到当地法院进行远程视频接访。③ 统计数据显示，“最高人民法院的网络信访系统自 2014 年 5 月投入使用以来，已完成接谈 4100 余件；进京访批次和人次同比降低了 30% 。”④

三、网络信访的治理创新

在技术驱动社会变革的背景下，技术平台的演进可以推动政府治理的发展。从基于政府专网的信访信息系统到基于互联网的信访信息系统不仅是技术平台的演进，更是社会治理的创新。对实践演进的回

---

① 吉林省政府新闻办召开关于网上信访工作情况新闻发布会 [EB/OL]. [2015 - 11 - 18]. http：//www. gjxfj. gov. cn/2015 - 11/18/c_ 134827835. htm.

② 最高法开通网上信访、接访系统，进京访批次降低 30% [EB/OL]. [2015 - 07 - 02]. http：//legal. people. com. cn/n/2015/0702/c42510 - 27244083. html.

③ 最高法开通网上信访、接访系统，进京访批次降低 30% [EB/OL]. [2015 - 07 - 02]. http：//legal. people. com. cn/n/2015/0702/c42510 - 27244083. html.

④ 最高法开通网上信访、接访系统，进京访批次降低 30% [EB/OL]. [2015 - 07 - 02]. http：//legal. people. com. cn/n/2015/0702/c42510 - 27244083. html.

溯可以发现，网络信访社会治理创新的关键节点是对淮安“阳光信访”的强制推广。下面以淮安“阳光信访”为案例对网络信访的治理创新进行分析。

江苏省淮安市于2007年1月在全国率先自主研发了集信访投诉、查询、服务、督办、分析、管理等功能于一体的“阳光信访”综合服务管理系统，经过近十年的实践，效果显著。2014年4月11日，全国网上信访现场推进会在江苏淮安市召开，从侧面显示淮安“阳光信访”实践在全国网络信访实践中的样本地位。[①] 与传统信访相比，淮安“阳光信访”实践的创新可以总结为四个方面。

（一）方式创新

对于信访当事人而言，传统信访主要提供了来信、来访、来电三种方式，而淮安的“阳光信访”在提供网络信访渠道的同时，将四种渠道全部纳入“阳光信访”系统在线流转。这在一定程度上改变了信访当事人的信访方式。近些年，由于社会矛盾总量的增加和信访制度的定位偏差，信访方式成为信访制度“异化”的“催化剂”，[②] 主要体现在三个方面：一是来访量（尤其是集体访数量）增加。对于信访当事人而言，虽然来访的成本高于来信、来电，但可以发挥“人多力量大”的优势，尽管集体上访有可能影响社会秩序，但也会“法不责众”。对于信访受理机构而言，来访具有现实的、即时的压力，“闹大”的集体上访更容易引起重视，也就更容易得到解决。二是重复上访的增加。重复上访主要体现为信访当事人就同一信访诉求到同一或不同信访受理机构反复上访，增加了信访总量的积压，影响了信访化解的效率，也可能会误导对信访形势的判断，导致社会矛盾的夸大化和过度“维稳”。三是“越级上访”，尤其是“进京上访”，

① 全国网上信访工作现场推进会在江苏淮安召开［EB/OL］.［2014－04－14］. http://politics. people. com. cn/n/2014/0414/c1001－24892052. html.

② 张海波，童星. 信访制度改革与社会管理创新［J］. 天津社会科学，2012（3）.

逐级倒逼的究责机制将“维稳”的责任压向基层，而基层又难以从源头上化解信访问题，只能采取“拦访”“截访”等“稳控”方式，容易压制和激化社会矛盾。对“越级上访”“进京上访”的敏感又反过来进一步强化了信访当事人对“越级上访”“进京上访”的偏好。对信访当事人而言，网络信访不仅提供了一种交互的信访方式，来信、来访、来电三种方式都进入网络信访系统在线流转也意味着这三种方式的效果将等同于网络方式的效果，可以在一定程度上引导信访当事人减少对集体访、重复访、越级访的依赖。对于信访受理机构而言，“阳光信访”系统对四种信访方式进行了整合，既有利于减少信访的重复登记，避免对信访形式的误判，也有利于减少集体访的现场压力和进京访的倒逼压力。

（二）流程创新

“阳光信访”系统集成了自动判重、在线流转、自动督办、综合分析等功能。信访部门可以在线进行催办督办、通报批评和进行满意度回访与调查。“阳光信访”系统设置了“红灯”“黄灯”“绿灯”三种标识，对信访事项进行分类识别、实时监测、动态跟踪，提醒承办单位及时办理，避免案件逾期未决。例如，一个信访事项录入“阳光信访”系统后：45 天以内显示为“绿灯”；45～60 天临近期限内显示为“黄灯”；超过 60 天显示为“红灯”。“阳光信访”系统每天智能检索逾期事项，定时自动向“红灯”单位发出督办短信，督促尽快办理。这种流程优化可以在很大程度上减少传统信访办理流程存在的信访事项“久拖不决”的问题。

（三）功能创新

淮安“阳光信访”除了传统的信访办理功能，还具有社会风险预警和绩效评价两种功能。2012 年，“阳光信访”系统引入风险管理方法，建立了信访社会矛盾风险预警指标体系。这一指标体系包括

145 个指标，其中 63 个指标和信访办理的具体行为有关，如漏排矛盾、逾期办结等，82 个指标与信访制度有关。对这 145 个指标赋予不同权重，并计算“综合信访指数”，进行信访社会矛盾风险预警。指数得分区间在 0 ~ 1 之间：0.55 以上为一级指数；0.45 ~ 0.55 为二级指数；0.35 ~ 0.45 为三级指数；0.35 以下为四级指数。指数数值越大，所处等级越高。如果预警结果为一级指数，淮安市信访局直接向淮安市委、市政府摘报和全市通报，并由淮安市信访稳定工作领导小组派出督导组跟踪督查，限期三个月内整改到位。如果预警结果为二级指数，淮安市信访局直接向淮安市委、市政府分管领导摘报，同时向县（区）委、政府主要领导通报，限期两个月内整改到位。如果预警结果为三级指数，淮安市信访局直接向县（区）党委、政府分管领导通报。如果预警结果为四级指数，则纳入日常管理，每周比对动态，对稳定指数波动较大的发出预警信息。[①] 近年来，由于“信访不信法”“不闹不解决，小闹小解决，大闹大解决”等现象的出现，大量的社会矛盾都向信访部门汇聚，因此“综合信访指数”不仅可以对信访矛盾风险进行预警，在很大程度上也可以对社会矛盾风险进行预警。

此外，“阳光信访”系统可以通过群众满意度反馈进行绩效评价。在中国的政治情境中，信访工作本质上就是群众工作，因此群众是否满意就是信访工作绩效评估的主要标准。淮安“阳光信访”系统的群众满意度由 145 个指标构成：评价对象是信访事项承办单位；评价内容是信访事项办理情况；评价主体是反映事项的信访当事人。评价结果分为四级：一级得分在 90 分以上，为“很好”等次；二级得分在 75 ~ 90 分之间，为“较好”等次；三级得分在 60 ~ 75 分之间，为“一般”等次；四级得分在 60 分以下，为“较差”等次。[②]

---

① 吴冰沁．信访信息化研究——以淮安“阳光信访”为例［D］. 南京：南京大学，2015.

② 吴冰沁．信访信息化研究——以淮安“阳光信访”为例［D］. 南京：南京大学，2015.

（四）制度创新

2011 年，淮安市将“阳光信访”延伸至县（区）、乡（镇、街道），将全市 9 个县（区）、147 个乡镇（街道）和 400 多个职能部门全部纳入“阳光信访”系统。为推动“阳光信访”系统的实施，淮安市委、市政府进行了制度创新，陆续出台了《阳光信访工作流程》《阳光信访录入办理规则》《阳光信访矛盾排查工作规范》等文件，推动“阳光信访”的制度建设。2013 年 5 月，淮安市委、市政府又制定出台《关于进一步加强信访信息化建设提升信访工作科学化水平的意见》，将“阳光信访”的实践进一步制度化，确保“阳光信访”的可持续发展。

在全国范围内，其他省市的网络信访实践也有一些方式创新或流程创新。例如，吉林省信访局确定了网络优先的工作原则，即群众通过网上反映的问题优先受理、优先办理、优先复查复核、优先督查督办。[①] 针对一些上了年纪或久居农村的基层群众不会网上信访甚至不会操作电脑的问题，广东惠州建立了网上信访代理制度，指派专人指导有需要的群众网上信访，进一步扩大网上信访的影响力。[②] 辽宁、上海、山东等省份要求在 1 个工作日内完成投诉事项的落地接受和转送交办，减少信访事项在信访部门的流转时间。[③]

比较来看，在上述网上信访的创新实践中，方式创新与功能创新最为核心，这两种创新不仅可以推动传统信访制度的根本变革，也符合大数据驱动政府治理能力提升的发展趋势，最为值得鼓励和探索。一直以来，传统信访制度的“人治”色彩备受诟病，民意汲取功能

---

① 吉林省政府新闻办召开关于网上信访工作情况新闻发布会［EB/OL］.［2015 - 04 - 18］. http：//www. gjxfj. gov. cn/2015 - 11/18/c_ 134827835. htm.

② 广东惠州：不会网上信访？代理员帮您［EB/OL］.［2015 - 04 - 13］. http：//www. gjxfj. gov. cn/2015 - 04/13/c_ 134145978. htm.

③ 人民网．国家信访局：网上信访占全国信访总量近一半［EB/OL］.［2015 - 06 - 26］. http：//news. 0898. net/n/2015/0626/c231187 - 25374497. html.

与权利救济功能混杂，以至于出现“信访不信法”“不闹不解决、小闹小解决、大闹大解决”等现象，不仅异化了信访制度，也严重干扰了司法体系的权威，与全面依法治国的目标相悖，加剧了发展与稳定之间的张力。因此，传统信访制度改革的核心在于功能改革，只有将信访的权利救济功能剥离出去，强化信访的民意汲取与信息收集功能，信访制度才有长期存在的必要。从信访制度改革的远期目标来看，信访制度完全可以成为具有中国特色的政治参与制度。一方面，信访制度已经成为民意汲取的主要渠道，上访的人群主要是社会底层群众，规模达几百万；另一方面，我们现行的政治体制中底层群众的代表性有待提高，无论是政治层面的各级人大代表中底层群众的比例，还是政策层面底层群众的参与都存在不足。这意味着，如果将信访制度汲取的底层民意导向政治和政策层面，则信访制度将会成为现行政治参与制度之外非常必要且有益的补充。在现行政治体制没有根本性转变的情况下，简单取消信访制度并不符合实际，这是因为传统信访制度可以取消，但信访诉求所代表的底层民意并不会被取消，如果没有了信访制度，他们会寻找新的表达渠道，进而催生类似于传统制度的新渠道，但这并不能从根本上解决问题。对信访制度改革的讨论必须尊重中国政治体制的两大现实：一是人民代表大会制度，谁来代表底层民意。二是集权制，中央如何监督地方的施政。这两个问题都和信访制度改革紧密相关。

传统信访制度的功能缺陷在于“民意汲取功能弱，而权利救济功能强”。互联网恰好有解决这一问题的潜力。这是因为，民意汲取功能是整体性的，而权利救济功能是个体性的。传统信访制度长于实现个体性的权利救济，党政领导在面对个体性的信访事项时，无论是“青天文化”“当官不为民做主，不如回家卖红薯”等传统价值观的影响，还是因“缠访”“闹访”被逼无奈，一旦通过“批示”解决了问题，信访制度就具有了权利救济功能。“信访不信法”“不闹不解决、小闹小解决、大闹大解决”本质上就是信访制度权利救济功能所造成的。相比之下，民意汲取功能则可以超脱于个体性的权利诉求，而关注这些个体性权利诉求背后的共同诉求，以及这些诉求背后的政策偏差和制度缺陷。由于传统信访制度中民意的诉求非常分散，信访事项涉及的部门繁多，而信息难以汇总，因此很难实现民意汲取功能的整体性。互联网恰好是这样一个介质：它在个体化的权利诉求和“权力”之间增加了一个“隔离层”；同时又在分散的民意之间增加了一个“连通器”；可以同时做到既弱化信访制度的权利救济功能，又增强传统信访制度的民意汲取功能。

当然，这样做也有两大风险：一是互联网数据是冰冷的，可能会影响对底层群众的利益受损的真实感知，弱化与底层群众的感情联系，滋长“懒政”“殆政”；二是一旦剥离了权利救济功能，信访人可能获得的收益就会降低，信访制度在一定程度上会失去对底层群众的吸引力，影响其民意汲取能力。这就需要流程创新和制度创新的支撑，提升网络信访的效率，增强公众对网络信访的满意度，引导公众更多地通过网络信访表达利益诉求。由此可见，在网络信访的创新实践中，方式创新、流程创新、功能创新、制度创新是“四位一体”的，方式创新与功能创新是核心，前者是手段，后者是目标；流程创新、制度创新是支撑，确保方式创新与功能创新具有可持续性。

此外，网络信访并不能解决当前信访制度的所有问题，尤其是涉法涉诉问题，一些省市也对这一问题进行了明确规定。例如，吉林省规定，“属于各级人民代表大会及其常委会、法院、检察院职权范围内的，已经或者应该通过诉讼、仲裁、行政复议等法定途径解决的，网络信访不予受理。”①

网络信访的研究和实践探索目前还处于起步阶段，仍需进一步发

① 吉林省政府新闻办召开关于网上信访工作情况新闻发布会［EB/OL］.［2015－11－18］. http：//www. gjxfj. gov. cn/2015－11/18/c_ 134827835. htm.

展，学界需要对网络信访将引起传统信访制度的根本性变革有充分的认识。网络信访所产生的互联网大数据对于发挥信访制度的民意汲取和信息收集至关重要，这些应该成为下一阶段网络信访研究的方向和重点。

环境冲突及其治理

中国大气污染冲突解决机制

——一项多方法混合研究

杨立华　　杨文君

摘　要： 大气污染冲突已成为大气污染治理的一个新挑战，如何有效化解大气污染冲突是我国当前面临的难题。基于24个典型案例、实地访谈和问卷调查的资料与数据，本文探讨了大气污染冲突解决机制，并有两个主要发现。第一，有效的大气污染冲突解决机制包括十个要素，它们是多元主体的协同参与、协调合作的共赢理念、及时充分的信息公开、问题解决导向的行动策略、规范充分的利益表达、及时正向的诉求回应、合理的冲突控制、有效实施的解决方案、有效的第三方干预和外在规则的支持，且这个机制对大气污染冲突解决成功有显著正向作用。第二，冲突事件的类型、层级和规模对大气污染冲突解决机制和解决结果间的关系具有调节作用：在预防型大气污染冲突中，信息公开对冲突解决成功有更加显著的作用；在低层级或大规模大气污染冲突中，多主体参与对冲突解决成功有更加显著的作用。本文的发现对大气污染冲突的预防和解决具有积极意义，对其他类型环境冲突的治理也具有相当的参考价值。

关键词： 大气污染　公共冲突　冲突解决　多元协同治理

作者简介：杨立华，北京航空航天大学公共管理学院教授、博士生导师、环境治理与可持续性科学研究所所长；杨文君，北京航空航天大学公共管理学院硕士研究生。

项目基金：本研究得到国家社会科学基金重大项目“环境污染群体性事件及其处置机制研究”（14ZDB143）、国家自然科学基金面上项目“基于复杂系统观的北方草原区多元协作性治理绩效评价及其改进对策研究”（71373016）、北京市社会科学规划项目“北京市大气污染多元协作治理机制研究”（14JGB039）以及北京市宣传部百人工程支持计划项目“北京市大气污染区域协同治理机制研究”（32295301）资助。

文章来源：《中国行政管理》2017年第11期。

一、导言

人类生活中总是充满了许许多多和各种各样的矛盾和冲突，这是普遍存在和不可避免的。随着大气污染的加剧以及社会公众环保意识的持续提高，由大气污染引发的冲突事件更是频频出现。例如，2015年10月，广东春湾数千村民围堵工厂抗议私建垃圾焚烧场；2016年6月，湖北仙桃数百居民走上街头抗议垃圾焚烧厂项目。因此，大气污染冲突已经对我国社会的整体稳定和发展产生了重要影响，如何解决由大气污染引发的冲突也已成为备受社会关注的话题之一。

大气污染的公共产品属性决定了大气污染冲突属于公共冲突，虽然国内外学者已经对各类公共和社会冲突及其解决进行了较多的探讨，但还没有专门讨论大气污染冲突及其解决的系统深入研究。以往关于公共和社会冲突及其解决的研究主要从冲突的作用这一视角展开，一种观点认为冲突只具有破坏性作用，因此应该寻找合理的方法以减轻或消除冲突产生的原因；①② 另一种观点认为冲突造成的影响可正可负，适当的冲突能够起到“社会安全阀”的作用，③ 因此应该进行“冲突的制度化调节”。④ 近年来，越来越多的学者也开始从解决路径、制度体系、治理结构等方面探讨冲突解决。例如，蓝志勇将冲突解决的路径归纳为传统冲突解决方案与替代性冲突解决方案；⑤ 常健等提出要建

---

① Roger Fisher. *International Conflict and Behavioral Science* [M]. New York: Basic Books, 1964: 91 - 109.

② Dean G. Pruitt. *Indirect Communication and the Search for Agreement in Negotiation* [J]. Applied Social Psychology, 1971, 1 (3): 205 - 239.

③ 刘易斯·科塞．社会冲突的功能［M］．孙立平，译．北京：华夏出版社，1989.

④ Ralf Dahrendorf. *Class and Class Conflict in Industrial Society* [M]. California: Stanford University Press, 1959: 135.

⑤ Zhiyong Lan. *A Conflict Resolution Approach to Public Administration* [J]. Public Administration Review, 1997, 57 (1) 27 - 35.

立彼此衔接、功能互补的有机体系；① 赵伯艳认为要引入社会组织进入公共冲突的治理结构；② 杨立华等在大量实证研究的基础上强调了专家学者在冲突解决中的重要作用。③④ 现有的研究虽然都在一定程度上对如何更有效地解决冲突进行了探讨，但总体上仍显缺乏与散乱，⑤ 并且多集中于面向政府的政策呼吁，较缺乏具有可操作性的研究成果，⑥ 也较少从解决机制的角度讨论有效的冲突解决机制究竟如何等问题。

本文以大气污染冲突为例，将大气污染冲突解决作为研究对象，主要回答以下两个问题：（1）成功的大气污染冲突解决机制是什么，包括哪些主要要素；（2）是否存在其他因素影响该机制对大气污染冲突解决的效果。本文的发现将不仅有助于促进大气污染冲突的成功解决，而且能为我国其他领域冲突解决的相关理论研究和政策制定提供参考。

二、概念界定、机制构建与研究假设

（一）概念界定

当前学术界还没有对大气污染冲突进行明确定义。基于对冲突理论的分析，本文认为大气污染冲突具有如下特征：第一，大气污染冲突是由大气污染或者由大气污染引发的利益纷争而导致的冲突；第二，冲突各方存在利益、需求、目标、信念、价值、态度等方面的矛

① 常健，许尧. 论公共冲突管理的五大机制建设［J］. 中国行政管理，2010（9）.

② 赵伯艳. 我国公共冲突治理结构的困境、问题和对策——引入社会组织的视角［J］. 社团管理研究，2012（11）.

③ Lihua Yang，Zhiyong Lan，Shuang He. *Roles of Scholars in Environmental Community Conflict Resolution：A Case Study in Contemporary China*［J］. International Journal of Conflict Management，2015，26（3）316－341.

④ 杨立华，李晨，陈一帆. 外部专家学者在群体性事件解决中的作用与机制研究［J］. 中国行政管理，2016（2）.

⑤ 蓝志勇，钟玮，黄衔鸣. 冲突解决视角对公共管理的启示［J］. 中国行政管理，2012（2）.

⑥ 李亚. 中国的公共冲突及其解决：现状、问题与方向［J］. 中国行政管理，2012（2）.

盾与对立；[①] 第三，冲突各方开展了具体的对立行为；[②③] 第四，冲突形式多样化。此外，大气污染冲突不仅具有负面功能，还可能具有相当的正面功能，[④] 如提高人们的环保意识和认识，促进清洁能源的生产等。

（二）理论基础与机制构建

本文是关于大气污染冲突解决机制的理论探讨和实证研究。研究首先通过已有的理论和经典文献构建大气污染冲突解决机制，并据此提出主要的研究假设，之后再借助实证资料对构建的解决机制进行系统验证。理论界已经对包括大气污染冲突在内的各种集体行动进行了诸多探讨。政治过程模型强调“社会运动是运动内部因素与外部（环境）因素交互作用的结果”[⑤]；梅鲁奇关注主体、手段和环境约束，认为包括环境运动在内的冲突是一群抱有特定目标的人在特定环境的约束下采取特定手段的产物；[⑥] 奥斯特罗姆的制度分析和发展框架（IAD 框架）进一步从外部变量、行动情景和行动者以及他们之间的互动等角度讨论集体行动的影响因素；[⑦] 杨立华的“产品—制度”分析框架（PIA 框架）强调行动者的特征、行动者之间的博弈

---

① Niklas Swanstro? m. *Regional Cooperation and Conflict Management: Lessons from the Pacific Rim Department of Peace and Conflict Research* [M]. Sweden: Uppsala University, 2002: 31.

② Hubert M. Blalock. *Power and Conflict: Toward A General Theory* [M]. New York: SAGE Publications, 1989.

③ 乔纳森·H. 特纳. 现代西方社会学理论 [M]. 范伟达，译. 天津：天津人民出版社，1988：175.

④ 盖奥尔格·齐美尔. 社会是如何可能的 [M]. 林荣远，译. 广西：广西师范大学出版社，2002：223－241.

⑤ 冯仕政. 西方社会运动理论研究 [M]. 北京：中国人民大学出版社，2013.

⑥ Alberto Melucci. *The New Social Movements: A Theoretical Approach* [J]. Social Science Information, 1980, 19 (2) 199－226.

⑦ Elinor Ostrom. *Understanding Institutional Diversity* [M]. NJ: Princeton University Press, 2005. 1－9.

以及外部环境等要素对公共治理结果的影响;[①] 普鲁特等将社会冲突促发因素归纳为冲突各方的特征、冲突各方的相互作用、外在社区的特征以及情境的特征。[②] 通过整合以上理论，本文主要从冲突方、行动过程和外部环境三个方面构建大气污染冲突解决机制，并试图对每个方面做出详细的解释。

首先，在冲突方方面，普鲁特等分析了“零和思维”作为冲突方的特征对冲突发生和冲突解决的影响。[③] 在普鲁特的基础上，本文结合 IAD 框架和 PIA 框架，认为冲突方的类型、可获得的信息以及选择的行动策略也影响着冲突解决的结果。[④⑤] 认知的缺乏和信息的缺失会导致参与者越发愤怒，进而激化矛盾。[⑥] 策略的运用也已被证明对冲突解决有着显著的影响,[⑦] 不同策略的运用会带来截然不同的结果。例如，争斗策略可能会带来暴力，退让或妥协策略可能会给冲突带来转机，问题解决策略有助于当事方探讨如何取得进展与解开纠结。[⑧] 冲突方选择的行动策略既反映着价值认同、认知水平和情感取向，又接受着认知、信息等的影响。[⑨]

其次，在行动过程方面，任何冲突都是在行动者间的互动与博弈

---

① 杨立华．构建多元协作性社区治理机制解决集体行动困境——一个“产品—制度”分析（PIA）框架［J］. 公共管理学报，2007（2）.

② 狄恩·普鲁特，金盛熙．社会冲突：升级、僵局及解决［M］. 王凡妹，译．北京：人民邮电出版社，2013：25.

③ 狄恩·普鲁特，金盛熙．社会冲突：升级、僵局及解决［M］. 王凡妹，译．北京：人民邮电出版社，2013：27.

④ 杨立华．构建多元协作性社区治理机制解决集体行动困境——一个“产品—制度”分析（PIA）框架［J］. 公共管理学报，2007（2）.

⑤ 艾米·R. 波蒂特，马可·A. 詹森，埃莉诺·奥斯特罗姆．共同合作：集体行为、公共资源与实践中的多元方法［M］. 路蒙佳，译．北京：中国人民大学出版社，2013：38.

⑥ 徐祖迎，朱玉芹．邻避冲突治理的困境、成因及破解思路［J］. 理论探索，2013（6）.

⑦ William A. Gamson. *The Strategy of Social Protest*［M］. Belmont：Wadsworth Publishing，1990.

⑧ 李亚．创造性地解决公共冲突［M］. 北京：人民出版社，2015：33－35.

⑨ Charles Tilly. *From Mobilization to Revolution*. New York：Random House，1978：156.

过程中生长和消亡的,[①] 但这一博弈过程却一直被作为内部盒子未得到充分的讨论。鉴于此,本文参考阿尔蒙德的政治过程理论,[②] 将博弈的内部盒子具体化为利益表达、诉求回应、冲突控制以及解决方案的制定与实施四个方面。利益表达是冲突博弈过程的开始,尽可能地让每个人进行表达,满足他们的欲望和冲动是避免集体行为发生的关键。[③] 但利益得到表达并不代表一定得到倾听,[④] 只有当利益诉求需要获得及时、主动的回应时[⑤]才有助于冲突的缓和与解决。然而,聚到一起的个体具有冲动、轻信、情绪化等非理性特点,[⑥] 容易根据他人做出行为或信念的改变,[⑦] 而冲突升级又会使冲突解决的难度大幅度增加。[⑧] 因此,控制冲突规模、稳定局势与行动者情绪至关重要。此外,相对剥夺理论也揭示了期望与实际之间的落差对集体行动的影响,[⑨⑩] 因此制定并实施令各方满意的解决方案,尽可能地缩小冲突各方的价值期望与实际之间的落差对冲突解决也非常重要。

---

① 杨立华.构建多元协作性社区治理机制解决集体行动困境——一个“产品—制度”分析(PIA)框架[J].公共管理学报,2007(2).

② 加布里埃尔·A.阿尔蒙德,宾厄姆·鲍威尔.比较政治学:体系、过程和政策[M].曹沛霖,译.北京:东方出版社,2007.

③ A M Lee, H Blumer. *Principles of Sociology* [M]. New York: Barnes Noble, 1969: 67-121.

④ 常健,许尧.论公共冲突管理的五大机制建设[J].中国行政管理,2010(9).

⑤ 翁士洪,叶笑云.网络参与下地方政府决策回应的逻辑分析——以宁波PX事件为例[J].公共管理学报,2013(4).

⑥ 古斯塔夫·勒庞.乌合之众——大众心理研究[M].冯克利,译.北京:中央编译出版社,2005:3-130.

⑦ 戴维·迈尔斯.社会心理学(第八版)[M].侯玉波,译.北京:人民邮电出版社,2006.

⑧ 狄恩·普鲁特,金盛熙.社会冲突:升级、僵局及解决[M].王凡妹,译.北京:人民邮电出版社,2013:122.

⑨ James C. Davies. *Toward a Theory of Revolution* [J]. American Sociological Review, 1962, 27(1).

⑩ Ted R. Gurr. *Why Men Rebel* [M]. Princeton: Princeton University Press, 1970: 24.

最后，外部因素对冲突的解决也具有很大的影响，[①] 这包括第三方干预和外部规则两个方面。有效的第三方干预会深刻地改变冲突双方的交往，[②] 可以缓和气氛，挽救谈判僵局，使沟通得以重新开始或加强。[③] 一般认为，第三方进行有效的干预必须具备四个条件，即权威性、公正性、可接受性以及一定的沟通能力和技巧。[④⑤] 外部规则又包括正式规则和非正式规则。正式规则可以为冲突的解决提供法律依据，非正式规则也广泛地影响着人们的行为选择。[⑥] 例如，奥斯特罗姆认为致力于制度的改革往往是制定或调整影响行动情境的规则，并提出了影响行动情景的七种规则；[⑦] 斯威德勒也发现文化作为信仰系统和资源，影响着人类行动的目标、手段以及行动策略的选择。[⑧]

基于上述文献和理论的综合分析，本文从冲突方、行动过程和外部环境三个方面提出大气污染冲突解决机制的十个要素，如表 1 所示，分别是：多元主体的协同参与、协调合作的共赢理念、及时充分的信息公开、问题解决导向的行动策略、规范充分的利益表达、及时正向的诉求回应、合理的冲突控制、有效实施的解决方案、有效的第三方干预以及外在规则的支持。

---

① 杨立华．沙漠化治理制度变迁的设计原则：基于中国北方五省的实证分析［J］．公共管理评论，2011（1）．

② 狄恩·普鲁特，金盛熙．社会冲突：升级、僵局及解决［J］．王凡妹，译．北京：人民邮电出版社，2013：276.

③ Roy J. Lewichi, J. A. Litterer, J. W. Minton, etc. Negotiation (2nd edition) ［M］. Irwin McGraw-Hill, 1994.

④ 理查德·E. 沃尔顿．冲突管理［J］．李建国，译，河北科技出版社，1992：105-106.

⑤ Ronald J. Fisher. *Methods of Third-Party Intervention. Germany*: *Wissenschaftliche Einrichtungen* ［M］. Berghof Forschungszentrum für Konstruktive Konfliktbearbeitung, 2001: 157-182.

⑥ 道格拉斯·C. 诺思．制度、制度变迁与经济绩效［M］．杭行，译．上海：上海人民出版社，2012：62.

⑦ 李文钊．多中心的政治经济学——埃莉诺·奥斯特罗姆的探索［J］．北京航空航天大学学报（社会科学版），2011（6）．

⑧ Ann Swindler. *Culture in Action*: *Symbols and Strategies* ［J］. American Sociological Review, 1986, 51 (2) 273-286.

表1 大气污染冲突解决机制的十个要素及解释

要素	解释
P1：多元主体的协同参与	尽可能多地吸纳不同类型的主体的参与，各个主体之间相互协作，为大气污染冲突的解决提供更广阔、包容、开放的沟通平台
P2：协调合作的共赢理念	冲突各方以问题解决为共识，主张采用对话、谈判等协商合作的手段解决问题
P3：及时充分的信息公开	在政策制定或项目建设前进行充分的信息公示，邀请公众参与，尊重公众的态度，考虑公众的合理建议
P4：问题解决导向的行动策略	强调解决问题，设法找到致使双方产生分歧的问题，呼吁双方共同解决
P5：规范充分的利益表达	利益诉求表达渠道的多样、畅通
P6：及时正向的诉求回应	对利益诉求做出及时、积极、正向的回答
P7：合理的冲突控制	控制冲突规模、稳定行动者情绪、防止冲突升级
P8：有效实施的解决方案	解决方案需要得到冲突各方的认同，需要被有效地贯彻和执行
P9：有效的第三方干预	第三方需要具备冲突化解的能力、技巧与经验，并进行客观中立的干预
P10：外在规则的支持	正式规则和非正式规则提供大气污染冲突解决的处理依据和行为准则

通过分析这十个要素之间的关系，本文进一步构建出了大气污染冲突解决机制，如图1所示。具体而言，首先，冲突方选择的行动策略关系着他们之间的互动与博弈结果，问题解决导向的行动策略有助于产生友好的互动与博弈，而消极被动的行动策略容易导致敌意或无果的互动；其次，行动策略的选择又接受着认知和信息的影响，协商共赢性思维和完美全面的信息有助于产生积极主动的行动策略，零和性思维和不对称信息容易导致消极的行动策略；再次，在博弈的内部盒子中，利益表达和诉求回应是不断循环的交流和沟通过程，真诚、有效的交流和沟通将有助于对立的观点或不同的利益得到有效整合，进而形成令各方满意的解决方案；此外冲突也需要得到合理的控制，如果冲突事件未得到有效控制，冲突事件就容易发生升级，严重的升

级会导致冲突事件愈演愈烈；最后，有效的第三方干预和完善的外部规则支持有助于大气污染冲突的成功解决。

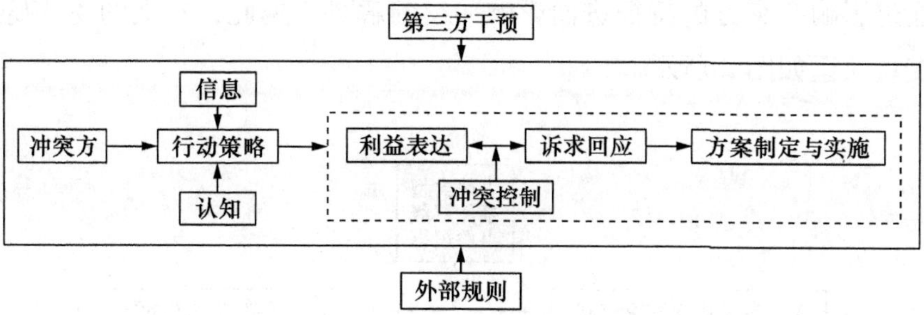

图1　大气污染冲突解决机制

（三）研究的主要问题与假设

本文的主要研究问题是：在构建成功的大气污染冲突解决机制的基础上，对其进行实证检验并考察其对冲突解决结果的影响；同时考察冲突事件的类型、层级和规模对大气污染冲突解决机制运行效果的调节作用。已有的研究指出，不同类型的冲突事件有着不同的特征，反应型冲突关注污染的大小、污染的责任认定和赔偿，而预防型冲突的焦点主要是环境风险，即污染发生的可能性，[①] 因此对于不同类型的冲突事件，往往需要采用略有不同的方式予以化解，如果对不同类型冲突事件采取完全相同的解决方式，则容易激化原有的矛盾和冲突。[②] 从行政层级角度看，已有研究发现事件层级会通过影响外部学者跟进事件的及时程度和参与深度进而影响冲突事件的解决，在高层

① 汪伟全．风险放大、集体行动和政策博弈——环境类群体事件暴力抗争的演化路径研究［J］．公共管理学报，2015（1）．

② 于建嵘．当前我国群体性事件的主要类型及其基本特征［J］．中国政法大学学报，2009（6）．

级的冲突事件中外部学者的参与效果更好。[①] 此外，社会认同理论认为群体成员的自尊连在一起，每个群体成员坚信自己的团体比别人的更优秀，因此群体比个体更容易产生冲突，[②] 这就说明事件规模也会通过影响冲突方的特征进而影响冲突的解决。据此，本文的主要研究变量关系如图 2 所示。

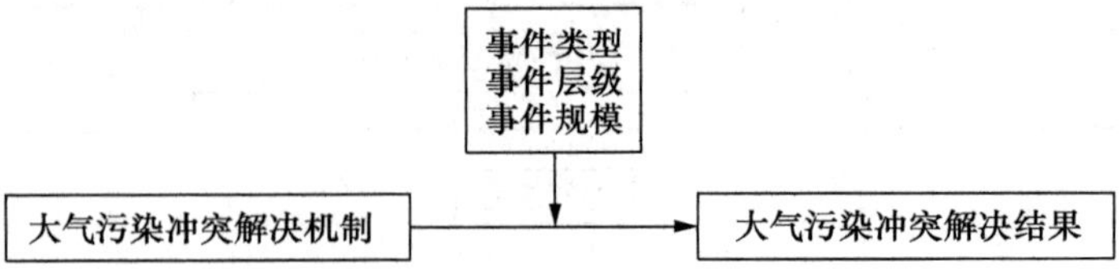

图 2　变量关系图

根据如上变量关系图，本文的两个主要研究假设是：

假设 1：表 1 所列的大气污染冲突解决机制对冲突的成功解决有显著正向作用。

假设 2：冲突事件的类型、层级和规模对大气污染冲突解决机制和解决结果间的关系有调节作用。

三、实证研究方法与数据

（一）方法选择

本文的实证检验主要采取跨案例研究、实地访谈和问卷调查相结合的混合研究方法。作为一种经验性研究方法，跨案例研究能够很好

---

① 杨立华，李晨，陈一帆．外部专家学者在群体性事件解决中的作用与机制研究［J］．中国行政管理，2016（2）．

② 恩·普鲁特，金盛熙．社会冲突：升级、僵局及解决［M］．王凡妹，译．北京：人民邮电出版社，2013：38.

地解释"怎么样"和"为什么"的问题,[①] 有助于清晰地展现大气污染冲突解决机制及事件的类型、层级和规模对冲突解决的作用。据此，本文首先收集了24个大气污染冲突案例，并通过多人共同编码的方式对这24个案例进行要素编码，将案例资料转化为相应的数值型数据并进行量化分析，以得出令人信服的、有较大实践意义的结论。其次，为了进一步获得一手数据，以对案例分析结果进行再次检验，我们又进行了实地访谈和问卷调查研究。

（二）跨案例研究

1. 案例选择与数据收集

本文共选取了24个大气污染冲突案例，案例选取的主要标准有：（1）冲突的起因与大气污染有关；（2）事件中涉及的主体采取了具体的冲突行动；（3）所选案例包括不同解决结果的冲突事件，确保案例间可以进行横向对比；（4）所选案例拥有较多相关资料的支持；（5）所选案例涵盖不同类型、层级和规模的大气污染冲突事件，以分析事件类型、层级和规模对解决结果的影响。为了保证案例资料的可靠性与完整性，我们注重多重证据来源，并在使用过程中进行灵活调整与组合。案例的证据来源包括学术论文、图书专著、学位论文、政府文件、报纸新闻以及网络资料。需要指出的是，因为不同案例的规模不同、引起的社会关注度也不同，因此并非所有案例都拥有上述所列的每项证据来源的支持。

2. 案例编码与变量测量

案例编码中最常遇见的问题就是因个人喜好和结果偏向性等主观因素而造成的编码偏见和误差,[②] 为了解决这一问题，本文的案例编

① 罗伯特·K. 殷. 案例研究：设计与方法（第三版）[M]. 海涛，译. 重庆：重庆大学出版社，2009：8－9.

② 杨立华，申鹏云. 制度变迁的回退效应和防退机制：一个环境领域的跨案例分析[J]. 行政评论，2015（1）.

码由五人共同完成，并且编码人均对冲突和冲突解决有较为深入的了解。首先，五位编码人基于已有的文献和理论共同讨论案例编码的评价标准，包括事件类型、层级、规模的划分标准，大气污染冲突解决机制的衡量标准和解决结果的界定标准。在确定案例编码的评价标准之后，五位编码人基于案例资料和评价标准进行独立编码，并形成初步编码结果。其次，将初步编码结果进行对比，并计算编码信度，①若编码信度高于80%，则统一形成最终编码结果；若编码信度低于80%，则重新进行编码。在重新编码过程中，五位编码人首先讨论是否需要修改评价标准，若需要修改，则重新寻找理论基础和支撑文献，继续之前的编码过程；若不需要修改，则寻找编码信度低于80%的原因，并进行反复的讨论和重新编码，直到编码信度高于80%。最后，形成案例的最终编码。

在变量测量方面，我们主要从事件类型、事件层级、事件规模、大气污染冲突解决机制以及大气污染冲突解决结果五个维度对案例数据进行编码测量。事件类型包括反应型和预防型，反应型是指污染已经发生，预防型则为污染尚未发生。② 事件层级以行政层级为划分标准，将区县及以下层级定义为低层级，将市级及以上层级定义为高层级。事件规模的划分参考群体性突发事件规模的划分标准，③ 根据事件中参与的人数分为小规模（5～29人）、中规模（30～299人）和大规模（300人以上）。大气污染冲突解决机制包括十个要素，分别记作P1、P2、P3、P4、P5、P6、P7、P8、P9、P10，采用高（H）、中（M）、低（L）、资料缺失（ND）衡量各个要素在案例中的符合程度。高是指这一要素在案例中得到完全体现；中是指案例并不完全

---

① 迈尔斯·休伯曼．质性资料的分析：方法与实践［M］．张芬芬，译．重庆：重庆大学出版社，2008：90－92.

② 刘德海．环境污染群体性突发事件的协同演化机制——基于信息传播和权利博弈的视角［J］．公共管理学报，2013（4）．

③ 陈月生．群体性突发事件与舆情［M］．天津：天津社会科学院出版社，2005：16.

体现这一要素，但在一定程度表现出一致的方面；低表明案例完全没有体现该要素；资料缺失表明案例资料未能显示出案例是否体现这一要素。大气污染冲突解决结果根据是否解决问题和是否具有正面社会效益①分为成功（S）、半成功（HS）与失败（F）。成功是指事件最终达成协议并得以实施，并达成公平合理的正面社会效益；半成功是指部分解决了导致冲突的问题，有一定的正面社会效益；失败是指既没有达成协议，也没有产生正面的社会效益。此外，为了更准确地描述变量之间的关系，本文通过赋值的方式将大气污染冲突案例资料的定性描述转换为相应的数值型数据，即高（H）记为3、中（M）记为2、低（L）记为1、成功（S）记为3、半成功（HS）记为2、失败（F）记为1。

（三）实地访谈方法

为获取大气污染冲突经历者及专家对大气污染冲突解决的看法，我们进行了22个深度访谈。被访对象为经历过大气污染冲突或对冲突相当了解的人员，他们包括非政府组织成员（1名）、政府官员（3名）、企业职员（4名）、专家学者（4名）以及村民居民（10名）。为确保被访对象能够真实地表达自己的想法，我们主要采用半结构化的访谈方式，从三个方面对被访对象进行提问：一是被访对象的基本信息；二是被访对象对大气污染冲突及冲突解决的看法，以“您认为怎样才能更好地解决大气污染冲突”为中心问题展开提问；三是被访对象对本文研究假设的看法，包括“您认为多种不同社会主体的参与对大气污染冲突解决有什么影响”等11个问题。为尊重被访对象的意愿以及保护他们的隐私，本文对被访对象作匿名处理。同时，本文设访谈记录编码前八位为访谈日期，随后的字母为被访谈对

① Lihua Yang, Zhiyong Lan, Shuang He. *Roles of Scholars in Environmental Community Conflict Resolution: A Case Study in Contemporary China* [J]. International Journal of Conflict Management, 2015, 26 (3): 316-341.

象代码。

（四）问卷调查方法

问卷调查的目的是定量化地直接考察人们对本文所构建的大气污染冲突解决机制的看法，通过测量被调查者对机制中的十个要素的认同程度来检验机制的合理性。由于冲突事件的类型、层级和规模属于大气污染冲突的自身特征，难以通过问卷获得真实数据，因此本文在问卷中暂时没有设置这部分问题，但通过前面提到的实地访谈弥补了这一不足。问卷调查主要由经过系统培训的招募成员于 2015 年 4 月至 9 月间进行。问卷的发放和回收地区集中在北京主要区县，被调查者包括参与过大气污染冲突或对大气污染冲突具有相当了解的农民、个体工商户、公司人员、政府人员以及非政府组织成员等。共发出问卷 2600 份，回收 2183 份，总回收率为 83.9%，有效问卷 1937 份，有效率为 88.7%。利用 SPSS21.0 分析工具，我们对问卷结果进行了可靠性检验，得出基于标准化项的 Cranach's Alpha 值为 0.970，可见问卷质量符合要求。

四、结果

（一）案例分析的结果

1. 大气污染冲突解决机制分析

大气污染冲突 24 个案例的主要要素编码结果如表 2 所示。从编码结果中可以初步发现：当大气污染冲突解决机制的十个要素多为“高（H）”或“中（M）”的时候，大气污染冲突解决的结果较多为“成功（S）”；当这十个要素多为“低（L）”的时候，大气污染冲突解决的结果较多为“失败（F）”。

表 2　大气污染冲突的事件特征、机制和结果的编码

案例名称		起止时间	地点	类型	层级	规模	冲突解决机制										结果
							P1	P2	P3	P4	P5	P6	P7	P8	P9	P10	
1	玉林大气污染损害赔偿案	1994—2000	广西玉林	反应型	高	小	L	H	L	L	H	H	H	M	M	H	HS
2	居民诉煤炭公司污染案	2000—2001	北京房山	反应型	低	小	H	M	M	L	H	L	M	M	M	M	HS
3	如皋白蒲农田污染案	2004	江苏白蒲	反应型	低	小	M	H	H	H	H	H	H	H	H	H	S
4	浙江东阳画水事件	2005	浙江画水	反应型	低	大	M	L	M	M	L	L	L	M	M	L	HS
5	高安屯抗议垃圾填满场事件	2005—2009	北京通州	预防型	低	大	M	H	M	H	H	M	H	H	H	H	S
6	厉夫金浒铜利铸造案	2006—2007	江苏铜山	反应型	低	小	M	H	H	L	M	M	H	H	H	H	S
7	厦门 PX 事件	2007	福建厦门	预防型	高	大	H	H	M	H	H	H	H	H	H	H	S
8	六里屯垃圾厂抗议事件	2006—2009	北京海淀	预防型	低	大	H	M	M	H	H	M	H	H	H	H	S
9	刘珉诉哈药总厂大气污染案	2007—2014	黑龙江哈尔滨	反应型	高	小	M	M	M	L	L	L	M	L	L	L	F
10	新河村胶带厂空气污染事件	2008	北京通州	反应型	低	中	L	L	H	L	L	L	L	L	L	L	F
11	虎门发电厂废气污染	2008—2010	广东虎门	反应型	低	中	H	H	H	M	M	M	H	H	M	M	HS
12	钟祥化工污染赔偿案	2008—2011	湖北钟祥	反应型	低	小	L	M	M	M	M	L	M	M	L	L	F
13	三河甲岭镇粉尘污染事件	2008—2013	河北三河	反应型	低	中	H	M	H	L	L	L	M	L	M	L	HS

续表

	案例名称	起止时间	地点	类型	层级	规模	冲突解决机制										结果
							P1	P2	P3	P4	P5	P6	P7	P8	P9	P10	
14	广州番禺事件	2009	广东番禺	预防型	低	大	M	H	M	H	H	H	H	H	H	H	S
15	南山发电一厂环境污染事件	2009	广东佛山	反应型	高	中	M	H	H	H	H	M	H	M	H	M	S
16	凤翔血铅事件	2009	陕西凤翔	反应型	低	大	H	L	L	M	M	M	L	H	H	M	HS
17	三黄庄村民围堵化工厂事件	2009—2010	北京通州	反应型	低	小	L	M	L	L	L	L	M	L	L	L	F
18	阿苏卫垃圾厂抗议事件	2009—2010	北京昌平	预防型	低	大	H	H	M	H	H	H	H	H	H	H	S
19	施昌阳诉旺兴饮料公司案	2010—2011	湖北枝江	反应型	高	小	M	M	M	M	H	H	H	H	H	H	S
20	大连 PX 事件	2011	辽宁大连	预防型	高	大	H	H	L	H	M	M	H	H	H	H	HS
21	嘉兴“2·24”大气污染事件	2011	浙江嘉兴	反应型	高	大	M	H	M	H	H	H	H	H	H	H	S
22	西二旗垃圾场抗议事件	2011—2012	北京海淀	预防型	低	大	H	H	M	H	H	H	H	H	H	H	S
23	松江抗议建垃圾焚烧厂事件	2012	上海松江	预防型	低	中	H	M	M	H	H	M	M	H	H	M	S
24	余杭中泰垃圾焚烧厂事件	2014	浙江杭州	预防型	高	大	L	L	L	L	L	L	L	M	L	L	F

注：P1～P10 指要素 1～10，H＝高；M＝中；L＝低；ND＝资料缺失；S＝成功；HS＝半成功；F＝失败。

为了具体检验大气污染冲突解决机制的十个要素的不同符合程度对大气污染冲突解决结果是否有显著差异，我们采用了非参数检验的统计分析方法，见表3（a）。结果表明，在0.01的显著性水平下，对十个要素的不同满足程度会导致不同的冲突解决结果。Spearman相关分析结果如表3（b）所示，在0.05的显著水平下，除要素3外，其他九个要素都与冲突解决结果有非常显著的正相关关系，但在0.2的显著水平下，要素3还是显著的，也就是说要素3对冲突解决结果有一定的影响，但并不十分显著。具体原因可能与冲突的不同类型有关，这将在后面具体分析。为了从整体上考察十个要素所组成的冲突解决机制对冲突结果的影响，我们选择均值作为机制的综合指标，并对其和冲突解决结果进行了线性回归分析。结果表明：大气污染冲突解决机制整体上对冲突解决结果有显著正向影响，如表3（c）所示；也就说，大气污染冲突解决机制越完善，冲突解决结果为成功的概率越高。

表3　大气污染冲突解决机制与结果的分析

（a）非参数检验[a]

分组变量	P1	P2	P3	P4	P5	P6	P7	P8	P9	P10
卡方	10.765	8.663	5.572	13.178	15.297	15.507	12.676	13.483	19.328	15.638
K-W显著性	0.005	0.013	0.062	0.001	0.000	0.000	0.002	0.001	0.000	0.000

（b）Spearman相关性

	P1	P2	P3	P4	P5	P6	P7	P8	P9	P10
结果	0.416*	0.613**	0.293	0.744**	0.815**	0.775**	0.734**	0.766**	0.914**	0.802**
(Sig.)	(0.043)	(0.001)	(0.165)	(0.000)	(0.000)	(0.000)	(0.000)	(0.000)	(0.000)	(0.000)

（c）线性回归分析[b]

		R^2	调整后 R^2	D-W检验	F	非标准化系数	T	显著性
模型		0.844	0.836	1.959	118.649			0.000
系数	机制					1.189	10.893	0.000

注：a检验变量为结果；b因变量为结果；P1～P10指要素1～10。**代表的是置信区间在1%上的显著性水平（双尾）；*代表的是置信区间在5%上的显著性水平（双尾）。

2. 冲突事件的类型、层级和规模的影响分析

在大气污染冲突解决机制整体上对冲突解决成功有显著正向作用的基础上，本文进一步探究了冲突事件的类型、层级和规模对大气污染冲突解决的影响。因类型、层级和规模属于类别变量，而冲突解决机制是连续变量，故本文采用分组回归分析的方法，① 对类型、层级和规模分别作调节效应分析。结果如表 4 所示：反应型和预防型两组回归方程均具有显著效应，表明类型具有显著的调节作用；低层级和高层级两组回归方程均具有显著效应，表明层级具有显著的调节作用；小规模、中规模和大规模三组回归方程均具有显著效应，表明规模具有调节作用。

表 4　事件类型、层级、规模的调节效应分析

		调整后 R^2	F	非标准化系数 B	显著性
类型	反应型	0.810	60.683	1.236	0.000
	预防型	0.788	30.822	1.124	0.001
层级	低	0.832	75.126	1.174	0.000
	高	0.836	36.750	1.228	0.001
规模	小	0.913	74.690	1.462	0.000
	中	0.669	9.067	1.169	0.057
	大	0.812	44.182	1.000	0.000

在冲突事件的类型、层级和规模对大气污染冲突解决机制和解决结果之间的关系有显著调节作用的基础上，我们进一步分析它们如何影响大气污染冲突解决机制和结果之间的关系。通过分别控制冲突事件的类型、层级和规模，我们发现：控制类型的作用后，要素 3 与结果之间的相关关系发生变化，表明类型对要素 3 与结果之间的关系有

① 温忠麟，侯杰泰，张雷．调节效应与中介效应的比较和应用［J］．心理学报，2005（2）．

影响；控制层级的作用后，要素 1 与结果之间的相关关系发生变化，表明层级对要素 1 与结果之间的关系有影响；控制规模的作用后，要素 1 与结果之间的相关关系发生变化，表明规模对要素 1 与结果之间的关系有影响。(见表 5)

表 5　事件类型、层级、规模对大气污染冲突解决机制与结果之间关系的影响

	解决结果		
	控制类型后的偏相关	控制层级后的偏相关	控制规模后的偏相关
P1	0.451* （0.031）	0.525** （0.010）	0.458* （0.028）
P2	0.584** （0.003）	0.628** （0.001）	0.645** （0.001）
P3	0.452* （0.030）	0.292 （0.176）	0.384 （0.070）
P4	0.677** （0.000）	0.727** （0.000）	0.705** （0.000）
P5	0.787** （0.000）	0.819** （0.000）	0.822** （0.000）
P6	0.747** （0.000）	0.803** （0.000）	0.761** （0.000）
P7	0.675** （0.000）	0.722** （0.000）	0.742** （0.000）
P8	0.728** （0.000）	0.770** （0.000）	0.743** （0.000）
P9	0.931** （0.000）	0.941** （0.000）	0.937** （0.000）
P10	0.796** （0.000）	0.840** （0.000）	0.815** （0.000）

注：** 代表的是置信区间在 1% 上的显著性水平（双尾）；* 代表的是置信区间在 5% 上的显著性水平（双尾）。P1 ~ P10 指要素 1 ~ 10。

为了进一步了解类型、层级如何影响要素 1、要素 3 与解决结果之间的关系，本文作分层卡方检验。结果如表 6 所示：在反应型大气污染冲突中，信息公开对解决结果无显著影响，而在预防型大气污染冲突中，信息公开对解决结果有显著作用；在低层级大气污染冲突中，多主体参与对解决结果有显著影响，而在高层级大气污染冲突中，多主体参与对解决结果无显著作用；在中、小规模的大气污染冲突中，多主体参与对解决结果无显著影响，而在大规模大气污染冲突中，多主体参与对解决结果有作用。

表 6　不同类型、层级和规模下 P1、P3 与结果的卡方检验

		P1：多元主体的协同参与		P3：及时充分的信息公开	
		卡方	显著性	卡方	显著性
类型	反应型	—	—	2.542	0.637
	预防型	—	—	9.000	0.011
层级	低	17.440	0.002	—	—
	高	4.500	0.343	—	—
规模	小	7.556	0.109	—	—
	中	6.667	0.155	—	—
	大	11.087	0.026	—	—

注：P1 指要素 1，P3 指要素 3。

（二）访谈与调研数据的进一步验证

1. 访谈数据的验证

在实地访谈的过程中我们发现，多元主体的协同参与、协调合作的共赢理念、及时充分的信息公开、问题解决导向的行动策略、规范充分的利益表达、及时正向的诉求回应、合理的冲突控制、有效实施的解决方案、有效的第三方干预以及外在规则的支持均会影响大气污染冲突的解决，并且冲突事件的类型、层级和规模会调节大气污染冲突解决机制和解决结果之间的关系。为了节省论文篇幅，我们将相关典型讨论整理在了表 7 之中。

表 7　大气污染冲突解决机制、事件类型和层级调节作用的访谈结果

部分事例	发现
“如果 NGO 在其中能够提供很好的平台，也会避免群体性事件的出现”（20150402HXX） “媒体主要是给政府部门施加压力，强迫政府抓紧制定措施，具有监督促进的作用。对于学者，当政府没有技术处理的时候，就会请教专家学者”（20150906YPC）	多元主体的参与能够帮助解决问题

续表

部分事例	发现
“最好的办法还应该是通过谈判来解决，达成多方的共识”（20160613YGY） “假如双方都有共赢理念的话，在冲突出现之前他们会进行沟通协商，就能在冲突的萌芽阶段把问题解决了”（20161211LZG）	达成共识，共赢理念
“没有，没人告诉。只是说蒙老百姓，准备怎么处理，怎么弄，弄什么空气检测，其实老百姓什么都不知道”（20161118NFQ） “（当）民众觉得了解不到真实信息的时候，那这个民怨或民愤就会激发，对政府这种不相信、不确定的情感就会激发，那就很可能冲突就会（产生）”（20161211CC）	信息公开影响冲突的产生和解决，信息公开力度不足
“你坐在桌面上，双方对讲。你说我答，我说你答，看谁有道理？你说得过我，我服你；你说不过我，必须你服我”（20160628YJF） “不同的行动可能会促进或阻碍冲突的解决，谈判协商更有助于冲突的解决，暴力围堵可能会阻碍冲突解决”（20160818CD）	强调交流、沟通、协调、理性，主张问题解决的行动策略
“仅有信息公开是不够的，还需要利益的表达、利益的诉求”（20161211LZG） “我们没有机会也没有资格去跟企业交涉，企业他也不会跟我们交涉！也不和我们见面！那（镇政府）去过不知多少次，那没用的！”（20160626HDG）	强调利益诉求的表达，表达不通畅
“你们答复我们了我们再走啊，不答复我们不走！”（20160628YJF） “光反映有什么用？有些事就是（拖）……镇长都换到一届、两届呢”（20160628PJZ）	要求答复、回应
“就要轰动！就要轰动，我们这个事情就得到解决！”（20160628YJF） “你作为政府，第一个职责就是想尽办法把老百姓先稳定情绪，如果真有群体性事件的话，老百姓容易出现过激行为”（20160805CSJ）	“闹大”“维稳”
“我们到镇政府，（镇政府没有解决）到市政府；市政府没有解决，我们就到省政府，省政府还没有解决，我们就上北京！”（20160628YJF） “如果事情解决了，我们村民是不会再闹事的”（20160628LDJ）	要求有效地解决问题
“（第三方）最大的作用应该是促使甲方和乙方回到谈判桌上进行谈判，通过自己的努力进行说服让他们到谈判桌上”（20160613GTF） “当冲突事件发生以后，双方可能会处于一种不理智的情况，有可能会感情用事。如果引入第三方呢，能够降低这种危害程度”（20160614THP）	第三方干预有助于促进人气污染冲突的解决

续表

部分事例	发现
“对于与侵权有关的冲突，需要基于法律和权利来解决；对于第二类（还没有发生、可能会发生的冲突），我们提倡通过建立共赢的意识来解决”（20150603LY） “以法律为准绳，像很多政府部门说的，我们一切以法律为标准”（20161211CC）	法律法规的支持、非正式规则的支持
“不同类型的（冲突事件）对冲突的解决还是不同的。规模也是一样，规模越大，参与的人数也就越多，涉及的主体也越多”（20161211LZG） “越是经济发达地区和开放的城市，那么多元主体的参与就会越明显，越是闭塞贫困的地方，那这个（多元）参与肯定就是有限的”（20161211CC）	事件的类型、层级、规模的调节作用

2. 问卷数据的验证

对问卷数据的统计分析表明，有超过50%以上的被调查者“同意”或“比较同意”大气污染冲突解决机制的十个要素，要素4被认为是最重要的（有72.9%表示认同），而要素7被认为最不重要，但也有超过55%认为表示认同，见表8。如果将后面的“一般”等选项也考虑进去，我们将“非常同意”赋值为2、“比较同意”赋值为1、“一般”赋值为0、“比较不同意”赋值为-1、“非常不同意”赋值为-2，然后将各个选项所代表的分数乘以选择对应选项的人数，得到五个数值，最后把这五个值相加则得出了因子得分。结果显示，要素4仍然被认为是最关键的因素，而要素7则仍是最不重要的因素。

表8　大气污染冲突解决机制的问卷调查结果

	非常同意	比较同意	前两项合计	一般	比较不同意	非常不同意	因子得分
P1：多元主体的协同参与	27.4	41.2	68.6［6］	23	5.1	1.8	2340［8］
P2：协调合作的共赢理念	24.9	43.7	68.6［6］	23.9	5.0	1.3	2372［7］
P3：及时充分的信息公开	35.6	36.0	71.6［4］	22.5	3.7	1.0	2552［3］

续表

	非常同意	比较同意	前两项合计	一般	比较不同意	非常不同意	因子得分
P4：问题解决导向的行动策略	30.4	42.5	72.9［1］	21.8	3.8	0.5	2612［1］
P5：规范充分的利益表达	35.0	37.6	72.6［2］	20.4	3.9	1.8	2546［4］
P6：及时正向的诉求回应	30.9	41.7	72.6［2］	20.5	4.1	1.2	2566［2］
P7：合理的冲突控制	21.9	33.4	55.3［10］	28.6	9.6	4.5	1568［10］
P8：有效实施的解决方案	30.4	39.8	70.2［8］	21.8	5.1	1.4	2424［5］
P9：有效的第三方干预	23.9	36.2	60.1［9］	29.7	6.8	1.7	1968［9］
P10：外在规则的支持	33.0	36.4	69.4［5］	22.6	5.4	1.1	2400［6］

注：［1］到［10］为排序。

五、讨论

（一）大气污染冲突解决机制的再解释及其理论贡献和政策价值

近年来，随着大气污染冲突的频繁产生，大气污染冲突解决的研究迫在眉睫，然而当前学术界还没有对这一问题进行专门的讨论，因此本文在经典理论和实证数据的基础上，构建并验证了大气污染冲突解决机制。

从理论视角来看，本文的发现弥补了当前对大气污染冲突和一般冲突解决机制研究的不足，拓展了大气污染以及冲突解决领域的相关理论和研究。首先，从大气污染研究领域来看，以往的研究只是讨论了大气污染的防治对策、区域合作等问题，①② 并未对大气污染冲突

① 赵新峰，袁宗威．京津冀区域政府间大气污染治理政策协调问题研究［J］．中国行政管理，2014（11）．

② 谢宝剑，陈瑞莲．国家治理视野下的大气污染区域联动防治体系研究——以京津冀为例［J］．中国行政管理，2014（9）．

及解决进行深入探讨，本文率先提出并深入研究了这一问题，具有开创性的意义。其次，从冲突解决研究领域来看，本文不仅为今后有关大气污染冲突解决的研究提供了理论参考，而且也为其他相关冲突的研究提供了新的逻辑框架。特别地，本文构建的大气污染冲突解决机制包括了冲突方、行动过程、外部环境三个方面，为理解冲突解决提供了一个更为系统和全面的分析路径和框架，也为促进多元协作性治理①、协同治理②等理论的发展做出了贡献。再次，本文构建的大气污染冲突解决机制回答了 IAD 框架和 PIA 框架中没有具体阐明的互动或博弈的“黑匣子”问题，并将这个“黑匣子”具体化为利益表达、诉求回应、冲突控制和解决方案的制定和实施。虽然这些发现在以往不同学者的研究中已经得到了不同程度的强调，但都比较零散，没有形成系统的理论。例如，孙立平曾经指出利益表达是互动和博弈的开始；③ 蓝志勇等指出对合理利益诉求进行迅速、忠实、无偏见的回应必不可少；④ 韩志明指出“闹大”一定程度上能发挥“倒逼”机制的作用，使一些紧迫问题得到解决，⑤ 但普鲁特指出冲突规模超出一定的范围则容易导致冲突的螺旋式上升；⑥ 科塞也指出冲突是冲突双方实现利益诉求的工具，一旦这种利益诉求得以实现，冲突双方就不再有利可图。⑦ 我们率先将以上学者所零散提到的这些要素综合了起来，形成了一个较为系统的分析框架，并得到了实证研究的系统检

---

① 杨立华，鲁春晓．中国航空应急管理困境解决的多元协作性治理模型［M］//航空航天法律与管理专刊．北京：中国法制出版社，2011：157－172.

② 叶大凤．协同治理：政策冲突治理模式的新探索［J］．管理世界，2015（6）．

③ 孙立平．博弈：断裂社会的利益冲突与和谐［M］．北京：社会科学文献出版社，2006：32－36.

④ 蓝志勇，钟玮，黄衔鸣．冲突解决视角对公共管理的启示［J］．中国行政管理，2012（2）．

⑤ 韩志明．利益表达、资源动员与议程设置——对于“闹大”现象的描述性分析［J］．公共管理学报，2012（2）．

⑥ 狄恩·普鲁特，金盛熙．社会冲突：升级、僵局及解决［M］．王凡妹，译．北京：人民邮电出版社，2013：150.

⑦ 刘易斯·科塞．社会冲突的功能［M］．孙立平，译．北京：华夏出版社，1989.

验，为今后进一步深入研究奠定了基础。

本文的发现对大气污染冲突或其他类型社会冲突的实际解决也具有重要的现实指导意义。首先，本文提出了影响大气污染冲突解决的十个主要要素，管理者可以根据这十个要素在冲突事件解决过程中的符合程度预判冲突事件的未来发展，从而采取更有效的行动或制定更可行的政策来成功解决冲突事件。我们的研究表明，若这十个要素在冲突事件解决过程中均表现为高，那么冲突解决的结果为成功；若这十个要素均表现为低，那么冲突解决的结果为失败；若这十个要素表现为或高或低，那么冲突解决的结果将取决于这十个要素的综合表现。在对冲突事件的未来发展有了初步的判断之后，管理者可以采取相应的行动来促进冲突的成功解决。例如，若管理者发现“规范充分的利益表达”在冲突事件解决过程中表现为低，而其他要素均表现为高，那么管理者最重要的工作就是建立通畅规范的利益表达渠道。其次，本文构建的大气污染冲突解决机制也可以为其他社会主体提供行动原则。虽然迈尔斯认为有必要借助第三方的力量将冲突引向具有建设性的解决途径，[①] 但并非所有的第三方干预都是积极的。第三方无效或低效的干预容易导致二阶冲突，使冲突解决的难度大幅度增加，[②] 而且第三方的强势干预可能会打断已经启动的冲突解决方案，激化本来已经冷却的冲突，导致冲突各方的关系更加恶化。[③] 因此，第三方需要具备冲突化解的能力、技巧与经验，并能够在恰当的时机进入冲突解决的过程中，进行客观中立的干预。

---

① 戴维·迈尔斯. 社会心理学（第八版）［M］. 侯玉波，译. 北京：人民邮电出版社，2006.

② 常健，韦长伟. 当代中国社会二阶冲突的特点、原因及应对策略［J］. 河北学刊，2011（3）.

③ Jeffrey Z. Rubin. *Models of Conflict Management*［J］. Journal of Social Issues，1994，50（1）.

（二）冲突事件的类型、层级和规模的调节作用及其理论贡献和政策价值

以往的研究一直将冲突事件的类型、层级和规模视为冲突事件的自身特征，也有学者发现不同类型的冲突事件具有不同的特征，[①] 但并没有继续探讨这种不同对冲突解决结果的影响。本文较深入地讨论了冲突事件的类型、层级和规模对大气污染冲突解决的影响，并发现它们对大气污染冲突解决机制和解决结果间的关系具有调节作用。我们发现，在不同类型的大气污染冲突中，信息公开对冲突成功解决的作用不同，在预防型的大气污染冲突中，信息公开对冲突解决成功具有更加显著的影响；在不同层级或规模的大气污染冲突中，多主体参与对冲突成功解决的作用不同，在低层级或大规模的大气污染冲突中，多主体参与对冲突解决成功具有更加显著的影响。本文的这些发现丰富了大气污染冲突解决的研究视角，也拓展了对事件类型、层级和规模的讨论，具有较强的理论意义。

本文的发现也为政府有效解决大气污染冲突提供了如下启示。首先，我们发现在预防型大气污染冲突中，信息公开对冲突解决成功具有更为显著的影响。这一发现有助于政府在不同类型的大气污染冲突解决中把握重点。对于预防型大气污染冲突，政府应特别关注信息的公开，邀请利益相关方参与决策，并听取他们的合理建议；对于反应型大气污染冲突，政府应特别注意受害方正当利益的表达与补偿。其次，我们发现在低层级的大气污染冲突中，多主体参与对冲突解决成功具有更为显著的影响。这主要因为当前许多地方政府为了 GDP 的增长与企业达成合作，变环境保护为“污染保护”，对污染情况与冲突尽可能的隐瞒和压制，对受害者的利益诉求也倾向于采取拖延、欺

---

① 汪伟全．风险放大、集体行动和政策博弈——环境类群体事件暴力抗争的演化路径研究［J］．公共管理学报，2015（1）．

骗、“截访”等不当的“维稳”行为。[①] 在这种情况下，多元主体的参与有助于增强该事件的社会关注度，从而迫使地方政府以积极态度解决大气污染冲突。根据这一发现，地方政府需要转变治理思路，变“压制式管理”为“回应型治理”[②]，各社会主体也需要加强对低层级大气污染冲突事件的关注。[③] 最后，我们发现在大规模的大气污染冲突中，多主体参与对冲突解决成功具有更加显著的影响。这一发现揭示了当前我国“不闹不解决、小闹小解决、大闹大解决”的大气污染冲突解决困境，也提醒管理者需要构建完善的法律制度和良好的治理机制以进行恰当的引导。[④]

六、结论

近年来，大气污染引发的冲突时有发生，影响着社会的安定团结和正常秩序。如何才能成功地化解大气污染冲突不仅是学者们需要讨论的问题，也是管理者们面临的重大难题，因此探讨大气污染冲突解决机制至关重要。在综合分析大量经典文献和理论的基础上，本文构建了大气污染冲突解决机制，并通过跨案例研究、实地访谈和问卷调查多种方法结合的混合研究验证了这个机制。我们发现，有效的大气污染冲突解决机制包括十个主要要素，并且这个机制对大气污染冲突解决成功具有显著的正向作用。我们还发现，冲突事件的类型、层级和规模在大气污染冲突解决机制和解决结果的关系中起到调节作用。本文的发现不仅为大气污染冲突解决研究提供了新的思路和框架，也

---

① 温铁军，郎晓娟，郑风田．中国农村社会稳定状况及其特征：基于100村1765户的调查分析［J］. 管理世界，2011（3）.

② 汪伟全．风险放大、集体行动和政策博弈——环境类群体事件暴力抗争的演化路径研究［J］. 公共管理学报，2015（1）.

③ 杨立华，李晨，陈一帆．外部专家学者在群体性事件解决中的作用与机制研究［J］. 中国行政管理，2016（2）.

④ 韩志明．利益表达、资源动员与议程设置——对于“闹大”现象的描述性分析［J］. 公共管理学报，2012（2）.

对现实问题的解决和处置具有一定的参考价值。

当然，本文的研究还未臻完善。首先，本文构建的大气污染冲突解决机制来源于现有的经典理论和文献，并仅选取了 24 个大气污染冲突的案例进行跨案例分析，因此还需要展开更为充分的实证研究，以对本文提出的理论观点进行更为深入的检验和完善。其次，本文的研究在一些方面还可以继续深化和拓展。例如，大气污染冲突解决机制中的十个要素的相对重要性究竟如何？是否存在除冲突事件的类型、层级、规模之外的其他因素调节大气污染冲突解决机制和解决结果间的关系？所有这些相关研究将有助于进一步深化大气污染冲突解决的研究，并拓展相关研究的领域和范围。

邻避冲突中社会公共理性重塑研究

郝雅立

摘　要：多元文化背景衍生出多元化的个体理性，公共理性和普遍共识的缺乏内生于政府的合法性危机，这造成了社会个体之间仅靠利益维系的脆弱关系。邻避冲突反映了社会个体缺乏运用公共理性参与公共生活的问题，暴露出兼顾个人利益维护和公共利益分享的个体理性算计逻辑，对社会稳定发展带来强烈的溢出损害效应，强化了社会整体性疏离。应针对个体理性的脆弱性做出正面反馈和回应，以公意为基础重塑公共理性，加强公众在公共领域的参与、批判、争辩、讨论，在私利与公利的均衡与共融中探求解决邻避事件更广阔的行动空间。

关键词：邻避冲突　公共理性　个体理性　行动空间

新型城镇化建设和社区化生存发展趋势为邻避冲突的频发提供了时代性的时间契机和空间场域。邻避冲突作为一种针对城市建设项目设施区位选址问题的冲突性反抗行动，究其缘由，不排除理性经济人的精明算计和非理性社会人的私欲作祟，也存在项目知识的短缺、风险信息的不对称、设施规划和公共决策的非科学性等问题。本文从社会理性角度出发认为，邻避运动是个体理性占据上风，公共理性缺乏地位的一种社会现象。通过对近些年邻避冲突的观察发现，转型阶段

作者简介：郝雅立，南开大学周恩来政府管理学院行政管理专业博士，研究方向为公共冲突治理。

文章来源：《领导科学》2017 年第 23 期。

邻避冲突具有以下新特征：以往的持有过度个体理性的人在生活状态上更侧重于对个体发展空间的关注——“不要建在我家后院”，如今丧失公共理性与共同情怀的人群期许借助通达的信息渠道搭上公共利益的便车——“也不要离我家太远”。社会冲突内生于社会环境契约无效下公共理性的缺失，邻避冲突的出现呼吁公共理性重塑。

一、公共理性的缺失内生于政府合法性危机

相对于个体理性，公共理性是一种关乎“公共善”的公共政治文化，卢梭在《论政治经济学》中指出了个体理性的利己主义倾向。但是，罗尔斯在《政治自由主义》中指出，在多元文化背景中的民主社会存在着“理性多元论”的事实，同时也可以在多种合乎理性的学说中建立起社会统一的共识理念，这种共识形成的前提必然是其合理性，即公共理性的存在。

整体社会范围内的公共理性形成的重要基础是政府合法性。政治合法性体现出人们的一种内心态度，这种态度认为政府的统治是合法的和公正的。[①] 近年来，政府以 GDP 为核心，以经济指标的实现来证明自身的合法性，但社会分配失衡让更多的人无法公平地分享到社会发展的成果，高经济指标下个体预期的落空致使“政治认同式弱、递减和背离”[②]，造成“合法性自然递减”[③] 效应日益明显。政府的合法性危机弱化了社会对政府的认同，导致公共理性失去根基，政府失信，社会个体便走上了依靠自己和小团体进行维权谋利的路径。因此，处于转型时期的政府所培育的不是关注公共空间、共度特殊时期的公共理性，而是自我保护、自我寻利的个体理性，且这一意识已经

① 迈克尔·罗斯金．政治科学［M］．北京：华夏出版社，2001：5.

② 胡锐军．社会冲突触发因素的政治学分析［J］．政治学研究，2015（1）．

③ 黄健荣．论现代政府合法性递减：成因、影响与对策［J］．浙江大学学报（人文社会科学版），2011（1）．

在风险社会屡次强化。政府合法性的普遍性缺失造成了个体理性的迅速膨胀，一度超越公共理性，使整体的社会认同呈现出脆弱性。

（一）认同危机：一致但脆弱的维系

基于比例的呈现，社会意识存在主流与支流的区分。主流意识的基础抑或稳固，抑或脆弱，它都是作为一种相对的主流取向和认同共识存在并引导着整个社会。社会认同是基于政府合法性而产生的事实认同和情感认同，以及基于两者之上衍生出的行为认同。强调个体理性认同使得具有普遍意义的制度、体制变得不可依赖，群体组织变得难以归属，社会情感变得不可寄托，社会身份和社会心理变得不被承认。这种认同处于信任政府和失信政府的纠结中不能自拔，并在政府强制与政府关怀中左右摇摆，呈现出脆弱的本质。个体理性的膨胀和公共理性的缺失使得任何政府行为的风吹草动都会引起认同曲线的波动。

邻避意识内生于政府合法性缺失的事实认知，邻避情结代表了具有个体理性的人对这一事实所产生的一致的社会态度，这一态度的表达无不体现着一种对政府合法性的凝视和拷问。一种从内而外的政府失信的事实认同注定会在合适的时空里产生行为上的认同，邻避冲突由此酝酿而生。

（二）利益纽带：个体与社会的整体性疏离

不同于传统封建社会和宗族社会，转型时期社会联系的事实状态早已超出血缘、地缘关系的辐射范围，而衍生出一种看似“天下一家人”、实则“你我互不亲”的貌合神离的社会纽带。这个纽带只有在个体需要时才会出现，于是利益联合、利益垄断、利益群体等围绕利益的社会行为都出现了。个人理性支配下的社会联系只因为个人需要而存在，个体行为围绕脱离了整个社会公益的个人利益而展开。整体社会失去实质性的核心，个人与社会联系的纽带出现断裂，个体与社会之间的离心力越来越大，社会出现整体性疏离。利益维系与情感维系被认为是历史上社会关系维系的两大基本纽带。个人理性开始质疑曾深信不疑的政府合法性，情感维系慢慢被淡化，而专注于利益维系。在情感认同缺失的大背景下，无共同利益或无利益可图便容易导致社会关系破裂，带来非理性社会行为。

涂尔干曾说："个人与社会之间联系的脆弱性是社会失范的根源所在。"在转型社会中，利益维系纽带有着不可置疑的脆弱性，个体与社会的分裂只能带来各自利益再生产的争执与冲突。邻避运动是为规避市政设施成为自己的"邻居"所带来的自身利益损失而产生的，是过度个体理性支配社会行为的生动体现。

二、邻避冲突是社会个体理性之间的博弈结果

社会认同的脆弱性进一步呈现出个体原子化的社会特征，过度个体理性的人漠视社会空间的公共利益，漠视一切属于公共性质的义务和权利。虽然"以个人取向为主导的民众，其言论和行为以关注和满足个人或小群体的利益、情感、意志为主要目的"[①]，但是面对环境污染的威胁，其行动结果并非个体理性支配下个人利益的单项加总，而是相关利益者之间相互博弈的理性选择。

（一）主观认知上社会场域的属性区别

政府组织具有公民社会的特性，其身份和角色的定位赋予其为大众谋利的属性，但又摆脱不了个人理性的困扰。对于公共利益的集合、解读、界定、实现和对于个人利益的定义与追求交融在可能会引发邻避运动的政府行为之中。基于这种社会属性的判断，邻避设施可

① 郎友兴，薛晓婧."私民社会"：解释中国式"邻避"运动的新框架［J］.探索与争鸣，2015（12）.

能不再是“公共善”与“个人恶”的混合物①，“公共”有时也难以逃脱终极“恶”的末路。

生活和工作于政府体制及组织中的个体兼具公共利益的行动者和个人利益的追求者的双重身份。政府行为的双重性与个体行为的自利性使得不同主体之间就邻避项目展开复杂的博弈，如图 1 所示 。政府组织一方认为，公民社会虽强调对公民个体权益的尊重，但更要维护公共利益，在适当时机个人利益要让位于公共利益；公民一方认为，公民社会更强调对私人领域的关注，防止公共利益尤其是打着公共利益旗号的行为对个人利益的侵损。两方主体主观认知上社会环境的非共同场域属性决定了彼此意识观念和行为方式的不同，具体体现在出发点、利益诉求、行为方式、社会地位等微观可表达层面的差异上，而这种差异又造成了双方博弈的时空对隔与差序地位，非对等的博弈注定导致合作博弈难以实现。

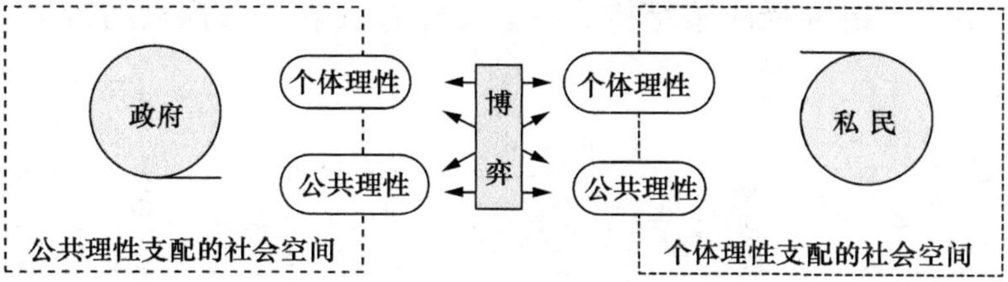

图 1　不同主体下公共理性与个体理性的博弈

（二）并非“建”与“不建”的终极决策结构

邻避运动以保护环境、杜绝污染、防止伤害等公共性名义反对项目建设，“不建”的呼声此起彼伏，而现实的环境维护需要将“建”

① Bruno S. Frey, Felix Oberholzer – Gee, Reiner Eichenberger. *The Old Lady Visits Your Backyard: A Tale of Morals and Markets* [J]. Journal of Political Economy, 1996, 104 (6): 1297 – 1313.

的决策落到实处。而在“建”与“不建”的终极决策结构之间存在着巨大的行动空间和可操作余地，这就是个体理性脆弱性体现之处。

一方面，邻避运动提出了怎样的利益诉求，是拼命似的坚决不让建设，还是同意建设只是要求更多的利益补偿？谁去倡导、组织和推动集体性邻避运动？邻避运动在展开之前必然经历着内部博弈如图2所示：作为原子化的个体（a，b，c，d等）分散于社会的各个角落，闻听邻避项目的消息便相互告知，议论纷纷，直接利益相关者（A，B，C等为代表）聚首，非利益相关者（d，e，f等为代表）围观，A，B，C等就利益分歧在内部进行博弈，持有机会主义的非利益相关者（a，b等）徘徊于博弈边缘，借助某些渠道进入博弈中心，在博弈中偶尔发声。这些博弈主体就某些问题达成妥协，获得一致性，并结成一体化联盟。最终以这种联盟力量开展非制度化的邻避运动，与政府、企业进行二次博弈，即邻避冲突，二次博弈中依然存在着A，B，C，a，b等利益主体的博弈。邻避冲突的解决并非陷于“建”与“不建”的终极决策结构之中，其中存在着可以探索的行动空间。

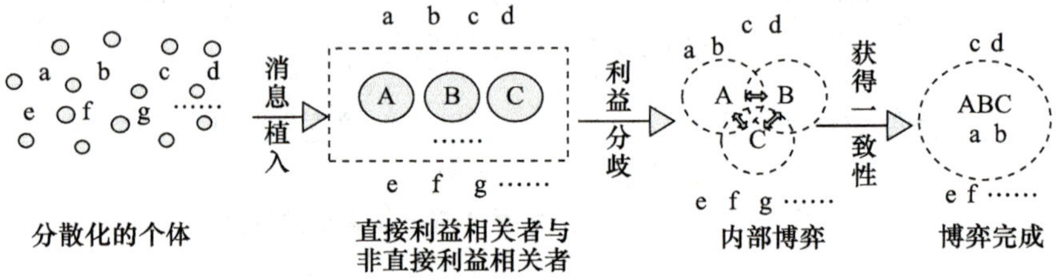

图2　邻避运动前夕利益诉求主体由分散化个体走向内部博弈

另一方面，在每一起邻避事件的参与者中，总有这样一部分人，他们与邻避设施无直接关系，但是热衷于裹挟进邻避运动；还有这样一部分人，他们明确了解邻避项目并非像其他人想得那般“猛于虎”，也知道建立于此并配备上科学的污染处理手段并不会带来极端的社会后果，但他们依旧坚持规避这些项目。这两类人的动机一般只为追求更多的利益补偿。很多邻避运动的解决并不是在“建”与“不建”的决策结构中做一终极决定，而是针对个体理性的脆弱做出正面反馈和回应。

（三）不要建在我家后院，也不要离我家太远

近些年，邻避冲突事件反映了个体理性的过度化发展，不仅仅表现在规避风险、关注私人事务、追求个人利益方面，还呈现在个体要求“搭便车”，享受公共利益，进行利益再生产方面。“不要建在我家后院，也不要离我家太远”[①]，反映了人们对将邻避设施建设在自己社区或者村庄极为反对，而对建设在自己的县、市的接受度却最高，对建设得再远一些的建议则接受度下降。众多“反建”事例表明，邻避设施周边居民对于参与邻避运动有着“较高心理卷入程度和主动精神”[②]，这充分体现出个体理性的推理思维和算计逻辑，即在付出成本时的漠然、被动和抢夺公利时的主动、热情。

1. 个人利益维护：不要建在我家后院

政府兜底的事例似乎给了人们一个提醒：任何不能解决的问题但凡闹到政府那里，自然就会有人出面解决。这也似乎在启发人们，政府为了维持社会秩序能拿出的资金是无限的。于是，越来越多的人希望政府拿出更多的资金来填补自己的利益欲望。基于社会民众对生活环境的敏感性和信息源不同，对邻避项目感知到的环境成本也各有所异。如前文所述，首先是“说什么也不能建设”的拼命抵抗，这是根据对邻避项目的外部性的定位才有的决策，更多的是意识到了邻避项目对人身的致命性、危害性，属于一种人身利益的正当维护。其次是“商量一下可以建设”的补偿争取，他们认识到邻避项目外部性的有限，只是借此机会获取更多私利补偿，属于个体私欲膨胀的非正

① Yue Gou，Peng Ru，Jun Su and Laura Diaz Anadon. *Not in my backyard，but not far away from me：Local acceptance of wind power in china* ［J］. Energy，2015，（82）：722 – 733.

② 娄胜华，姜姗姗．邻避运动在澳门的兴起及其治理［J］．中国行政管理，2012（4）．

义攫取。这两种不要建在我家后院的情况都源自社会个人与政府之间基于个人利益的博弈。

2. 公共利益分享：也不要离我家太远

也不要离我家太远说明了社会个体的个人理性动机。邻避项目投资额巨大，在负外部性不是很明晰或者远离于此生活成本加大的情况下，其所能带来的经济收益和成本节约也是值得期待的，在这种可预见的经济效益驱使下，越来越多的人希望能搭上市政设施的便车。例如，人们不希望垃圾站建设得离自己家太远，过远的距离不仅加大了自家垃圾输送成本，也易造成周边小型垃圾堆积点泛滥。社会个体基于个体理性对于垃圾场之类的邻避设施的区位距离是有一个主观上的评判标准的，私民社会为了争夺公共利益而采取的态度是邻避运动博弈的组成来源。

三、个体理性下逐利行为的溢出损害效应分析

外部性或溢出效应，是“企业或个人向市场之外的其他人所强加的成本或利益”①，前者为负外部性，后者为正外部性。外部性不仅仅存在于项目建设上，还对区位内公民的身体健康、环境质量和资产价值强加负面影响，使其承担项目成本，即使一些科学化的先进项目设施也是如此。同样，具有非竞争性、非排他性的思想文化、社会行为会作为一种公共物品对整个社会传递或正或负的溢出效应。

个体理性支配下的个人利己主义、个人利益追逐行为在观念表达和行为实践中也是存在外部性的。在邻避运动中，社会个人逐利行为对他人和社会均产生影响。对于个人来说，逐利行为可能会给自身带来利益收获，如征地补偿、污染补偿、伙伴信任、团体归属等，也可

① ［美］保罗·萨缪尔森，威廉·诺德豪斯．微观经济学［M］．萧琛，译．北京：华夏出版社，1999：28.

能给其带来行为成本，如冲突中的人身误伤、联盟者的信任流失、围观者的负面评价等；对于社会来说，社会个人逐利行为尤其是非理性行为会导致社会公共建设受阻、补偿资金增多、资源配置效率降低、受众行为模仿、社会道德破坏、社会运行成本加大等，在一定程度上也能倒逼政府行政过程的规范化、透明化和完备化。社会个体在个体理性支配下的逐利行为对个人与社会的外部性呈现出正、负两个方面，超越体制约束的非理性行为所具有的负外部性更为明显，更多的人采取更加激进的行为进行利益追逐。这种负外部性造成了非理性维权的示范效应，而阻止他人接受这种影响的成本也是巨大的，每一位私民社会成员都可能会受其感染，影响社会秩序的良性运行。

四、以公共理性重塑来规避邻避冲突的基础性实践展望

（一）公共理性建设的基础：公意

合法性是一个社会民众对政府行为的主观性期许评判，这种主观性评判基于政府行为与官员表现。美国政治学家戴维·伊斯顿把合法性的来源归于意识形态、结构和个人品质三方面。[①] 就意识形态而言，社会民众价值取向多元化、核心的集体信仰不够坚实，群体理性丧失，政府合法性的情感基础不够稳定；政治结构与社会系统局部封闭现象存在，不能保证社会公众的批判和参与功能的充分发挥，处于政绩困局陷阱的合法性结构效度让人质疑；权力之下，官员腐败的事例已使民愤不断，行政者个人品德信仰缺失。中国政府合法性危机隐患为邻避矛盾提供了背景性机会。社会契约论创始人卢梭曾指出，公意是政治合法性的基础，政治合法性认同是公共理性形成的前提。以民众自由、平等地依据个人所需与集体共求进行公共价值认同、依据

① ［美］戴维·伊斯顿．政治生活的系统分析［M］．北京：华夏出版社，1997：347.

公共认同的政治价值进行公共推理、依据推理结果进行监督性执行和兑现，最终实现民众自觉服从和自愿接受，才是公意合法性建设的基本逻辑。因此，政府只有从各种复杂的利益关系中凸显而出的公意出发，注重公众在公共领域的参与、批判、争辩、讨论，才能获得人们在共识基础上的自觉服从和自愿接受。一个具备合法性的政府必然是出发点端正、利益取向为民且注重公民参与的政府，也只有建立在公意基础之上的政府，才有能力面对、处理、解决和避免邻避事件。

（二）社会整合：私利与公利的均衡

现阶段，公民社会无组织化状态起因是它来自一个独立于政治社会、以个人利益为基础的纯粹私人领域，这个领域对个体理性失序的化解能力和对公共理性的重塑能力均有局限。对于公利性目标或者公共事务，个体保持着从未有过的冷漠与无谓。对于私利性目标，个体有着高度的热情，并在利益再挖掘与再生产的过程中不断感染他人。于是，基于这种基本判断和行为方式的分歧，越来越多的社会问题衍生出来，无关问题、无关利益者相继裹挟进新问题中，致使冲突不断蔓延与升级。邻避冲突就是公私判断混杂、公私利益交织、公私目标博弈、公私行为抗衡的集合过程。规避和解决邻避事件，最迫切的就是厘清公私之心，区分公私利益，设明公私目标，并在此基础上使公私行为理性化。现阶段的社会个体理性盛行，公民性尚显不足，远远没有“公器公用”“公法盛行”“公德至上”的良好公民社会秩序，有所欲求必然需要判断准确，且行动有力。

（三）邻避博弈弹性：主动探求更广阔的行动空间

现实状态下，邻避冲突的解决不是“建”与“不建”之间非此即彼的抉择，其中的博弈弹性和可行动空间需要在某种平台之上主动探寻。首先，技术的难以预测与个人品格的不确定性进一步放大了邻避设施的负外部性，以负责的态度和技术的进步保障邻避设施的安全性，这是邻避冲突的治本之策。其次，制度约束的是不限于身份与角色的双方行动者，要防范规范性制度中那些不合时宜的规定的风险，并进行合理可靠的福利损失的规范化测量，确立高度认同的赔付标准和补偿程序。再次，在邻避冲突的不同阶段，社会民众的心理和行为取向存在差异，要保证完备的利益表达和制度参与机制，切实了解利益相关者的真正诉求，以采取针对性措施。最后，实行利益整合与裁定，平衡各方诉求，且就城市规划、设施选址、补偿标准、技术控制、政策参与等方面进行开放性决策，并对非规范化行为采取制动措施。科斯定理说明，在产权明晰时可以借助利益相关者的协商谈判来实现资源的优化配置，达到帕累托最优。因此，贯穿于此的制度性协商与谈判在增强邻避冲突博弈弹性和扩展邻避事项行动空间中的作用显著。

（四）利己与利他的共融：公共理性重塑

以自由和平等为价值内核的市场经济体制下，一切人类行为按照商人的逻辑顺次展开，利己之心非强盗，利他之心也非活佛，市场经济机制的原理在于在利他基础上实现利己，促进社会良知的良性循环。公民社会在越来越广阔的社会空间里实现彼此之间复杂的物质利益交换，因此构成了“私人自律的商品交换领域”[①]，在此领域中，利己是一种基本价值取向，这种价值取向定位于人类共同社会底线，在此底线合理范围内的利己是产生社会竞争与交流、实现社会稳定与进步的动力。

将物理学中已被耗散结构理论证实的利己原动力问题衍射到邻避冲突的现实背景中，首先要求采用某些机制将维护自己环境权益而阻止公共利益实现的思维，切实转化为通过邻避设施的建设来实现对利

---

① ［德］黑格尔．法哲学原理［M］．范阳，张企泰，译．北京：商务印书馆，1961：124.

己、利他的满足，这需要市场机制和政治手段的合力。利他与利己共处于环境建设与经济建设的效用函数之中，重塑公共理性，引导社会把单纯的私欲提升到追求公益的“大欲”层次上，“不能使人们的精力消耗或浪费在与邻人的不断冲突中、个人间或群体间的私人斗争中，也不能使人们的精力消耗或浪费在时刻警惕或防范反社会分子的挑衅性行为或掠夺性行为之中”[①]，实现利己与利他之心的共融。建立为实现自己利益而不危及他人利益的利益共融机制，完善强大规则化的公民社会，将市场经济体制的自由、平等、竞争观嵌入公共理性中，培养常态化与冲突前公共交往的理性，增强社会民众的信任与互惠能力。

① ［美］E. 博登海默. 法理学：法律哲学与法律方法［M］. 邓正来，译. 北京：中国政法大学出版社，1998：393.

邻避冲突作为公众议程

——一个描述性框架

任丙强

摘　要： 从公共政策角度来看，邻避冲突是公众反对邻避设施建设的公众议程，试图打破原有的政策垄断。公众议程的建立需要公众风险意识的形成、利益感知、群体动员以及群体行动等过程，并通过某种程度上的冲突而使自身要求成功地转变为政府议程。公众议程建立的关键在于群体行动能施加在政府容忍底线之上的压力。减少邻避冲突一个重要途径是将非制度化的公众议程嵌入邻避设施的决策过程中，将现实冲突整合为一个有序、制度内的利益协商过程，并在此基础上优化邻避决策程序。

关键词： 政策过程　邻避冲突　社会治理　议程　冲突解决

一、文献简述与分析框架

“邻避”现象（NIMBY，not in my back yard）是指民众反对具有污染威胁或其他负面影响的设施在社区附近建设的心理态度和行为。当前我国的邻避冲突数量也在迅速增长。居民反对垃圾

作者简介：任丙强，北京大学政治学博士，北京航空航天大学公共管理学院副教授、副院长，主要从事环境冲突与治理、公众参与、社会组织治理等方面研究。

基金项目：国家社科基金一般项目“生态文明建设中的环境冲突及其解决机制研究”（项目编号：14BZZ048）。

文章来源：本文大部分内容刊载于《地方治理研究》，2017 年第 4 期。

焚烧厂建设、反对 PX 项目以及反对高压变电站等事件都属于邻避冲突范畴。

从邻避冲突性质及其态度方面，至少存在三种研究视角：第一种视角是将邻避冲突作为一种“社会问题”，或者直接将其称为“邻避型群体性事件”。[①] 这种研究话语可以称之为“事件”话语。显然，这种认知与学者对于冲突功能的认知是具有一定联系的。他们认为社会冲突，尤其是由社会问题而引发的群体冲突是社会稳定的威胁，负面功能占据了主导。因此，在“事件”话语中，邻避冲突的风险及其消极功能得到更多关注，其解决措施大多集中风险控制和技术性的解决措施。

第二种视角是将邻避冲突作为公众利益表达或者维权的一种非制度化的形式。个人或者家庭受到环境危害或者可能受到危害时，可能采取各种行动来影响政府以维护自身权益。一些学者将这些行为定义为环境抗争[②③]，研究视角可以称为“抗争话语”。环境抗争并不仅限于邻避冲突，也包括各种因环境危害而导致的事后救济行动。这种研究维度肯定了邻避冲突的利益表达功能，关注环境抗争产生的逻辑，并从利益表达的制度化方面提出解决措施。学者认为调整失衡的利益结构，保障公民正当的权益才是化解邻避冲突的有效措施。[④]

第三种视角是“政策”视角，认为邻避冲突属于涉及公共管理和政策制定类型的公共冲突[⑤]，需要从公共政策过程的视角来加以分析。张乐和童星明确地将公众反邻避设施定义为一个公众议程的设置过程，研究了公众议程是如何打破政府的政策垄断并最终改变原有政

---

① 管在高．邻避型群体性事件产生的原因及预防对策［J］．管理学刊，2010（6）．

② 景军．认知与自觉：一个西北乡村的环境抗争［J］．中国农业大学学报，2009（4）．

③ 张玉林．环境抗争的中国经验［J］．学海，2010（2）．

④ 孟薇，孔繁斌．邻避冲突的成因分析及其治理工具选择——基于政策利益结构分布的视角［J］．江苏行政学院学报，2014（2）．

⑤ 李亚．中国的公共冲突及其解决：现状、问题与方向［J］．中国行政管理，2012（2）．

策的。[①] 公共政策视角能够突出邻避冲突的政策属性，尤其是将公众与企业乃至政府之间的冲突作为政策过程的一部分，既能够凸显邻避冲突是由某些公共政策所引发而成为一个新的政策问题，也能通过对冲突过程的研究来深化对原有政府决策过程和模式的反思。尽管很多研究都在某种程度上涉及邻避冲突与公共政策之间的关系，但基于政策过程的探讨仍然不够，没有将邻避冲突与公共政策过程之间的关系从理论上和过程上结合起来进行探讨。如果单纯从孤立的群体性事件角度研究，那么针对邻避事件所形成的应急策略不能从根本上改善政策制定过程，也不可能从根本上减少邻避事件的发生。因此，本文重点研究邻避冲突作为公众议程，将其置于一个政策过程中，探讨其设置过程、条件等问题，形成一个初步的描述性框架，从理论上对公众集体行动和政策制定过程的沟通与联系进行研究。

社会矛盾和问题被政府关注和纳入解决过程，才能转化为政策问题，而这个过程就是政策议程。安德森认为“那些被决策者选中或决策者感到必须对之采取行动的要求构成了政策日程”[②]。基于西方社会权力结构与议程建立过程，学者将议程设定区分为外在创始模型、动员模型和内在创始模型[③]，较为准确地描述了西方国家政策议程中公众、利益集团以及政府等行为体在政策创立中的不同决策主体、特征及其过程。而在我国的情境下，刘伟和黄健荣从体制——过程角度将政策议程区分为内生型、动员型、相容型和外创型等类型[④]，尽管我国政策制定模式在向开放和理性的方向转变，然而内生

① 张乐，童星．“邻避冲突”中的议程设置——基于R市的实证研究［J］．行政论坛，2015（1）．

② ［美］詹姆斯·安德森．公共政策制定［M］．谢明，译．北京：中国人民大学出版社，2009：69.

③ Roger W. Cobb，etal.，Agenda－Building as a Comparative Political Process，*The American Political Science Review*，1976（70）：126－138.

④ 刘伟，黄健荣．当代中国政策议程创建模式嬗变分析［J］．公共管理学报，2008（3）．

型或者政府垄断型的议程设定仍然占据绝对地位，并在很大程度上加剧了社会利益冲突。

政府针对邻避设施立项的过程就一个具有典型垄断特征的政策过程。为了深入理解这个过程，可以将其简单划分为设施立项的政策议程、政策方案形成、政策采纳以及政策执行与评估四个阶段。一般情况下，这个决策过程是政府主导、专家以及相关企业有限参与的封闭过程。然而，公众的群体行动即邻避冲突行为成为打破这一封闭循环的重要力量。从这一角度来看，邻避冲突具有明显的公共政策特征，其表现为公众对邻避设施建设的既定决策或即将进行的决策进行抵制，目的是改变既有决策。因此，公众议程与邻避设施建设的决策过程存在着直接和明确的联系。从2000年以来，邻避事件日益增加，引起社会的广泛关注。一些具有代表性的案例已经被广泛研究，例如北京六里屯垃圾焚烧厂事件、厦门反对PX工厂事件、广东番禺垃圾焚烧厂事件等。这些事件均是因政府决定兴建具有邻避效应的设施而引起。很多学者也将研究关注点放到决策过程上，分析邻避设施决策过程中存在的各种问题，尤其是政府集权式的决策模式、缺乏公众参与、决策不公正等。[①]

然而，公众反对邻避设施的事件作为一个议程建构过程却往往被忽视，尤其是忽视了其作为一种独特表现形式的议程设置模式。公众议程的构建是一个非常复杂的过程，综合其他研究来看，其中包含着如下要素和阶段：一是风险意识构建和利益损害感知；二是群体动员；三是群体行动和冲突（与政府的沟通互动）；四是新议程的建立，也就是政府针对群体行动的政策性反馈。政府的决策反过来又影响到邻避设施建设的决策过程以及公众的反对邻避设施行

① 郑卫．我国邻避设施规划公众参与困境研究——以北京六里屯垃圾焚烧发电厂规划为例［J］．城市规划，2013（8）．

动（见图1）。

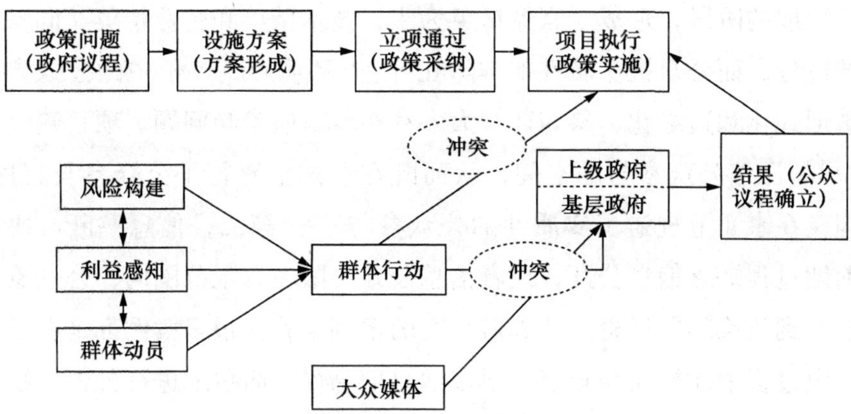

图1　邻避冲突中公众议程描述性模型

二、邻避设施立项过程中的政策垄断及其问题

若没有公众的群体行动，那么邻避设施立项的政策过程则是一个较为封闭、自我循环的过程。邻避设施的立项决策基本上是政府内部输入而产生的政府议程。政策问题来源于政府对社会和公共服务等问题的体察和确认，并在政府主导下，咨询相关学者和企业等意见，从而形成政策方案并进行决策和执行。很多决策者并没有认真考虑邻避设施建设的特殊性，也缺乏自上而下的对附近居民利益的关注。

（一）政策垄断的表现

政策垄断主要表现在：第一，决策主体范围的垄断。长期以来国家权力的强大和政治运行的封闭特征使得政府官僚垄断了政策制定和执行的整个过程，决策主体范围局限在以官僚为主的制度内精英。随着社会分化和决策的复杂化，政策完全垄断于官僚范围内已不可能，但决策过程的参与者及其范围仍然由政府来确定。在邻避设施立项的决策中，决策主体范围有所扩展，技术专家、相关企业都被纳入到政策形成的阶段，形成了官僚精英为主，技术精英和企业精英共同参与的过程，而公众被实质性地排除在外。① 环境影响评价中的公众参与被形式化和边缘化，参与环节大多存在着虚假参与问题。项目建设方“尽量压缩公众参与的空间，从而既在形式上履行了公众参与程序，但又在事实上规避了实质性的公众参与”②。第二，信息垄断。决策前期过程缺乏信息公开，或者信息公开局限在有限范围内，公众难以参与到政策问题讨论。从邻避冲突的案例来看，很多案例都是在工程建设过程中才被民众知晓。很多项目信息仅是简单地进行公告，缺乏正式的公众听证会或者非正式的协商机制。信息公告从程序上似乎履行了信息披露要求，而附近居民并没有明确地得到相关信息，使公众产生被欺骗的感受，增加对政府和施工企业的反感和不信任。第三，议程和政策形成垄断。决策主体和信息垄断使得决策议程具有政府主导的典型特征。项目规划和决策是政府根据自身对社会问题的体察而确定下来的，有些甚至直接被确定为政府在某一个阶段的重点工程。决策垄断也在一定程度上促使解决方案高度模式化和结构化。以垃圾处理为例，全国各地政府在处理该问题上高度统一，几乎最新的解决方案都是进行焚烧处理，而缺乏多元化的解决备选方案。

（二）政策垄断的原因分析

我国政府在邻避设施建设过程中的决策垄断，具有多方面的原因。

第一，封闭式决策模式所形成的思维定式。长期以来，政府习惯

---

① 黄小勇．公共决策的公众参与困境及其管理策略——以广东番禺区垃圾焚烧发电厂风波为例［J］．国家行政学院学报，2010（5）．

② 郑卫．我国邻避设施规划公众参与困境研究——以北京六里屯垃圾焚烧发电厂规划为例［J］．城市规划，2013：70．

于按照自上而下式的体察来确定政策方案，党和政府代表人民行使权力既使权力运行现实，也得到了公众的普遍认同。威权时代的政策模式尽管在不断改变，逐步走向开放和公开，然而传统的思维定式一直延续，“为民做主”的想法没有完全改变。从根本上来看，一些地方政府还不习惯于改变原有的政策制定模式，还不习惯于普通公众参与到政策制定中来。政府仍旧以集体利益和经济发展作为政策垄断的合法性基础，从而忽视了公众的个体利益。随着公众权益意识的不断提高，政府决策垄断地位和合法性必然受到挑战。

第二，价值差异和利益因素是政策垄断的重要原因。一些地方政府主观故意而采取的政策垄断体现出政府与公众、集体利益与个人利益的某些价值冲突。例如在大型工程设施和企业建设的决策中，政府的价值在于促进社会经济发展，而被工程所影响的民众则更加关注个人的健康和权益。因此，两者在价值上形成了一定的冲突，并不能完全以一方的意见作为最终的决策依据。然而，一些地方政府则有可能根据自身认知、习惯以及利益来形成政策内容，忽视公众的个人利益。另外，政府利益也是政策垄断的一个重要原因。对于政府决策者来说，很多大型设施建设投资巨大，能够产生明显的经济增长效果。如大型化工项目、金属冶炼项目等，都能给政府官僚带来财政和政绩收益；对于企业来说，垄断型的政府决策有利于企业以行政权力方式来为企业增加额外收益。在番禺垃圾焚烧的个案中，政府利益和企业集团利益垄断整个政策过程。①

第三，政府试图通过政策垄断而降低项目执行的障碍。一些地方政府担心公众参与会拖延时间，阻碍政府项目的执行，因此，政府有意垄断政策的制定过程，规避公众参与。例如有些地方政府为了避免垃圾焚烧所产生的争议，在政策立项过程中修改项目名称，垄断项目

① 俞祖成．我国公共政策中利益博弈的新动向及其机制完善对策［J］．理论与现代化，2010（5）．

信息，提高了公众进入该项目政策讨论的壁垒。

（三）政策垄断产生的问题

邻避决策中的政策垄断产生主要问题如下：（1）政策垄断与现代政策价值与趋势相冲突。现代政策强调政策制定的开放、参与和利益的包容与协调。尤其是在事关公众关注的利益方面，垄断的政策制定在程序合法性方面受到越来越强烈的挑战。（2）利益分配失衡。公共政策是一个社会利益的强制性分配机制，邻避设施立项决策也是如此。政府官员和企业精英等决定了设施立项的整个过程，相互之间利益联系密切，而受到工程影响的居民却无法在这个过程中表达和争取自身权益，导致权益的分配失衡。（3）垄断决策降低决策质量。政府限定了政策讨论的范围和主体，仅吸收相关专家和企业参加，论证会往往流于形式，具有暗箱操作特点，决策质量不高。政策议程常常被有利于企业的政策方案所主导和结构化，也丧失了探索创新性解决措施的动力。另外，政策垄断也常常使政策趋向保守和“惰性”。这种特征在垃圾焚烧厂建设的决策中体现尤其明显，垃圾焚烧厂的厂址选择大多数是在原有填埋场的基础上进行扩建。垃圾焚烧厂厂址选择的决策是对原有决策的认同和延续。

三、反邻避设施建设的公众议程

一个新的公共政策过程是从政策问题开始的，而政策问题则是因部分公众对社会产生了需求或者不满，从而希望政府行为来解决或者调整。[①] 反邻避行动是公众构建政策问题，试图形成公共议程的过程。尽管邻避事件日益增加，但客观来说，相比于大量的邻避设施建

① 詹姆斯·安德森．公共政策制定［M］．谢明，译．北京：中国人民大学出版社，2009：97.

设项目而言，这种冲突仅占极小的比例。这意味着公众建立起反邻避的议程是一项十分困难的事情。公众议程若要自下而上地建立起来，需要具备多方面的条件和要素：首先是公众产生强烈的风险认知和利益受损感；其次是进行群体动员，然后通过群体行动来引起政府关注。

（一）风险感知与构建

风险感知是反邻避设施建设的第一步。没有风险感知，就不可能产生邻避冲突。从风险感知一般是在邻避设施建设执行过程了解到项目情况，不断了解学习或者建构起风险意识。最初的风险感知可能来自于公众的主观体验。以垃圾焚烧为例，在北京六里屯个案中，公众最初并不清楚具体的焚烧风险，仅对垃圾填埋产生长期的抱怨。在相互讨论中，居民通过查找资料和咨询专家才逐步确认了垃圾焚烧的客观风险。专家内部的不同意见和争论（焚烧派和反建派）客观上促进了公众风险意识的建构。在垃圾焚烧方面，居民认为焚烧产生的致癌物二噁英是最大的风险，并将垃圾焚烧与癌症联系起来。而在厦门反对 PX 项目中，PX 建设被夸大为与白血病、畸形儿等有密切联系。因此，公众的风险意识既可能是客观风险，也可能是基于夸大，甚至是谬误之上的主观风险。另外，信息不充分或技术的不确定性，也容易使居民产生风险感知和焦虑情绪。在变电站、信号基站以及高铁建设中，辐射后果难以认知，而且不能在短期内显现，即使是相关专家对这种风险也缺乏共识，因此民众对辐射的风险感知也难以解除。

一旦公众将特定项目设施与风险联系起来，那么这种联系将会固化并被广为传播，从而被公众所学习。那么之后的风险感知将轻易地建立起来，甚至省略该过程，形成特定项目的风险直觉。我国公众的邻避冲突行动高度集中在垃圾焚烧厂和 PX 工厂等领域，恰恰是因为这两类项目的风险已经被完全建立起来并被广泛学习。邻避项目实际的或者建构的巨大风险成为推动公众参与到邻避行动中的重要力量。

从集体行动理论来看，附近居民的风险成本太高，导致其抗议邻避设施的收益要远远大于无所作为或者“搭便车”。

（二）利益受损感知

公众一旦感受到施工项目的强烈风险，随之会产生利益受到威胁的感受。这里所谓的利益是广义上的利益。生命和健康是公众所关注的核心利益。随着公众环境意识和权利意识的提升，健康权益愈加重要。其次是经济利益。如垃圾焚烧厂、PX 项目、高压线或变电站等建设将因自身的风险而降低附近房产价值，损害到居民的经济利益。另外，公众利益也可能是心理因素，但也与经济利益密切相关。监狱、精神病院、墓地等虽不影响环境，但却从文化和心理上使人产生不愉快或文化禁忌，也会影响到房产价值。

居民还会因利益受损而产生强烈的不公平感。邻避设施的收益归属所有公众或者是企业，但负外部性成本却由这些居民承担。这种收益和成本的不对称使得居民有理由质疑设施的公平性问题，从而产生邻避情结。距离邻避设施越近，受损感受越强烈，反对态度也更强烈。受害者意识增强了社区居民的相对剥夺感，形成了一种“怨恨心理”，促使相互之间形成群体共同意识，并成为集体行动的重要心理基础。①

（三）群体动员

风险感知和利益受损感相互作用，不断增强民众的行动意愿。下一步骤的行动关键在于公众是否能在此基础上进行群体动员。公共事件的动员可以分为自我动员、群体内部动员和对外部资源的动员三个层次。② 这种分析对于邻避冲突的公众动员也具有解释力。从居民认

① 刘能．怨恨解释、动员结构和理性选择——有关中国都市地区集体行动发生可能性的分析［J］．开放时代，2004（4）．

② 韩志明．利益表达、资源动员和议程设置［J］．公共管理学报，2012（2）．

识到邻避设施的风险和自身权益受侵害的时候，个体动员实际上已经开始进行了。但群体动员面临着最大的问题在于个体的分散性和组织集体行动的困境。一些热心者或者积极分子对于群体动员来说是关键性的角色，他们会形成一定的协作网络和动员的“核心圈”。

群体对内动员的主要活动是对群体内成员进行信息分享，宣传邻避设施的风险及其构成的利益损害。邻避设施的影响区域规模不同，小到社区，大到城市。因此，受影响群体规模差距迥异，信息分享和动员的方式也不同。对于社区型的邻避动员，传统的人际关系方式和互联网方式同时发挥着重要作用。人们通过 BBS、微博、QQ 群和微信群等互通信息，以邻避风险为话题而联系起来。同时，社区中的退休人员以及其他社区人际关系丰富的热心人成了重要的宣传和动员力量，在社区内形成了传统人际关系动员模式。而对于城市规模层次的邻避动员，互联网的作用更大，互联网改变了传统的动员方式和动员结构。[①] 综合看来，群体内部动员发挥了三种作用：一是吸收和形成积极分子；二是信息传播和分享，具体指向为风险和利益受损的宣传；三是建立身份认同和利益认同，形成共识。[②]

群体对外动员主要表现为积极争取外部的理解、同情和支持。受到邻避设施影响的人群希望能通过网络、媒体等不同方式来积极争取普通大众的理解，从而形成强大的舆论支持。同时，传统媒体、环保组织、人大代表、政协委员等是群体对外动员的重要指向。传统大众媒体在邻避冲突中的作用是非常复杂的。一方面，公众希望通过大众传媒关注邻避设施建设，从而进入高层政府的关注；另一方面，传统媒体也可能受到政府的影响而忽略该方面报道，或者成为政府向公众进行宣传和动员的工具。在邻避冲突的个案中，传统媒体的集中报道

① 任丙强，孙龙．互联网与环境领域的集体行动：比较案例分析［J］．经济社会体制比较，2015（2）．

② 任丙强．网络、“弱组织”社区与环境抗争［J］．河南师范大学学报（哲学社会科学版），2013（3）．

有助于公众的诉求进入政府议程。但值得关注的是，大众媒体与群体行动之间很少有直接的联系。因此，网络自媒体和传统大众媒体在群体动员中的角色存在显著差别。

(四)群体行动与冲突

在邻避冲突中，群体行动是冲突显性化的一个过程，也是向政府施加压力并使公众诉求进入政府议程的过程。群体行动指向企业和政府，并可能形成冲突。针对企业，民众常采取集体干扰和阻挠企业施工的方式来进行。在有些情况下，民众在项目建设过程中才了解到相关情况，可能采用非常规手段拖延工程项目建设；而邻避冲突中的群体行动重点在于向政府施加压力，从根本上改变原有项目立项。从发生的很多邻避冲突案例来看，群体行动大多采取制度化和非制度化的方式影响政府。基于社区层面的群体行动由于组织程度较高、利益范围界定明确等原因，更倾向于采取制度化和非制度化多种方式。制度化的方式包括信访、行政诉讼、司法诉讼等；而非制度化的方式则包括集体签名、表演性质的集体抗议、集体散步等。而城市规模的群体行动则大多采取非制度化的方式来进行。

民众群体行动一般是首先得到基层政府的反馈。由于基层政府的行动逻辑及其政策目标，他们往往采取敷衍、拖延和压制的办法。因为邻避设施立项决策常是上级政府的决策结果，基层政府没有能力改变既有决策。只有当群体行动压力继续增强，传导到上级政府之后，群体行动才能真正进入政府议程。

四、公众议程设置的关键与问题：政府底线之上的压力

邻避冲突中的公众议程以非常规的方式施加压力，吸引政府关注和改变政策，同时所采取的方式和压力必须在政府可接受范围内，从而使群体行动保持在政策领域，而不是成为政治问题，通俗来说就是

“踩线而不越线”。因此，当前公众议程设置是一个极为精巧的策略博弈，需满足以下两个重要条件。

（一）群体行动要产生足够压力

政府决策的改变需要较高成本，也影响到政府的权威性。同时，群体行动体现的公众议程设置是一种非常规渠道的利益诉求过程，并不容易被政府所接受。这些因素为邻避冲突中公共议程的设置增添了强大障碍。因此，公众议程向政府施加的压力需要使政府重新计算政策成本与收益并与维持原有政策进行比较。同时，由于政府层级和压力传导机制，不同政府层级对压力的感知也不同。政策的改变往往需要上级政府的介入，因此压力不够往往难以发挥效果。这也是信访、行政复议以及司法诉讼等制度化渠道难以发挥作用的一个原因。

为了增强政府压力，民众采取了多样化的行动策略，他们或者采取夸张表演方式吸引社会关注，使事件成为热点；或者向网络和传媒争取同情和支持；或者不断升级群体行动，采取“闹大”态势。[①] 从理论上来看，议程创建的触发机制需要从范围、强度和触发时间三个方面进行阐释。[②] 为了扩大影响范围，邻避冲突往往采取规模化策略或者将事件“闹大”，并诉诸网络与媒体，使更多的人参与进来；规模化策略还能增加刺激强度，同时，民众通过某种形式进行试探政府的关注重点和底线也能达到目的，当前情况下，社会稳定在很大程度上是中央政府对地方政府的一个严格要求。群体行动恰恰以此入手，人为制造一些被政府认为不稳定的现象，从而达到增强压力之目的。因此，群体行动表现出的冲突并不是目的，进入上级政府视野，改变原有政策才是目的。

① 韩志明．利益表达、资源动员和议程设置［J］．公共管理学报，2012（2）．

② ［美］拉雷·N．格斯顿．公共政策的制定——程序和原理［M］．朱子文，译．重庆：重庆出版社，2001．

（二）群体行动要遵守政府底线

群体行动面临着合法性困境，往往处于制度许可的边缘，带有明显的风险，承受着来自政府的压力。因此，群体行动为了降低风险，大多数的行动都维持在政府容忍范围之内，或者以政府话语和中央精神来增强政府对于群体行动的容忍。这种策略可以称之为“依法抗争”[①] 或“依法维权”策略。[②] 政府在容忍和不容忍之间存在着一条底线，超出底线的行为存在极大风险。不同层级政府，不同时期以及不同地区，政府的底线存在差异。这些差别既是群体行动的政治空间，也是必须考虑的底线。一旦超出底线，群体行动不但达不到目标，也会产生严重的个人和社会后果。因此，从底线原则出发，群体行动的压力和规模也需要适度和控制，并不是规模越大越好。尤其是社区层面的邻避群体行动，组织者一般都要控制行动方式，避免群体失控而带来风险。由于群体认知、组织和能力等差异，城市中的群体行动更倾向于采取有限冲突的依法策略。

然而，现实的群体行动往往非常复杂而不可控。民众希望能通过合法框架内有序的方式进行群体行动，却可能面临着多种复杂局面。首先，群体内部个人的不同行动风格，有些激进一点的成员可能在面对警察或政府工作人员时采取了过激语言和行为，从而导致了冲突升级而被警察介入压制。其次，行动现场可能也面临着警察的各种策略行动。一般情况下，民众的群体行动会随着数位民众被抓而结束。为了保证群体行动的合法性和安全性，在网络条件下，邻避行动也出现了“去组织化”的策略[③]，然而去组织化所动员起来的群体行动虽然

① 李连江，欧博文．当代中国农民的依法抗争［M］//吴国光．九七效应．香港：太平洋世纪研究所，1997.

② 吴同，文军．自我组织与遵纪守法：工人依法维权的集体行动策略——以上海 SNS 企业工人抗争为例［J］．社会，2010（5）．

③ 陈晓运．去组织化：业主集体行动的策略——以 G 市反对垃圾焚烧厂建设事件为例［J］．公共管理学报，2012（4）．

规避了个人风险，但恰恰有可能无法控制群体行动而突破政府底线，引起更严重的政府和社会损失。

当群体行动触发政府议程，那么公众的反邻避议程则成功地建立并打破了原有政策封闭循环。公众议程设置之后面临着几种结果：第一种结果是政府接受公众议程并否决了原有决策；第二种结果是政府部分接受公众意见，对争议项目进行搁置；第三种结果是公众议程并没有转换为政府决策。这些结果会反馈并影响到两个不同的决策及其相关利益者。从大量邻避冲突的案例来看，一般情况下，地方政府都是以暂停项目来平息群体行动，然后再采取解决措施。但是绝大多数的政府决策依旧按照原来的方式来进行，以垃圾焚烧厂建设为例，虽然各地都出现了一些反对垃圾焚烧厂建设的事件，但各地的垃圾焚烧厂依旧不断建立起来。这也表明以邻避冲突作为议程设置的效果是非常微弱的。

因此，我们不得不重新反思以冲突方式来建立公众议程存在着诸多问题：首先，群体行动的非制度化、非常规性质，不利于决策的法治化。而从政府角度来看，地方政府并没有将公众的群体利益表达看作是对政策修正的机会，而是将其视为社会稳定的风险，那么政府思路即是以应急管控思路来降低民众采取这种利益表达的行为，考虑的核心问题是控制和稳定。即使存在大量的邻避冲突，政府也没有在相关政策制定方面进行制度化的改进。其次，成本巨大。无论是对参与的民众还是对于政府来说，都要付出极大的时间、金钱和风险等成本。政府在面对民众的群体行动经常采取警察介入，付出大量的警力成本。更重要的是政府信用成本。地方警察和民众的冲突有可能影响到政府信用。另外，地方政府经常采取暂时满足民众诉求，而其后可能仍旧按照自身思路和规划继续建设邻避设施，从而丧失一些信用。最后，邻避冲突并没有产生制度化的改进，却使民众和政府陷入两败俱伤式的“负和博弈”。这一点恰恰是我们需要深思的。民众费尽心机采取各种行动，但并没有得到预期结果。政府成功化解邻避冲突，却没有从根本上改变冲突产生的机制，也没有降低类似冲突的发生概率。因此，政府应当将邻避冲突和公共政策制定联系起来，从而分析两者之间的联系，才有可能在反思和总结邻避冲突的过程中，不断地来完善政策的制定模式和过程。

五、总结与建议

综上来看，邻避冲突实质上是一个公众议程设置过程，并与原有的邻避设施决策密切相关，形成一个相互联系的政策过程框架。其次，群体行动是其中的关键环节。一方面，群体行动需要克服集体行动困境，必须通过风险构建、利益感知以及群体动员等阶段才能够产生；另一方面，群体行动目标在于通过冲突方式向政府施加压力，使其改变原有政策。群体行动所采取的策略都是为了这一目标的实现。另外，以冲突方式来不断增强压力，直到政府来反应的议程设置是不合理，也是代价高昂的。这种冲突在各地不断上演，但并没有从根本上改变冲突爆发的土壤和因素。

从公共政策角度来看，降低这种冲突的重要途径与策略是将反邻避的公众议程嵌入到邻避设施的决策过程中，将冲突和分化的政策过程整合为一个有序、制度内的利益协商过程。因此，建立包容性的邻避设施决策流程，囊括公众议程所关注的议题，是将冲突和利益协商内化的制度性手段，也才能从根本上降低邻避冲突的发生。

环境类邻避冲突的问题与出路

徐祖迎　　朱玉芹

摘　要： 我国已经进入社会冲突的多发期，社会冲突有待治理。随着城市化进程的加快以及民众环保意识的提高，一些环境类“邻避”设施，诸如垃圾焚烧厂、火力发电厂、变电所等，虽然对于公共利益是必需的，但却容易引起当地民众的反对和抵制，这就是环境类“邻避”冲突。目前环境类邻避冲突治理存在的问题主要表现为利益表达渠道不畅、强制手段激化矛盾、政府公信力透支等。环境类邻避冲突的治理需要坚持以疏代堵、民众参与和信息公开原则。加强参与机制建设、健全回馈机制建设、完善风险沟通机制建设应该是环境类邻避冲突治理的方向。

关键词： 邻避　邻避冲突　邻避治理

随着城市化进程的加快以及民众环保意识的提高，一些环境类的嫌恶性公共设施，诸如垃圾焚烧厂、火力发电站、变电所、火葬场、精神病院等的兴建经常会带来各种抵制和抗议活动，这类设施的兴建与营运经常成为当地民众进行激烈自力救济的问题焦点。围绕这类嫌恶性的设施的兴建与运营而产生的抗争就是环境类邻避冲突。邻避冲

作者简介：徐祖迎，管理学博士，讲师，淮北师范大学管理学院，研究方向为冲突管理；朱玉芹，法学硕士，讲师，淮北师范大学经济学院，研究方向为社会治理。

基金项目：安徽省社科规划项目（AHSKQ2016D32）；安徽省高校人文社会科学重点研究基地项目（SK2015A094）；安徽省高校人文社科研究项目（SK2017Y06）；淮北师范大学青年科研项目（2014xq040）。

文章来源：《齐齐哈尔大学学报》2017 年第 5 期。

突产生的原因主要是经济因素和心理因素，成本和收益的非对称性以及“这是有害的”认识导致人们对邻避设施的排斥和抗战，邻避冲突的治理已经成为我国生态文明建设的必然选择。环境类邻避冲突的治理不仅是推动美丽中国建设的需要，而且也是缓解社会矛盾、满足群众需求、维持社会稳定的需要。

一、邻避冲突治理存在的问题

（一）利益表达渠道不畅

利益表达渠道不畅表现为中立第三方的缺失。民众与政府和厂商之间的信任鸿沟是造成邻避冲突的重要原因，邻避问题上中立第三方的缺失不仅仅存在于邻避项目的规划和环评等阶段，也存在于邻避冲突发生之后的化解阶段。

利益表达渠道不畅还表现在邻避冲突中民众的诉求常常受到忽视。由于我国政治体制的影响，政府因拥有大量的公共权力和公共资源，能够应付来自各方面的压力和挑战，以至使政府在决策中一直占据着主导地位；而邻避附近的民众由于缺乏对资源的占有，再加上自身社会参与能力相对较低，在与政府的抗衡中始终处于劣势一方，他们缺乏利益表达的基本权利和有效的表达手段，在保护自己的利益上，处于无能为力的状态。政府在制定决策的过程中往往只注重专家的意见，忽视了民众的利益，缺乏与民众的沟通，民众的意愿与诉求没有得到重视。邻避政策在执行过程中也存在着一定的暗箱操作，民众的利益常常被忽视，往往更易激起他们的反抗情绪。

（二）强制手段激化矛盾

在事件的初期，处于萌芽状态的时候，相关部门对事件表现出反应比较迟钝，信息失真，处理不当，暴露了政府应急能力的相对薄弱，地方政府体制在应对突发事件时力不从心。在邻避冲突的初期，政府为了防止冲突的升级，往往寄希望于“断网”和“删帖”甚至“抓人”和“拘禁”等“堵”和“捂”的方式来应对冲突，使事态不断恶化，丧失了将矛盾化解在萌芽阶段的最佳时机。

政府在兴建邻避项目时，起初往往会选择漠视民意。但是当松散的，甚至是个体性的抗争出现之后，政府又总是寄希望于通过强制手段来迫使个体的退出。当邻避设施对周边居民会产生很大的危害性时，地方政府往往都是消极地进行应对，对民众的要求往往置之不理，甚至会采取各种强制手段来封锁信息，把民众排除于政策过程之外，使广大民众不能及时有效地了解事件的真实情况。

邻避项目的选址和建设，不仅需要民众的参与，更需要政府能够及时地公布信息。作为政府，在处理邻避冲突的问题时，更多考虑的应该是民众的利益，尽量把事件消灭在萌芽状态，抓住处理矛盾的最佳时机，把损失降到最小。地方政府在处理应急事件时应慎用“断网”和“删帖”以及暴力等强制手段，并表现出对民意的足够尊重和敬畏。

（三）政府公信力的透支

在环境类邻避治理过程中，公民对政府不信任，政府公信力低下，邻避冲突相关方和政府存在着信任鸿沟。“在民主政治常轨下，自力救济的发生与处理，民众应该信任并且服从公权力的行使，不过，实际情形是：民众对地方环保机关普遍持着不信任的态度，一般民众也往往无法接受政府官员对公害原因所鉴定出来的不利结果，因此，政府与人民之间产生了信任差距。”[①] 现在，这种信任差距有继续扩大之势。这种信任差距主要表现为民众对地方政府的信任度日益

① 丘昌泰. 从邻避情节到邻避效应：台湾环保抗争的问题与出路［J］. 政治科学论丛，2003（12）.

低下。政府发现自己已经陷入“塔西佗陷阱”，即不论是否说谎，民众越来越倾向于认为政府在欺骗他们。政府的描述和民众的认知模式经常不一致。当政府从技术角度试图论证邻避设施安全时，映入民众脑海中的往往是爆炸、恶臭、污染等负面词汇，这种巨大的反差进一步加剧了他们对政府的不信任感。

二、邻避冲突治理的原则

（一）以疏代堵原则

当邻避冲突呈现为个体性的或者小规模、松散性的邻避抗争时，地方政府往往更倾向于对抗争的个人或者组织者采取打压、拘禁等强制手段，以迫使其退出邻避抗争，这是一种“堵”的方法。从短期来看，这种策略暂时能够取得一定的效果，参与邻避抗争的个体有可能会进行风险评估，从而退出邻避抗争。但是，个体的暂时隐忍并不能导致冲突的解决，反而会导致冲突能力的暗中聚集，一旦遇到合适的时机，这种能量的集中释放反而会导致冲突的升级以及局势的失控。同时，如前文所述，邻避冲突的产生在很大程度上是由于民众的心理原因，因此，做好民众的心理工作，对其进行心理疏导，就成为化解邻避冲突的一种可能的现实选择。由此观之，邻避冲突的管理要立足于疏导，坚持“以疏代堵”的原则，而不能一味地采取“堵”的办法，这才有助于从根本上解决邻避冲突。因此，在邻避冲突治理的过程中，为了避免冲突的扩散和升级，从根本上解决邻避冲突，就必须慎用“堵”的强制性策略，坚持“以疏代堵”。

（二）民众参与原则

邻避冲突治理必须要坚持让民众参与其中。在邻避冲突的治理中，实体要件和形式要件缺一不可。邻避冲突的实体要件需要进行环境影响评估，而形式要件则要求政府和企业与公民的沟通和对话，公民需要参与到诸如环评和决策的各个环节。正如马克思所说，“人们所奋斗的一切，都同他们的利益有关。”① 民众的参与不仅可以有力地维护其自身利益，也会提升民众的心理满意度。

邻避冲突的频繁发生虽然也有诸如生活质量、物质补偿等现实原因的考量，在很大程度上，公民参与受阻带来的主观上的心理伤害也经常成为诱发邻避冲突的重要原因。“有时候邻避设施附近居民诉求的焦点不在于未得到合理的补偿，而在于政府在邻避设施的决策中，忽视了居民的主体地位，不尊重居民的参与权利，缺乏完善的政策参与、利益协调以及监督反馈过程，居民很难在政策规划阶段就表达自己的立场和利益，民众对决策的合法性产生质疑，从而对政府失去了信任，这就形成了邻避冲突的心理基础。”② 在我国现阶段，“决定—宣布—辩护”这种不尊重公民参与的决策模式已经运转失灵。邻避冲突往往是一种非理性状态，是民众的一种情感反应和发泄。民众往往不能接受的是政府和厂商对他们的不尊重，他们发现自己在自己切身利益面前没有任何的知情权和参与感。

在邻避冲突治理中坚持让民众参与至少有以下好处：第一，公民参与有利于重塑民众和政府的信任关系，提升政府公信力。第二，增强民众对邻避项目的承诺和接受度。民众如果亲身参与了邻避设施和邻避项目风险评估的各个环节，就会增强对被认可的邻避项目的承诺和支持，至上很少会出现激烈的反对。第三，民众参与可以真正地反映他们的真实需求。在补偿回馈上，民众之间的需求是各不相同的，有的希望能够得到工作、有的希望能够得到现金补偿、有的希望能够增加图书馆和公园等公共设施。只有通过公民的参与，政府才有可能把握民众的真正需求，从而有针对性地调整自己的策略和工作重心。

---

① 马克思恩格斯选集（第1卷）［M］. 北京：人民出版社，1972：82.

② 沙元森. PX项目上也得明白下也得明白［N］. 齐鲁晚报，2012-10-29.

第四，提升公民的心理满意度。参与是民众的一种心理需求，公民能够真正地参与到邻避项目的论证、决策等各个环节，会增加民众的赋权感和满意度。第五，避免资源或资金的浪费。很多邻避项目都是在缺乏民众参与的情况下就擅自上马，在得到民众的集体反对时，被迫中止项目，先期的投入无法收回，这就造成了资源和资金的浪费。

（三）信息公开原则

信息公开是对现代民主政府的基本要求，政府要坚持“以公开为原则，以不公开为例外”，及时地公布邻避项目的相关信息，这样才能保障公民“知的权利”。

我国传统的邻避冲突治理大多采用一种信息封锁的“黑箱式”治理方式，缺少信息公开和交流。在我国近年发生的邻避冲突中，我们可以看到大多冲突都是按照这样的模式发展的：政府和企业隐瞒信息—建设邻避项目—民众获得信息—民众抵制—事件升级—政府妥协—项目下马。这样邻避冲突治理就陷入了一种怪圈，政府越是惧怕民众的反对，越有隐瞒信息的需要，民众在获悉信息后越有抵制和反对的冲动。

大量的案例表明，当民众缺少知情权，政府在邻避治理的过程中并没有征求他们的意见时，哪怕他们对政府的邻避治理措施并不存在不满时，这种参与的无力感也会促使他们对邻避设施的抵制和反对。很多民众最早对邻避设施兴建的了解往往来源于新闻媒体和熟人网络，而不是政府和企业的告知，这更加剧了他们的不满意感，导致政府与社会之间的信任丧失。遗憾的是，有些地方政府并没有吸取其他地方的教训，信息不透明、公民的意愿被代表的现象并没有实质改变，甚至为了避免工作“聚集闹事”，更进一步地封锁信息。但是，在网络时代，绝对的信息封锁是不可能成功的，政府的这种做法只会适得其反，更加激化了矛盾。因此，政府在邻避冲突的管理中必须要坚持信息要公开，保障公民的知情权，并且能够使得公民“知的权利”予以制度化，这样才能形成政府、企业和民众的三赢局面。

三、邻避冲突治理的出路

一般情况下，人们倾向于用提升技术和环保补偿或者回馈来应对邻避冲突。但是，在更多的情况下，邻避冲突主要来源于居民的一种心理恐惧，居民对风险的认知大多是一种主观评价，技术缓解虽然能够增强降低邻避项目的风险，但很难从根本上打消公民的忧虑，因此公民参与以及政府与公民的风险沟通设计就成为冲突治理的一种现实而有效的选择。具体地说，邻避冲突治理的出路就是要加强三大机制建设，即参与机制建设、回馈机制建设和风险沟通机制建设。

（一）加强参与机制

邻避冲突的参与机制，首先就要健全民意表达机制，保障公民的参与。随着国家民主化进程的加快以及公民权利意识的觉醒，公民参与已经成为公民的一项基本权利。在某些特定的情况下，公民之所以反对这些厌恶型的环境类邻避设施修在“他们的后花园”，是由于他们表达对政府和企业暗箱操作的不满和愤怒。实践表明，在环境性邻避问题上，加强参与机制建设，注重与公民的交通和交流，通过听证会、论证会和座谈会等形式征求公民的意见是取得公民理解和支持、化解邻避冲突的重要特征。“实践中，公众参与环境执法由早期的举报控告、检举环境违法行为，逐步发展到参与现场执法、参与行政处罚案件讨论，有些地方在环境行政处罚中，引入公众陪审制，让公众充当环境法官参与处罚案件的自由裁量权审查，对适用的法律条款、处罚额度和限期整改要求等提出相应意见，公众参与环境执法的效果正日益显现。”[①] 从决策过程看，这种沟通和交流可以采取谈判和协商的方式换取民众的支持，构建公民参与协商和影响政策的渠道。

加强参与机制建设，并不是排斥专家的作用，而是要在保障民众“知的权利”的同时，发挥专家学者的作用，推动决策的科学化和民主化。我国法律规定，在兴建这些厌恶型的邻避设施时，必须要有一个环评环节，但是民众往往对于政府的环评结果很难认同。环评需要专家发挥专业主义优势，综合利用各种技术手段，进行可行性分析。这就要求专家真正地以科学的态度，实事求是地进行环评，而不能屈服于政府和企业，否则会失去民众的信任。专家坚守独立性，不受其他势力的影响和干涉，捍卫科学的权威。否则，非专业人士就可能乘虚而入，以所谓科学的名义，混淆是非，导致民众对邻避项目的人士的认识片面化和断裂化。这样造成的结果就是民众对于邻避项目的风险认识模糊，甚至片面地夸大了邻避项目的风险。本来科学具有辨明真伪和进行仲裁的功能，但是当各种伪科学和伪专家充斥社会时，各种环境争议就缺少了客观、公正和权威的仲裁，由环境引起的冲突也容易演变为环境群体性事件。因此，专家应该坚守其独立性和中立性，这样既能够为政府的环境决策提供专业咨询，又为公民争取合理权益提供科学依据，使环境争议回归科学和理性[②]。

（二）健全回馈机制

邻避抗争具有非理性的一面，即受到邻避情结的支配，而不愿把这些厌恶型的邻避设施建在“我家的后花园”。同时邻避抗争也具有理性的一面，由于成本和收益的严重不对称，邻避设施必然使他们的权益相对受损，自然得不到他们的支持。因此，健全回馈机制建设，

---

① 赵美珍，戈琳，李鹏．论公众参与环境监管的补正功效与保障机制［J］．常州：常州大学学报（社会科学版），2005（1）．

② Xufeng Zhu. *Rebuilding Government Credibility in Chinese Environment Resident Activism*［J］. Environment Science & Technology，2012（46）．

通过各种回馈和补偿，换取民众的理解和支持，推动邻避效应走向迎臂效应。

健全回馈机制，通过回馈和补偿换取民众的支持，要做到精细化和多元化，满足民众的不同需求。在补偿方面，政府或者厂商可以考虑各种各样的补偿方式，既可以是现金补偿，也可以是提供好的工作机会，还有的通过建造公共图书馆、体育场和公共广场等方式进行补偿和回馈。为了使得环保补偿或者环保回馈取得良好的效果，我们可以加强民众和厂商的谈判和协商，这点我们可以借鉴台湾地区的环保协议书制度。台湾的环保协议书是企业在兴建邻避设施之前，与民众签订协议，规定了补偿的方式、内容和期限等。由于环保协议书是民众和企业的共同承诺，比较容易执行。

同时，补偿或回馈应注重“事前”补偿，防止“事后”的被动回馈演变为一种“环保流氓”的过度索取。目前的环保回馈措施几乎都是事后的被动措施，绝大部分的情形大多是大闹赔大钱，小闹赔小钱，这也就是我们通常所说的“问题化”策略，这种情况容易造成民众和企业和政府关系的恶化。正确的补偿或者回馈策略应该是“事前”协商与约定，这种“事前”协商不仅凸显了政府和企业在应付问题方面的主动性、树立了其诚信形象，容易获得民众的认同。同时这种“事前”协商是在和公民谈判的基础上取得的，这种补偿或者回馈方案容易获得民众的认同和支持，从而最大限度地避免了民众漫天要价的情况。

（三）完善风险沟通机制

民众如何应对风险取决于他们对风险的认知和评估。由于专家的专业主义优势，专家在风险评估方面具有较高的权威，民众对风险的认知往往来源于权威和媒体的警报信息。民众的风险评估认知来自于风险影响的概率、强度和紧迫性。在某种情况下，民众的风险认知和风险评估往往更是一种主观评价，他们虽然受到专家的影响，但是并不必然和专家的认识相一致，特别是专家的解释和他们的日常体验不一致时，就会产生认知失调。民众的非专家知识对于风险认定和评估也会有重要影响，一些非专家可以通过处理自己身边长期存在的风险而成为处理某种情境的专家。完善风险沟通机制降低民众对邻避设施的猜疑状态，降低邻避冲突的概率。这需要从以下几个方面着手：建立邻避性公共数据库，收集各地的类似项目的典型案例，分析其时间维度、安全维度、环保维度以及效益维度，来减轻公众心理上的恐惧和反抗，提高其接受的意愿；另外，明确风险补偿标准及安全、环保标准，尽量使得收益—成本公平分配，从原因上解决由利益矛盾产生的公平正义问题①。

① 马奔，王昕程，卢慧梅．当代中国邻避冲突治理的策略选择——基于对几起典型邻避冲突案例的分析［J］．山东大学学报（哲学社会科学版），2014（3）．

社区冲突及其治理

中国不同类型城市社区内的冲突程度比较研究

原　珂

摘　要： 社区冲突是现代城市社区治理不可回避的重要议题之一。通过对北京、上海、天津、广州和深圳五个大城市社区的调查发现：一方面，不同城市社区类型中的社区冲突程度具有差异性，过渡演替式社区的冲突严重程度最高，其次是综合混合式社区，再次是单一单位式社区和传统街坊式社区，而现代商品房式社区的冲突严重程度相对较低。另一方面，同质性社区内的矛盾冲突相对较少，且冲突较易于化解，而异质性社区内的矛盾冲突相对较多，且冲突不易化解。此外，社区冲突的程度不同对社区稳定性、社区冲突影响因素及社区冲突治理等都具有显著影响。

关键词： 城市社区　社区冲突　异质性

一、问题的提出与研究假设

从城市发展来看，由于城市整体发展规划、社区建设等多方面的

作者简介：原珂，博士，对外经贸大学教育与开放经济研究院讲师，主要从事公共治理与教育经济研究。

基金项目：国家社科基金重大项目“基于大型调查数据基础上中国城镇社区结构异质性及其基层治理研究”（15ZDB173）；国家社科规划重点项目“公共领域冲突管理体制研究”（13AGL005）。

文章来源：《中国行政管理》2017 年第 9 期。

原因，中国的城市社区在总体上呈现出不平衡之发展态势。从全国范围来看，由于经济发展水平的不均衡性，使得不同城市之间、同一城市不同区域之间，社区建设与发展程度也不尽相同。这在一定程度上解释了为什么在同样的社会转型大背景下，有些社区的冲突少，有些社区的冲突却很多；为什么某一类型社区内的冲突少，另一类型社区中的冲突却很多；为什么某一类型社区内的社区冲突严重程度较低，另一类型社区的冲突严重程度却很高。为此，基于对北京、上海、天津、广州和深圳五大城市社区的调查数据，集中研究不同类型城市社区（传统街坊式社区、单一单位式社区、综合混合式社区、过渡演替式社区和现代商品房社区等）的冲突程度及其差异。所谓社区类型，通常是指一定分类标准下社区所凸显的社会属性[①]。关于社区分类研究，最早可以追溯到提出“社区”概念的德国社会学家滕尼斯（Ferdinand Tonnies）。但由于社区内涵的丰富性和标准的复杂性，一直不可能建立起一个统一的共识标准[②]。如滕尼斯对地区社区、非地理社区和亲属社区的三分法；甘斯（H. J. Gans）、马勒（Penny Long Marler）、怀特（Jonathan M. White）、亨特（A. J. Hunter）、沙托斯（G. D. Suttles）、弗拉纳根（W. Flanagan）、奥利弗·威廉斯（Oliver Williams）、查尔斯·阿德里安（Charles Adrian）、克拉伦斯·斯通（Clarence N. Stone）等对欧美城市社区不同标准的四分法等[③]。回顾国内，吴缚龙最早根据社区属性将中国的城市社区分为传统式街坊社区、单一式单位社区、混合式综合社区和演替式边缘社区四种类型[④]。之后，朱健刚、卢汉龙等根据社区建成时间又划分出改造社

① 丁元竹．社区的基本理论与方法［M］．北京：北京师范大学出版社，2009：38.

② G. P. Crow & G. Allan. *Community Types*, *Community Typologies and Community time* [J]. Time & Society, 1995, 4 (2), pp. 147 – 166.

③ Oliver P. Williams and Charles R. Adrian. *Four cities: a study in comparative policy making* [M]. Philadelphia: University of Pennsylvania Press, 2012.

④ 吴缚龙．中国城市社区的类型及其性质［J］．城市问题，1992（5）．

区、旧宅保留社区、近建社区和新建社区四种类型[①]。进入21世纪后，张鸿雁鉴于中国城市社会的发展变化以及城市社区的变异与分化等因素，在上述分类基础上又提出两类新型社区：新型房地产物业管理型社区和“自生”社区或移民社区[②]。自此之后，仍有不少学者如方婉丽、蓝志勇、李东泉等从不同方面对社区进行分类，但尚未有所创新或超越，如蓝志勇等根据地理区位的差异将城市社区的划分为旧城社区（Historical Area）、单位社区（Work Unit）、城中村（Urban Village）和城乡接合部的边缘社区（Urban - rural Fringe Community）四类，并认为后两类社区比较相似，因为现在的城乡接合部边缘社区很可能就是未来的城中村[③]。近年来，随着我国城市化进程的不断深化和城市规划管理的逐步发展与完善，城市社区也呈现出一些新特征、新类型。王胜本等通过对我国城市社区自新中国成立以来60多年的发展历程进行系统梳理后，划分出当前较为契合实际的五种社区类型：传统街坊式、单一单位式、综合混合式、城市扩建式和新型物业式社区[④]。鉴上所述，结合社会转型期我国城市社会的发展变化以及城市社区建设的实际状况，并在对北京、上海、天津、广州和深圳五大城市深入调研的基础上，本文将社会转型期的我国特大城市社区类型大致划分为五类：传统街坊式社区、单一单位式社区、综合混合式社区、过渡演替式社区（主要涉及“城中村”社区、“村改居”社区和城郊边缘社区三种类型）和现代商品房式社区[⑤]。当然，此划分是在依据张鸿雁和王胜本等人划分的基础上整理、补充所得，对其是一种继承、发展与完善。

---

① 朱健刚．城市社区：在实践中的反思［J］．北京社会科学，1999增刊．卢汉龙．单位与社区：中国城市社会生活的组织重建［J］．社会科学，1999（2）．

② 张鸿雁．论当代中国城市社区分异与变迁的现状及发展趋势［J］．规划师，2002（8）．

③ 李东泉，蓝志勇．中国城镇化进程中社区发展的思考［J］．公共管理学报，2012（1）．

④ 王胜本，张涛．社区发育视域下的城市治理问题研究［J］．河北工程大学学报（社会科学版），2012（3）．

⑤ 原珂．中国特大城市社区冲突与治理研究［D］．天津：南开大学．2016．

单个社区冲突的发生或许具有偶然性，但若某一类型社区内的矛盾、纠纷或冲突频繁发生，那就意味着这一类型的社区在很大程度上存在着一定的冲突管理或治理问题，如传统街坊式社区、单一单位式社区、综合混合式社区、过渡演替式社区和现代商品房社区等不同类型社区之间通常具有较大的异质性，而且其内的社区冲突也往往具有一定的差异性。然而，目前国内学界对城市社区的研究大多不分（社区）类型，就社区而谈社区，而事实上不同类型社区之间的差异其实是很大的，如高档别墅小区与城市边缘社区或“城中村”社区之间的差异可谓是天壤之别。特别是不同类型的城市社区内存在的社区矛盾、纠纷或冲突往往不一，如现代商品房社区存在停车难、入户难、流动人口多的问题；传统街坊式的老旧社区居民资源有限，社区基础设施破旧且很不完善，存在供水、供暖、就业等困难；单一单位式社区时好时坏，单位发展好的，其所属社区各项设施或服务都较好，而单位不景气或破产的，社区居民的生活、就业及社区公共服务等就相对较差；位于城郊边缘的过渡演替式社区，可能存在没有地铁（如 2011 年在北京四环外五环内的宛平地区就上演了轰动京城的“居民自愿捐建地铁”事件），上下班高峰时段交通十分拥挤，居民出行不便等问题；城乡接合部的社区往往还存在“农民上楼后”的社区管理难题等，位于城中村的过渡演替式社区却可能存在住房拥挤、社区“脏、乱、差”等问题以及因“村转居”而引发的一系列矛盾冲突。上述社区问题以及因此而引发的社区矛盾、纠纷或冲突都反映了我国新一轮城市化过程中社会管理所遇到的种种困境，即“单位制”解体后，大量的社会事务不是直接转移给社会，而是转向了社区[①]。然而，社区一时难以承载起如此之重负，便产生了大量的社区矛盾、纠纷或冲突。为此，本研究尝试按照城市社区类型属性划分对社区冲突进行精细化的分类比较研究，以深入分析不同城市社区

① 于燕燕．中国社区发展报告（2012）［M］．北京：社会科学文献出版社，2013：175.

间冲突的差异（当然，这也是下一步分类研究城市社区冲突治理的前提要件）。鉴于此，本研究的基本假设是大都市中不同社区类型内所存在的社区冲突程度是有差异的。

元假设：不同城市社区类型中的社区冲突程度具有差异性。

达仁道夫曾用“强度”和“烈度”来描述冲突的程度。强度是指各冲突方面的能量消耗及其卷入冲突的程度，烈度是指各冲突方用来追求各自利益而采取的诸种手段[①]。然而，其不足之处是难以量化，即使能够量化，但对其强度的感知也是很难进行操作化定义。基于此，为了便于进行操作化定义，本研究将以社区冲突频率和冲突烈度两个维度来衡量某一类型城市社区在某一段时间内的冲突程度。

维度一：冲突频率。指某一类型社区在一段时间内（一般以月或年为单位）所发生的社区矛盾、纠纷或冲突的数量。

维度二：冲突烈度。指一次社区冲突所造成的破坏程度。其主要取决于冲突解决所采取的方式或手段，如对话、和解、谈判、调解、信访、上访、仲裁、诉讼、诉诸、暴力等。

同时，通过对专家访谈资料的分析发现：一般来说，在冲突频率方面，传统街坊式社区、单一单位式社区和现代商品房式社区内的冲突频率相对较低[②]，而综合混合式社区和过渡演替式社区内的冲突频率相对较高[③]；在冲突烈度方面，传统街坊式社区、单一单位式社区和综合混合式社区内的冲突烈度相对较小，而过渡演替式社区和现代

---

① 达仁道夫．工业社会中的阶级和阶级冲突［M］．美国：斯坦福大学出版社，1957：211.

② 前两类社区都属于老旧社区，具有类似“熟人社会”的特性，社区居民的同质性相对较高；而后一类社区类似于“陌生人社会”，社区居民异质性较强，且社区流动性较强。因此，在这三类社区中，冲突发生的频率都相对较低。

③ 这两类社区类似于“半熟人社会”或“半陌生人社会”，且社区居民异质性较强，但社区流动性都相对较弱，所以社区冲突发生的频率相对较高。

商品房式社区内的冲突烈度相对较大[①]。如图 1 所示。但实践中，不论冲突频率还是冲突烈度，只要其中有一者居高时，冲突严重程度则都会大为增大[②]。鉴于此，提出以下基本假设。

假设 1：传统街坊式社区冲突频率较低，烈度较小，冲突程度较低，如图 1 中Ⅳ所示；

假设 2：单一单位式社区冲突频率较低，烈度较小，冲突程度较低，如图 1 中Ⅳ所示；

假设 3：综合混合式社区冲突频率较高，烈度较小，冲突程度较高，如图 1 中Ⅱ所示；

假设 4：过渡演替式社区冲突频率较高，烈度较大，冲突程度较高，如图 1 中Ⅰ所示；

假设 5：现代商品房式社区冲突频率较低，烈度较大，冲突程度较高，如图 1 中Ⅲ所示。

		冲突烈度	
		大	小
冲突频率	高	高、大（Ⅰ）	高、小（Ⅱ）
	低	低、大（Ⅲ）	低、小（Ⅳ）

图 1　社区冲突程度

① 这主要是基于社区社会资本视角的考量，在前三类社区中，社区社会资本相对较弱，当冲突发生时，其所调用的冲突解决手段也相对较弱，如对话、和解、协调、调解、仲裁等；而在后两类社区中，社区社会资本相对较强，其所调用的冲突解决手段也相对较强，如调解、仲裁、信访、上访、诉讼以及暴力解决等，如在过渡演替式社区中，基于血缘、地缘等方面的同族、同乡、同村等关系，其在合法手段得不到解决时，往往会通过暴力解决，甚至以群体性暴力的方式解决，而在现代商品房式社区中，基于业主教育文化水平较高，社会人脉关系丰富，其往往更多地会通过仲裁、诉讼等司法裁决的方式来解决。

② 在此，可能有人会提出：社区内频繁的低烈度冲突并不一定会增加社区冲突的严重程度。但在此笔者要提醒的是，社区内的积怨性冲突则往往是源于日常生活中的琐事或纠纷，虽长期潜伏，但积聚到一定程度，突破临界点之后，必然会酿成更为严重的积怨性社区冲突，从而更不易于化解或解决。

在上述假设基础上，笔者继续通过冲突频率与烈度这两个维度对不同类型社区之间的冲突程度及其相互关系进行了比较分析，并进一步提出以下几个有待检验的循环假设。

假设6：传统街坊式社区和单一单位式社区的冲突程度较为相似；

假设7：传统街坊式社区和单一单位式社区的冲突程度均小于综合混合式社区的冲突程度；

假设8：传统街坊式社区和单一单位式社区的冲突程度均小于过渡演替式社区的冲突程度；

假设9：传统街坊式社区和单一单位式社区的冲突程度均小于现代商品房式社区的冲突程度；

假设10：综合混合式社区的冲突程度小于过渡演替式社区的冲突程度；

假设11：综合混合式社区的冲突程度大于现代商品房式社区的冲突程度；

假设12：过渡演替式社区的冲突程度大于现代商品房式社区的冲突程度。

二、数据来源与冲突程度比较分析

根据中国社会经济发展状况和城市发展实际水平，本研究以北京、上海、天津、广州和深圳五大城市的社区为例，通过采取“城市—区—街道—社区—小区—受访者”多阶段分层抽样与随机抽样相结合的实证调查研究方法[①]。在很大程度上，被调查的社区在所在城市社区具有代表性，被调查的居民在所有住户中具有代表性。实

① 在进行正式调查之前，已预先按照此方法于2014年7—9月对天津市的不同类型社区进行了预调查，并根据预调查的数据结果对调查问卷进行了调整与完善。在此，非常感谢天津市民政局的协助。

际调研时间从2014年4月持续到2015年9月，其中包括2014年7—9月在天津的试调查阶段。调研对象主要涉及各大城市的社区居民及相关部门或组织主要负责人和工作人员。具体调查过程为四个步骤。

第一步，依据所调查城市的社会经济发展状况，选取与所调查城市社区类型（传统街坊式社区、单一单位式社区、综合混合式社区、过渡演替式社区和现代商品房式社区）相对较为接近的市区，如广州市，依次选取荔湾区、海珠区、天河区、白云区和番禺区。其他城市类同。

第二步，在每个城市所选的五类所选市区里，选取与调查社区类型较为接近的典型街道（如老城区、单位社区、综合性社区、城中村或城郊边缘区、高档社区等）。如广州市，依次选取昌华街道、新港街道、天河南街道、三元里街道和钟村街道。其他城市类同。

第三步，在每个城市所选的典型街道中选取2～3个典型社区[①]。如广州市，依次选取昌华街道的XGDW社区、新港街道的ZD社区、天河南街道NYL社区、三元里街道的ZMG社区与DY社区、钟村街道QFXC社区等。其他城市类同。

第四步，依据每个城市最终确定的2～3个社区，主要采取随机抽样的方法，从每个社区随机抽取15～25位居民进行问卷调查。同时，在部分城市（如深圳）社区，也依据社区居民名单，按照PPS方法进行入户调查。总之，每类型社区发放50份问卷，每个城市共发放250份问卷。

实际调查中，本调查共发放问卷1250份，回收问卷1227份，其中有效问卷1210份，问卷回收率为98.16%，问卷有效率为98.61%，符合一般社会调查的基本要求。有效问卷样本分布详见

① 根据某一类型的社区中，若同质性的居民或住宅超过四分之三，即视该社区为这一类型社区的代表样本。

表1。针对回收有效样本，通过 SPSS21.0 统计软件对问卷整体信度的克朗巴哈系数（Cronbach's Alpha）检验和对问卷整体效度的 KMO 和巴特利特（KMO & Bartlett）球形度检验分析可知，社区冲突的化解与治理部分的整体信度系数与整体效度系数分别为 0.627 和 0.655[①]。其克朗巴哈信度系数在 0.60 以上，说明调查问卷的整体可信度较高；Bartlett 球形度检验结果的 P 值小于 0.01，同时，KMO 值也都在 Kaiser 所给出的度量标准范围之内，这既说明本调查问卷整体具有良好的效度，而且也表明了调查问卷中各项题目的设计都是合理的。因此，原有变量完全符合社会调查的基本要求。

表 1　中国城市社区冲突与治理研究调查问卷样本分布（份）

类型 / 城市	传统街坊式社区	单一单位式社区	综合混合式社区	过渡演替式社区	现代商品房式社区	总计
北京	45	48	48	48	49	238
上海	44	43	50	50	50	237
天津	50	50	50	50	50	250
广州	50	50	48	47	50	245
深圳	45	48	50	50	47	240
总计	234	239	246	245	246	1210
	1210					

调查结果显示，关于社区冲突频率与冲突烈度，依据统计软件 SPSS21.0 卡方检验概率 P 值均小于 0.05，说明不同类型城市社区中的社区冲突频率与冲突烈度均有显著性差异。不同类型城市社区内的冲突严重程度如表 2 所示。

① 本调查问卷共分两部分，第一部分为受访者基本信息，第二部分为对社区冲突的认知，与本研究不相关，故不涉及。

表 2　不同类型社区的冲突严重程度（%）

冲突频率与冲突烈度	社区类型					总计
	传统街坊式社区	单一单位式社区	综合混合式社区	过渡演替式社区	现代商品房式社区	
经常	16.7	10.0	13.3	53.3	6.7	100.0
十分严重	18.5	14.8	18.5	40.7	7.4	100.0
较多	20.7	16.2	24.3	23.4	15.3	100.0
严重	13.6	19.3	25.0	17.0	25.0	100.0
一般	21.9	17.6	23.5	18.4	18.6	100.0
一般	21.4	17.5	21.8	24.8	14.5	100.0
较少	15.9	21.0	19.8	20.1	23.2	100.0
不太严重	15.7	25.1	17.1	18.1	24.0	100.0
没有	28.7	26.9	10.2	14.8	19.4	100.0
不严重	23.0	16.7	21.0	14.0	25.3	100.0

由表 2 可知，过渡演替式社区中的社区冲突严重程度最高，即“经常”发生冲突的频率为 53.3%，冲突烈度“十分严重”的比例为 40.7%，都约占到一半；其次是综合混合式社区中的社区冲突，其“较多”发生冲突的频率为 24.3%，冲突烈度“严重”的比例为 25.0%，都约占到四分之一；再次是现代商品房式社区中的社区冲突，即“较多”发生冲突的频率为 15.3%，冲突烈度“严重”的比例为 25.0%；最后是单一单位式社区中的社区冲突严重程度相对较低，而传统街坊式社区中的社区冲突严重程度最低，其“没有”发生冲突频率为 28.7%，冲突烈度“不严重”的比例为 23.0%。

根据表 2 所示数据，合并冲突频率“经常”与“较多”两项为“冲突频率”，合并冲突烈度“十分严重”与“严重”两项为“冲突烈度”①，得出图 2。

① 在此需要说明的是，因我国民众相对较为含蓄，“一般”具有很大的模糊性，所以在此将“一般”及其以下的不列入计算。

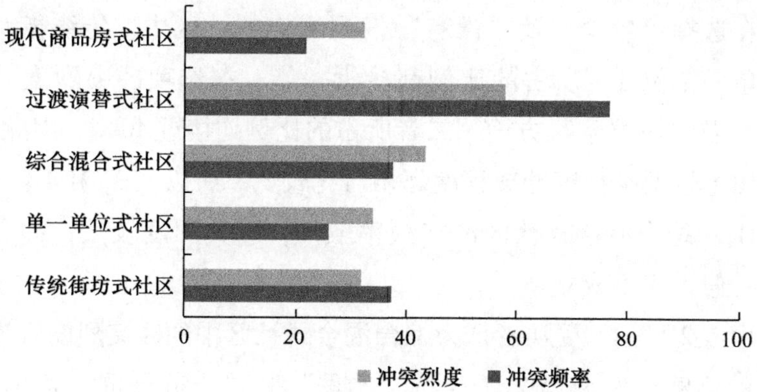

图 2　不同类型社区中的冲突严重程度

根据图 2 可以对之前作出的一组假设进行判断：

H_1：传统街坊式社区冲突频率较低，冲突烈度较小，冲突程度较低；假设 1 成立。

H_2：单一单位式社区冲突频率较低，冲突烈度较小，冲突程度较低；假设 2 成立。

在我国大都市里的传统街坊式社区和单一单位式社区大多是建于 20 世纪 90 年代以前的老旧住宅小区，其二者可统称为“老旧社区”，其特点是：规划不合理、布局混乱；房屋年久失修、道路破损、小区基础设施配套落后；绿化杂乱、小区环境“脏、乱、差”，违章搭建普遍存在以及物业服务跟不上等。以北京为例，据统计，截至 2015 年 6 月底，全市约有老旧小区 1582 个、建筑面积 5850 万平方米，涉及 117 万户、292 万人，占全市居住小区的 53%[①]。但是，这些老旧社区经过近几十年的发展，社区居民整体构成相对比较单一，且邻里之间相对比较熟悉，往往具有类似于“熟人社会”的特征，因此在这两类老旧社区中发生社区矛盾、纠纷或冲突频率相对较低，且即使发生社区矛盾冲突，其烈度一般也不会太大。从表 2 也可以看出，受

① 王智玲．首都老旧小区治理：微行动大能量［J］．社区，2015（7）．

访者在选择“较少”及“没有”发生冲突的社区中，传统街坊式社区和单一单位社区所占的比例都接近一半；在选项冲突烈度“不太严重”及“不严重”方面，二者所占的比例均接近40%。因此可知，在整体上这两类社区冲突程度都相对比较低。所以，H_1 和 H_2 成立。

H_3：综合混合式社区冲突频率较高，冲突烈度较大，冲突程度较高；假设3不成立。

由表2可知，受访者认为综合混合式社区中的冲突烈度较为“严重”的比例约为43.5%（合并“严重”和“十分严重”两项），而认为“不严重”的比例仅占38.1%（合并“不严重”和“不太严重”两项），由此推知，社会转型期我国综合混合式社区中的冲突烈度还是相当大的。其实，现实中，随着近年来社区民主意识的觉醒和公民意识的增强，在综合混合式社区中因基本公共服务配置不均、不到位等因素而引发的集体“静坐”、上访等行为较过往已明显增多。

H_4：过渡演替式社区冲突频率较高，冲突烈度较大，冲突程度较高；假设4成立。

过渡演替式社区涉及“城中村”社区、“村改居”社区、移民安置社区以及城乡接合部社区等，这类社区往往因人员混杂、人口流动性大以及社区建设、管理滞后等多方面的原因，往往容易引发各种社区矛盾、纠纷或冲突。另外，这类社区又因原村民或居民的血缘、宗族等关系，发生冲突时，往往容易采取极端行为，冲突烈度相对较大。从图2可以直观看出，这类社区的冲突频率和冲突烈度都远高于其他四种类型的社区。因此，社区冲突程度必然也较高。

H_5：现代商品房式社区冲突频率较低，冲突烈度依具体情况而定；假设5不成立。

在现代商品房式社区中，如受访者选择“经常”和“较多”发生社区冲突的比例分别为6.7%和15.3%，其都远低于其他四种类型内的社区冲突频率。但在冲突烈度方面，之所以会出现受访者选择“严重”与“不严重”比例均约为25%之状况，其原因在于社会转型期的我国商品房社区存在高、中、低多个档次。在中、高档商品房小区中，因物业服务问题、社区环境问题以及社区管理问题等多方面因素引发的业主维权事件或冲突相对较多，其虽发生频率不是很高，但冲突烈度往往很大，如常见的表现形式就有集体抗议、上诉、寻求媒体关注及报道等，而在低档次商品房中，大多数居民或业主的权利意识相对较为薄弱，因而相对较少采取“闹大”等极端形式来表达诉求，所以其冲突烈度则相对“不严重”。详见表2。

H_6：传统街坊式社区和单一单位式社区的冲突程度较为相似；假设6成立。

现实生活中，我国大城市里的单一单位式社区大多形成于计划经济建设年代，因受计划经济时代“街居制”的深厚影响，现阶段我国大城市的大部分传统街坊式社区和单一单位式社区在社区建设、发展与治理方面不仅较为相似，而且同质性相对较高。其社区冲突程度虽有差异，但在整体上还将相对较为接近。

H_7：传统街坊式社区和单一单位式社区的冲突程度并非均小于综合混合式社区的冲突程度；假设7不成立。

由表2可知，在社区冲突频率方面，受访者选择“经常”发生冲突的社区中，传统街坊式社区的比例明显高于综合混合式社区的比例，前者为16.7%，后者为13.3%，但在冲突烈度方面，“十分严重”程度均为18.5%。一种直观的解释是，因大城市传统老旧社区房租便宜等方面的原因，社区外来人口数量也在不断增加，因而引发的社区冲突数量往往相对较多，而借此引发的冲突烈度也相对不低。

H_8：传统街坊式社区和单一单位式社区的冲突程度并非均小于过渡演替式社区的冲突程度；假设8不成立。

由表2可知，在社区冲突烈度“严重”方面，单一单位式社区中的冲突烈度高于过渡演替式社区中的冲突烈度，前者为19.3%，而后者为17.0%。一种可能的解释是，因计划经济体制影响下的单位式社区，往往是大企业或大单位的附属生活区。其社区居民较过渡演替式社区中的居民，往往具有更好的社会资源，因此，当发生社区冲突时，其烈度则相对较大。

H_9：传统街坊式社区和单一单位式社区的冲突程度并非均大于现代商品房式社区的冲突程度；假设9不成立。

由表2可知，在社区冲突频率和烈度方面，受访者在选择“经常”与“十分严重”两个选项上，都一致认为传统街坊式社区的比例要大于现代商品房式社区中的比例，前者分别为16.7%和18.50%，后者分别为6.7%和7.4%。这其实与现代商品房所属档次的高低有关。如在高档商品房小区中，特别是在高档别墅小区中，因业主经济收入水平、整体综合素质等都相对较高，加之在社区环境、社区基础设施、社区保障及其社区专业物业服务质量等方面也都相对较高，因此引致冲突的因素相对较少，即使有，也很容易达致和解，所以在这一类型的社区中冲突频率则往往相对低很多。例如，现实中，很多开发商售房时所推介的“样板”社区便大多是如此，如深圳的桃源社区、华侨城社区，武汉的百步亭社区，天津的中新生态城等。

H_{10}：综合混合式社区的冲突程度并非完全低于过渡演替式社区的冲突程度；假设10不成立。

由表2可知，在社区冲突频率与烈度方面，受访者在选择“较多”与“严重”两个选项上，都一致认为综合混合式社区的比例大于过渡演替式社区的比例，前者分别为24.3%和25.0%，后者依次为23.4%和17.0%。由此可知，综合混合式社区的冲突程度要略高于过渡演替式社区中的冲突程度。相对于综合混合式社区而言，过渡演替式社区中居民的同质性往往要略高一些，因为后者中不少社区都是由原来的村庄变迁而成，其原村民所占比例较大，即使是外来人口进来，也相对喜欢积聚而居等，这样社区居民间的交往则相对较多，社会资源相对较好，而相应的社区冲突则会相对减少。

H_{11}：综合混合式社区的冲突程度并非完全高于现代商品房式社

区的冲突程度；假设 11 不成立。

由表 2 可知，在社区冲突烈度方面，受访者在选择“严重”一选项上，二者所占比例相等，均为 25%。但由于现代商品房式社区中的居民或业主整体经济条件相对较好，社会资源也相对较多，其在社区冲突中则往往更易于调动各方资源，从而更易加剧冲突的严重程度。其实，根据帕特南、布尔迪厄、科尔曼和林南等人的社会资本理论可知，社会地位和经济收入等较高的人们往往有着更多的社会资源，因此，在现代商品房式社区中的居民或业主往往较其他四种类型社区中的居民有着更好、更多的社会资源，其在发生社区矛盾冲突时，也往往更易于调动其相应的社会资源，从而很可能直接造成冲突规模的扩大和冲突程度的恶化与升级。

H_{12}：过渡演替式社区的冲突程度并非完全高于现代商品房式社区的冲突程度。假设 12 不成立。

由表 2 可知，在社区冲突烈度“严重”方面，过渡演替式社区的比例要远低于现代商品房式社区的比例，前者为 17.0%，后者为 25.0%。这也间接说明过渡演替式社区中居民的社会资本普遍低于现代商品房小区内居民的社会资本。理由同 H_{11}。

此外，如果仔细观察表 2，可以发现，现代商品房式社区中的社区冲突状况呈现出一种“极化”现象，即冲突严重程度“较高”和“较低”所占比例较为接近。从统计学意义上来看，即冲突频率相对不是很高，但其烈度却很大。有趣的是，现实中的确存在这样的情况，一端是治理得较好的商品房小区一般很少出现社区矛盾、纠纷或冲突，其社区内一片祥和，其乐融融，且这类社区日后大都发展为所谓的“和谐社区”，如上海浦东新区陆家嘴张扬路 1515 弄的国际华城小区、深圳宝安区的桃园社区等；而另一端却是治理的相对较差的商品房小区，则经常出现社区矛盾、纠纷或冲突，如北京海淀区的美丽园小区、天津西青区的涵溪园小区等都曾是如此。

三、研究发现与讨论

根据上述对不同类型城市社区中社区冲突程度的分析可知，大都市中不同类型社区内的冲突程度存在显著差异。

第一，根据调查结果可知，不同类型城市社区中的冲突程度有所差异。其中，过渡演替式社区的冲突严重程度最高，其次是综合混合式社区，再次是单一单位式社区和传统街坊式社区，现代商品房式社区的冲突严重程度相对较低，详见图3。然而，现实中，大家往往更多地关注现代商品房小区中诸如物业冲突等之类的显现冲突，而往往忽视了其他类型社区中的一般性冲突或隐形冲突。

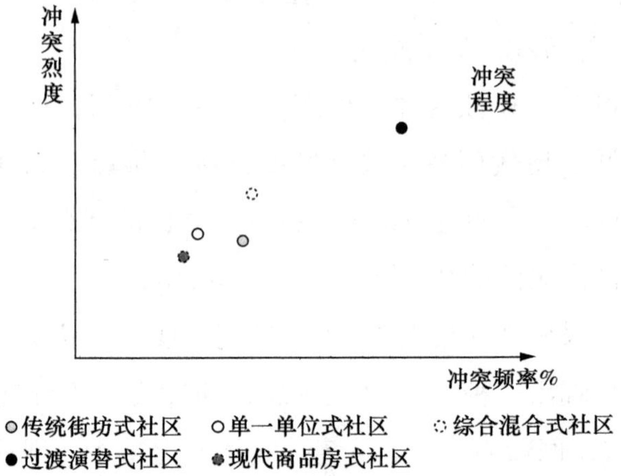

图3　五种城市社区类型中的社区冲突程度

第二，根据调查结果可知，传统街坊式社区和单一单位式社区因具有较强的同质性，故称其为“同质性社区”。而综合混合式社区和过渡演替式社区因异质性较大，故称其为“异质性社区Ⅰ”。现代商品房式社区异质性也较大，但其在人员构成、社区管理体制、治理结构等方面有别于前二者，故称其为“异质性社区Ⅱ”。详见表3。

表3　同质性社区与异质性社区冲突程度比较

社区类型＼项目	社区属性	社会属性	冲突程度
传统街坊式社区	同质性社区	熟人社会	较低
单一单位式社区			
综合混合式社区	异质性社区Ⅰ	半熟人社会 半陌生人社会	较高
过渡演替式社区			
现代商品房式社区	异质性社区Ⅱ	陌生人社会	较低

同质性社区：传统街坊式社区、单一单位制社区因其在社区环境、社区居民等方面的同质性较高，在总体上比较接近于“熟人社会”，因而在社区各方面的矛盾冲突则相对较少，即使发生社区矛盾冲突，也相对较为容易解决。

异质性社区Ⅰ：综合混合式社区、过渡演替式社区特别是在“城中村”社区、“村改居”社区和城郊社区，因社区环境、外来流动人口较多等方面的因素，社区异质性较大，社区整体上属于“半熟人社会”，其容易引发社区矛盾冲突的因素相对较多，且矛盾冲突也不易化解。

异质性社区Ⅱ：现代商品房社区由于社区环境、社区居民层次不一等方面的原因，社区异质性也较大，社区整体上属于“陌生人社会”，其容易引发社区矛盾冲突的因素相对不多，但一旦发生矛盾冲突，往往不易解决。

值得注意的是，按理说，同质性较强社区内的冲突相对较少，如街坊式社区和单一单位式社区，但吊诡的是，如上文中的调查结果所示，转型期这类社区的冲突并不少，特别是群体性冲突事件更为数不少。可能的一种解释是，正因为此类社区的居民相对较为熟悉，一旦遇到涉及社区公共利益的矛盾纠纷，往往更容易达成默契，倘若这类社区内的居民长期处于“无所事事”的状态，则更易因琐事而爆发群体性冲突（这在很多“回迁社区”或因城市改造、征地拆迁等而短时间内暴富的社区更为严重）。这也在很大程度上验证了阿克塞尔罗德的“博弈链条”理论，即人们在博弈链条短的关系互动中会助长其机会主义的行为，而当博弈链条加长时，参加博弈的人们相互采取合作策略的可能性则会大大增加①。这也就为长期居住在一起的同质性群体容易产生群体行为提供了一种恰当的解释路径。同时，这还在一定程度上解释了为什么老旧社区和单位社区冲突中群体性诉求较为一致的原因所在了。当然，在此需注意的是，这类社区与商品房住宅小区冲突中的群体性诉求是有差异的，后者更是基于业主自身利益的考虑，而前者往往含有集体利益或认同的考量。

另外，在同质性相对较强的社区（即熟人社区）中，人们因“抬头不见低头见”而往往很容易采取和大家一致的行为。在这种意义上，日常的空间居住状态在很大程度上影响着人们的互助形式和质量，这也是群体性事件中主体间互动的一个基本环境，特别是当弱势群体聚居在一起的时候，这时因多种不利因素集中于这一弱势群体身上，则会造成冲突主体的重叠程度相对较高，更容易采取对抗性的集体行动。因此，要防止参与社区冲突事件的民众在短时间内出现爆炸式的膨胀，在社区建设与管理中就不能只坚持以往的“集中居住便于管理”的自上而下的管控性思维，而应辩证地看到另一面，即聚集而居也往往易于形成个体间的集体共鸣或群体认同。也正是在这一层面上，政府在城市改造或规划、单位社区建设、“村改居”或移民安置以及廉租房、保障房集中或连片建设时需要增加集体行动方面的考量②。这也是笔者为什么积极主张城市社区在建设和发展过程中始终应遵循“大杂居，小聚居”的原因所在。

---

① 罗伯特·阿克塞尔罗德．合作的进化［M］．吴坚忠，译．上海：上海世纪出版集团，2007：23.

② 许尧．中国公共冲突的起因、升级与治理［M］．天津：南开大学出版社，2013：266.

第三，根据调查结果可知，在社区稳定性方面，传统街坊式社区和单一单位式社区内的矛盾冲突，不仅在数量上相对较少，而且冲突严重程度也相对较低，在一定程度上这两种类型的社区更具稳定性。同时，笔者在调研访谈中也发现很多专家学者都认为曾经的单位制社区因具有“熟人社会”的特征，社区内发生矛盾冲突的数量不仅相对较少，而且冲突严重程度往往较低，并进一步指出这种类型的社区更为符合中国的国情。而在综合混合式社区和过渡演替式社区中，因社区成员异质性大、流动性强，且这两类社区在城市整体发展规划中往往处于“变迁中的社区”，其社区冲突程度相对较高，社区稳定性也相对较差。

调查结果虽也显示出现代商品房式社区的冲突程度相对较高，但冲突数量却相对较少。然而，在社会转型后期，随着住宅小区产权市场化的普及，人们的权利意识必将不断提升，这样，因转型期房地产市场的不规范，特别是其下属物业服务企业的畸形化发展，势必会造成业主因维权而导致的社区冲突不断增多，如当前因业主维权而引发的社区物业冲突已成为现代城市社会社区冲突治理中的一大“顽疾”，越发成为未来社区不稳定的重要因素之一。

此外，根据上述主要发现，还可以推出以下几个方面的重要论断。

第一，不同类型城市社区中所凸显的冲突属性应有所差异，如有的社区以权力冲突为主，有的以利益冲突为主，有的以文化冲突为主，等等。其实，不同类型城市社区中所凸显的（不同属性的）社区冲突（如社区利益冲突、权力冲突、文化冲突、结构冲突等）背后，必定蕴含着不同的体制内涵和制度内容，探讨这些社区冲突背后的体制和制度因素对社区冲突及其治理的影响，必将为中国城市社区冲突治理、和谐社区建设及社区自治的推进与研究提供关键性的社会变量与制度变量。

第二，不同类型城市社区中影响冲突的因素应有所差异。因此，针对不同类型社区中的冲突，应根据其影响因素差异而采取不同的冲突化解方式与治理策略。

需补充说明的一点是，冲突的重叠程度和社会流动程度，也是影响（衡量）社区冲突程度的两大重要变量。一般来说，冲突的重叠程度与社区冲突程度之间呈正向相关关系，而社会流动程度与社区冲突关系的紧张程度之间呈反向相关关系（只是在本研究中，因其在操作测量上难以进行合理量化，因此并未选其作为测量指标①）。具体来说，相较于其他四类社区，传统街坊式社区无论是在共建配套设施规划设计、建设标准方面，还是在社区服务、管理体制、治理模式、运作机制方面等，都已与现代城市社区居民日益增长的居住生活需求有较大的差距，尤其是与新建小区相比，低收入群体、困难群体不仅高度集聚，且社会资本相对微弱，当很多弱势或不利因素在这一群体上高度重叠时，不同的冲突则会相互强化，导致冲突的严重程度大为提升，甚至可能会形成一条社区（社会）“断裂线”②；相较于其他四类社区，现代商品房式社区中居民整体素质相对较高，且社会资本相对较好，同时社区管理或治理结构相对完善，提供各种发展空间与机会也相对较多，因此，这类社区往往具有较好的社区社会流动性，从而于无形中就会消除很多不必要的社区矛盾冲突等紧张关系，因为“良性的社区流动本身就是化解社区冲突的无形因素”③；而相

① 通过对专家访谈资料的分析发现，一般来说，在社区冲突的重叠程度方面，传统街坊式社区、单一单位式社区和过渡演替式社区内的冲突重叠程度相对较高，而综合混合式社区和现代商品房式社区内的冲突重叠程度相对较低；而在社区社会流动性方面，传统街坊式社区、单一单位式社区和过渡演替式社区的社会流动性相对较好，而综合混合式社区和现代商品房式社区的社会流动性相对较差。如果在前述衡量社区冲突程度的两个维度（社区冲突频率和社区冲突烈度）之上，再逐步加入社区冲突的重叠程度和社区社会流动性两个维度后，则会发现：随着这两个新维度的加入，传统街坊式社区、单一单位式社区和过渡演替式社区的冲突程度会相对继续增强，而综合混合式社区和现代商品房式社区的冲突程度会有所降低。这样，相较于其他四类社区，过渡演替式社区的冲突程度会更加凸显，这也进一步印证了社会转型期过渡演替式社区的冲突程度在五类社区中最高，应格外引起相关部门及社区治理者的关注。

② 常健．公共冲突管理［M］．北京：中国人民大学出版社，2012：45.

③ 原珂．中国城市社区冲突及化解路径探析［J］．中国行政管理，2015：11.

较于其他四类社区，过渡演替式社区在很大程度上既具有冲突重叠程度相对较高的特征，又具备社区社会流动性相对较差的特点，故社区冲突程度在五类社区中最高。为此，在现实社区冲突治理中，一方面，相关部门及社区治理者应注意疏导冲突的叠加性和提升社会的流动性；另一方面，应加强对过渡演替式社区冲突的化解或治理。

城市社区冲突治理的目标与原则探究

原　珂

摘　要：社区冲突是现代城市社区治理的重要议题之一。从传统的城市社区冲突管理走向现代城市社区冲突治理应是现阶段我国城市社区冲突治理的目标旨向，其应遵循六大基本原则：以人为本，服务于人；防治结合，重在有备；民主开放，多元参与，协同共治；分类治理，精准化解；原则性与灵活性相结合，刚柔并济；依法治理，良性管控。这些原则应结合具体冲突情境，适得其所，才能充分发挥其功效。

关键词：城市社区冲突　冲突治理目标　冲突治理原则

一、问题提出与研究进展

党的十八届三中全会把完善中国特色社会主义制度，推进国家治理体系和治理能力现代化作为全面深化改革的总目标，同时提出“创新社会治理体制”“改进社会治理方式”“推进城乡社区治理”的改革任务，形成从国家治理、社会治理到社区治理一体贯通、一脉相承的治理体系，为推进社区治理指明方向。习近平总书记也曾在2014年“两会”期间强调“社会治理的重心必须落到城乡社区，社

作者简介：原珂，管理学博士，对外经济贸易大学教育与开放经济研究中心助理研究员，主要研究方向为城市社区治理与教育经济管理等。

文章来源：《学习论坛》2017年第10期。

区服务和管理能力强了，社会治理的基础就实了”。然而，冲突与治理作为社会转型期的一对孪生兄弟，如何实现二者间的融突共生，是冲突治理的关键所在。社区，作为大社会管理和利益协调的缩影，是各种社会基本矛盾的多发地带与会合处。一定程度上，在整个社会冲突治理的大环节中，社区冲突治理应属于源头治理。鉴于此，现阶段中国城市社区冲突化解与治理的价值目标或标准何在？其指导原则应是什么？这正是本研究所要解决的问题。在此，需特别说明的是，鉴于当前我国部分城市基层政府和社区民众已开始尝试改善社区冲突治理的方式方法，在此本文将结合调研访谈与案例收集中的一些有益尝试[①]进行佐证。

目前国内学界对城市社区冲突的研究尚处于起步发展阶段，研究成果相对较少，且较为分散。如夏建中等对西方城市社区冲突研究的价值取向及对中国的借鉴进行了阐述[②]，吴晓林等对近十来年我国城市社区冲突的研究进行了回顾与反思[③]，卜长莉对当前我国城市社区矛盾冲突的新特点进行了探究[④]，张菊枝以北京市某回迁社区为例对社区冲突的再生产进行了微观探析[⑤]，陈幽泓等对当前我国城市社区物业治理过程中的矛盾冲突进行了系统分析[⑥]，原珂则系统探究了社会转型期中国城市社区冲突的类型、成因、困境及化解路径[⑦]等。综而观之，可以发现，近年来国内学界虽然对城市社区冲突的研究已日渐多了起来，同时视野也较为开阔，涉及社会学、政治学、公共

① 这些有益尝试包括社区冲突治理理念上的创新、治理方式上的创新、治理工具或技术上的引进与创新等，其有效做法对当前及未来中国城市社区冲突治理具有重要借鉴和推广价值。

② 张菊枝，夏建中．城市社区冲突：西方的研究取向及其中国价值［J］．探索与争鸣，2011（12）．

③ 吴晓林，刘泽金，邓聪慧．国内城市社区冲突研究十五年：回顾与反思［J］．天津行政学院学报，2015（3）．

④ 卜长莉．当前中国城市社区矛盾冲突的新特点［J］．河北学刊，2009（1）．

⑤ 张菊枝．社区冲突再生产及其应对策略［J］．晋阳学刊，2014（2）．

⑥ 陈幽泓，刘洪霞．社区治理过程中的冲突分析［J］．现代社区，2003（6）．

⑦ 原珂．中国城市社区冲突及化解路径探析［J］．中国行政管理，2015（11）．

管理学、经济学以及法学等学科，但其大多局限于就社区冲突而论冲突起因、特点、类型及具体化解策略的窠臼，且以冲突解决对策性研究居多，缺乏从宏观愿景上对当前我国城市社区冲突治理旨向及目标原则的前瞻性研究，而这恰恰是本研究的出发点与着力点所在。

二、城市社区冲突解决目标旨向：从管理转向治理

通常，冲突中的人们追求四种目标（TRIP）：一是与主题或内容（topic）相关的：我们想得到什么？二是与人际关系（relationship）相关的：我们彼此之间是什么关系？三是与身份或“面子”问题（identity/face work）相关的：在此次交流中，我是谁？四是与程序（process）相关的：运用什么样的交流程序？[①] 这四种目标既相互交叉又相互转化，具有交叉重叠性。然而，在此需注意的是：第一，不是所有种类的目标都会在冲突中同时出现；第二，人们的利益和目标虽具有相互重叠性，但重要程度却有差异；第三，身份和关系问题会助长冲突，它们是构成主题问题和程序问题的基础；第四，冲突严重时，通常难以仅仅通过内容来解决问题；第五，冲突方通常会集中处理某一类目标；第六，目标可能以不同的形式出现。那么，基于不同立场、利益及需求的冲突各方，其在社区冲突化解中的真正目标是什么呢？相对于冲突治理者，其治理的目标又是什么呢？这是当前我国城市社区冲突治理亟须探讨的理论问题。

城市社区冲突治理作为公共冲突治理乃至社会冲突治理——特别是基层社会冲突治理——的微观基础，其治理目标的价值取向应与公共冲突治理的目标价值相一致。一般情况下，公共冲突治理的目标有

① 威廉·W. 威尔莫特，乔伊斯·L. 霍克. 人际冲突：构成和解决［M］. 曾敏昊，刘宇耘，译. 上海：上海社会科学院出版社，2011：69－86.

二：冲突平息（Conflict Settlement）与冲突和解（Conflict Conciliation）[①]。前者是短期目标，在于迅速控制事态和实现冲突的暂时中止，以达至狭义层面的冲突管理之效；后者是长期目标，更为强调冲突各方的“共赢”，以通过“参与式治理”来实现从“对抗”走向“合作”的伟大嬗变。而这一“嬗变”的演进就是从“管理”走向“治理”的过程。现代社会是多元社会，多元主体协同参与不仅是现代城市社区从“管理”走向“治理”的必然要求，更是一种全新的社区决策与治理机制。当然，这也是治理的本意所在。因此，中国城市社区冲突治理的目标应从传统的冲突管理走向现代性的冲突治理，以促进社区和谐，推进和谐社会建设。

整体来说，中国城市社区冲突治理的目标应包括“质”和“量”两个方面。“质”的方面，要抑制和转化社区冲突之负功能，发挥其正功能；“量”的方面，既涉及数量之减少，又包含要合理管控冲突，防止冲突扩大与升级。具体来说，针对城市社区冲突参与方，其一方面作为冲突的客体；另一方面又是冲突治理的主体，具有冲突主客体的同一性。为此，在冲突治理中，冲突各方之间应进行一次所谓的“精神革命”（spirit revolution），使其从作为冲突客体的冲突参与方逐步转变为作为冲突主体的治理者，从而实现冲突的“参与式治理”，更注重各方的真正需求，以“求同存异，谋求共赢”。当冲突各方慢慢开始摒弃各自立场（positions），而转向基于利益（interests）的谈判之时，他们则会培养出更多的信任及其对双方各自需求（needs）的更深理解，从而使双方间逐步产生越来越多的基于双方共同需求上的认同（identity）。如图 1 所示，小三角形 A 区域即为冲突双方摒弃各自立场之后基于共同利益层面上的收益，而梯形 B 区域则为双方共同需求层面上的收益。显然，在冲突化解与治理中，冲突各方之间基于共同需求层面上的获益要远大于基于共同利益层面上的

① 徐祖迎．公共冲突管理中的第三方干预［J］．理论探索，2011（2）．

收益。其实，在某种程度上，利益也是一种社会化的需求（needs），是人们通过一定的社会关系表现出来的需求。因此，在社区冲突化解中，应注重冲突各方的真正需求，而不应过多注重于实物利益上的要求，更不应停留在专注于对冲突各方对其各自立场的诉求。特别是在诸如社区征地拆迁冲突、“城中村”改造冲突、社区物权冲突以及社区邻避冲突等维权性冲突的化解中更是如此。案例1在一定程度上反映了这种情况。

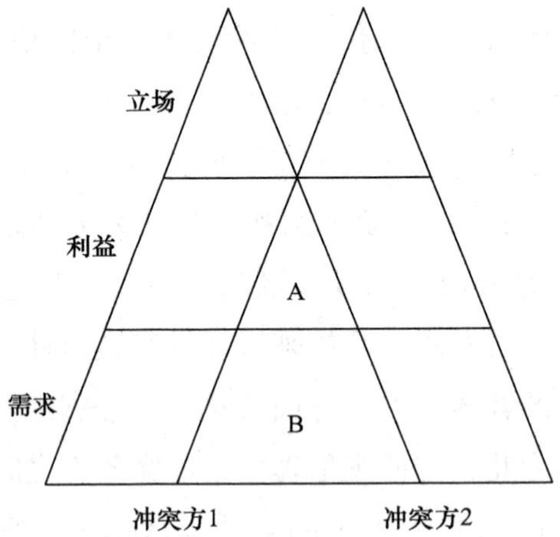

图1　冲突方对其各自立场、利益及需求的满足程度

【案例1】关注利益和需求，而不是立场
以“城中村”社区征地拆迁冲突为例

在当前我国的城镇化快速推进过程中，改造“城中村”的方法大致有三种：一是政府直接投资，其典型代表为“绍兴模式”；二是通过市场化运作，“珠海模式”甚为典型；三是间接推动式，主要是通过“村改居”等举措逐步实现原村集体经济股份化、原村民市民

化等方面的转变[1]。现实中，大多城市都采取第三种模式。其实，在某种程度上，上述前两种“城中村”改造方式可以归结为一类，即都是“直接暴力式”的拆迁改造，而第三种方式则是相对“间接暴力式”的拆迁改造。但是，无论如何，就“城中村”改造而言，不管制度设计得多么复杂、多么精致，其本质无非都是“拆掉旧建筑，再建新建筑，关键得要拆”。而在“拆”这一过程中，不管是被拆迁户还是拆迁部门或开发企业，也不论是经济补偿问题还是传统建筑文化保留问题等，只有稍有不慎，矛盾冲突则一触即发，并很容易酿成群体性冲突事件。针对这一点，在实际“城中村”征地拆迁中，因“固守抗拆”“以命抗拆”“以暴抗拆”“暴力拆迁”“‘和谐’拆迁”等而引发的冲突事件比比皆是。（资料改编自：贺雪峰．城市化的中国道路［M］．北京：东方出版社，2014：78.）

从上述案例1可知，其实，很多城市街区的旧城改造、“城中村”改造以及征地拆迁冲突中的核心问题是：居民（农民）希望自己的土地被征收或房屋被改造、被拆迁时可以获得更多的土地或收益补偿，而不是居民（农民）不愿意土地被征或房屋被拆。而实践中，相关政府部门则更多关注是其立场所在（“愿不愿意拆”）而不是其利益和需求所在。

三、城市社区冲突治理的指导原则

冲突治理策略的有效选取是研究冲突治理的前提要件。但是，有效冲突治理策略的选择必须依赖于科学合理的冲突治理指导原则。有学者在总结冲突管理的任务时，曾无意中指出了冲突治理原则所涉及的三大核心要素：防范破坏性冲突、利用建设性冲突和保持适度良性

① 贺雪峰．城市化的中国道路［M］．北京：东方出版社，2014：78.

冲突[①]。但是，如何达致三者间的动态均衡，则是社区冲突治理的关键。那么，究竟如何才能使社区冲突化解、转化或治理保持在良性冲突范围之内，则须依赖合理而有效的冲突治理指导原则。在此，苏珊与卡朋特等（Susan Carpenter and W. J. D. Kennedy）曾提出冲突化解与治理的七大原则[②]：

原则一：要找到一个好的化解方法，则必须理解问题所在；

原则二：规划一个战略有助于达成一个更好的化解策略；

原则三：人际关系作为一个重要的技术参数；

原则四：必要信息的不足会促成冲突的扩大或升级；

原则五：冲突各方必须在基本参数方面达成一致；

原则六：冲突化解过程中的所有权导致问题解决；

原则七：持续性化解更多的是基于利益而非立场的冲突。

究其本质，他们其实是在鼓励正处于冲突中的各方停下来思考两个问题：真正的问题是什么？化解与治理冲突最明智的方法是什么？就此，尤里（William L. Ury）等提出了设计争端系统的六大原则：一是关注利益；二是建立非循环的流程，这样可以鼓励冲突方使用谈判的策略；三是制定低成本的权利和权力流程；四是在冲突开始之前建立咨询机制，之后建立意见反馈机制；五是安排一个成本由低到高的流程；六是提供需要的动力、技巧和资源使流程运作正常[③]。同时，通过对现阶段中国一些城市社区冲突化解与治理改进探索和实践的观察与总结，也可以大致归纳出来一些实用有效的社区冲突治理指导原则：(1) 调查研究，搞清真相；(2) 透彻说理；(3) 以身作则、带好头；(4) 批评与自我批评；(5) 统筹兼顾，从大局着眼；(6) 多

---

① 张泽梅，陈维政．权变冲突管理策略分析［J］．领导科学，2011（8）．

② Susan Carpenter and W. J. D. Kennedy. *Managing Environment Conflict by Applying Common Sense*［J］. Negotiation Journal，1985（04）：149 – 161.

③ William L. Ury，J. M. Brett & S. B. Goldberg. *Getting disputes resolved*：*Designing systems to cut the costs of conflict*［M］. San Francisco：Jossey – Bass，1988：23.

种方法并用；（7）不走极端，持中、贵和的冲突处理原则。鉴于此，结合近年来我国城市社区冲突化解与治理改进的实践探索，提出现阶段我国城市社区从“冲突管理”走向“冲突治理”进程中应遵循的六大基本原则。

（一）以人为本，服务于人

社区治理的出发点与归宿点在于人和人的发展①。习近平总书记曾在党的十八届一中全会上阐明本届政府领导人的执政目标时，明确指出“人们对美好生活的向往，就是我们的奋斗目标”。这为社会治理特别是基层社区治理指明了发展方向。同理，社区冲突治理归根结底也应是“以人为本、服务于人”的活动。这就要求在社区冲突治理过程中，首先，要“以人为本”实行全过程、全方位、全要素、全对象的冲突治理，而不是仅限于事后的冲突控制和解决冲突的原则。其次，要求冲突治理必须根植于冲突各方的偏好，考虑各式各样且需求各异的具体的人，在公平、平等权的基础上以人为本进行精细化地冲突治理，努力满足冲突各方的真实需求，真正实现“服务于人”，多元共赢。如江苏扬州竹西社区的“居民论坛”，就践行“以人为本”的原则，拜民众为师，把居民作为最好的老师，把一线作为最生动的课题，邀民议事“化冲突、解难题”，最终实现“服务于人”之目的②。

（二）防治结合，重在有备

防治结合，重在有备。理念是行动的先导，“预防而不是治

① 原珂．城市社区冲突：类型特征与治理策略［J］．河南师范大学学报（哲学社会科学版），2017（3）．

② 在社区“居民论坛”中，首先要做好居民自治工作，党的领导是保证；扩大居民群众参与是实现居民自治的前提；拓展社区服务是开展居民自治的关键。

疗”[①]。然而，在公共冲突管理视角下，“预防”有两层含义：一是预备防止出现，二是预先作出应对准备。显然，第一层含义与冲突管理之概念不合，故此处取第二层含义，即“有备”。社区冲突治理的重点，首先在于“有备”，其次才是“治理”。在社区冲突防范与治理中，“重在有备”至少涉及两个层面：一是注重对引发社区冲突个体性因素的防备。俗话说，“无风不起浪”，任何矛盾冲突的发生必定有着预先的征兆。对此，应及早防备。在社区冲突防范与治理改进实践中，内蒙古鄂尔多斯市康和社区推出的“一线二队三栏四站五点”社区民情气象站[②]就在很大程度上反映了这一层面上的社区冲突防备，并取得良好成效。二是注重对引发社区冲突防范性体制机制的建设，特别是对社区群体性事件的防范性体制机制建设。党的十八届三中全会通过的《中共中央关于全面深化改革若干重大问题的决定》中明确指出“创新有效预防和化解社会矛盾体制”。如广州市越秀区黄花岗街首创的“五早、四主动、三和气”基层矛盾冲突防范化解机制，在很大程度上则反映了对社区冲突的防治结合之实况。

（三）民主开放，多元参与，协同共治

现代社会是多元社会。多元社会要求有开放、包容的社会空间与环境，这样不同主体才能有效参与进来。换句话说，多元社会必然意味着多元主体的参与。政府虽是社会治理的重要主体，但并不是唯一主体，企业、社会组织、社会公众等也都是十分重要的治理主体。譬如，针对社区冲突化解与治理，其涉及的参与主体就有基层政府、驻

---

① 戴维·奥斯本，特德·盖布勒．改革政府：企业家精神如何改革着公共部门［M］．周敦仁，译．上海：上海译文出版社，2006：162.

② “一线二队三栏四站五点”的“社区民情气象站”服务新模式：“一线”畅通民情民怨诉求渠道；“二队”组建两支民情服务队伍；“三栏”设立流动服务平台；“四站”建立四个民情驿站；“五点”开办五个民情观测点。这种模式通过搭建居民与社区沟通交流平台，畅通民众诉求渠道、及时了解社情民意，不仅有效解决了许多与社区居民日常生活相关的实际问题或矛盾争端，而且还成功起到了预防社区冲突之功效。王莉．一线、二队、三栏、四站、五点［J］．社区，2014（10）．

区单位、社区居委会、业主委员会、社区物业服务企业、社区社会组织、房地产开发商、社区内的商户及居民业主等，这些众多主体都是社区日常运行中不可或缺的角色。同时，社区不仅仅是这些多元主体日常生活的共同体，还是城市公共管理责任的回收器和基层民主建设的天然试验场。在社区成为社会整合与社会建设的微观组织基础的背景下，原有的社区管理模式已无法让社区冲突获得内在化解的动力，强调“民众开放，多元参与”的社区冲突治理新模式已成为社区建设与发展的新方向所在，如浙江宁波红联社区的“百姓议事厅”就属于践行这一原则的典范。

与此同时，为了保证“多元参与”的合理、有效与有序，则还需“协同共治”。特别是在多元参与的社区冲突治理格局中，往往需要一个资源整合的平台[①]和机制。其实，在社会转型后期的我国城市基层社区冲突治理改进实践中，这一平台通常表现为三种形式：一是议事会模式，如社区联席议事会；二是理事会模式，如社区发展理事会；三是联合会模式，如社区社会组织服务中心。并且这三种模式的自治组织（或社区社会组织）在实际应对社区冲突中，存在着一定的差异：议事会模式一般比较适合单一单位式的工业社区、“城中村”社区；理事会模式一般较适合“村改居”社区、综合混合式社区；联合会模式一般则比较适合纯居民社区。当然，具体还应结合社区的发展阶段，如针对纯居民社区，在传统街坊式社区和现代商品房式社区中，两者的居民素质、人口融合度以及社会组织发育程度肯定存在差别。因此，只有设立契合社区类型和发展阶段的冲突治理平台型组织，才能有效整合多元主体力量，达致多元协同共治，从而有效

---

① 平台通常是指具有一定功能的载体。在社区冲突化解与治理中，相应的冲突化解组织或机构则是发挥“平台”这一功能的重要载体。如本文所提到的群众诉求调处中心、和事老协会、百姓议事厅、“体能发泄室”等都是这样的平台。其中，天津市唐家口街道的新时期群众诉求矛盾调处中心，不仅提供了这样的一个平台，而且其创新化的诉求调处机制，更是实现组织化和制度化解决群众诉求的重要途径。同时，这一矛盾诉求调处中心的接待员既是重要的参与者，也是社区舆情制度的具体实现形式，其自身也是一个“移动”载体或平台。

化解社区冲突，提升社会治理水平，推进和谐社区建设。另外，“协同共同”还要求有相对健全的冲突化解与治理的运行机制，以保障冲突化解与治理平台功能的有效发挥。如天津市河东区唐家口街道的新时期群众矛盾诉求调处中心就是这样的一种协同运行机制。

（四）分类治理，精准化解

分类治理，即依据类型不同、属性不同的事项进行有针对性的差异化治理。针对社区冲突，分类治理主要包括两大类：一是对不同类型城市社区（如传统街坊式、单一单位式、综合混合式、过渡演替式、现代商品房式社区等）的冲突特征采用不同的治理策略；二是对不同属性的社区冲突（如社区利益、权力、权利、文化、冲突等）采取不同的化解对策。我国疆域幅员辽阔，东西南北差异较大。不同城市因其历史文化传统不同而有其特质。因此，在城市社区冲突化解方面，不应拘泥于某一形式，而应因地制宜，积极探索不同的社区冲突治理方法。不仅针对不同类型的城市社区应有所区分，而且针对同一类型社区内不同种类的社区冲突也应进行归纳研究，以做到“具体问题具体分析”。例如，针对现代商品房社区中的权力冲突，特别是社区居委会与物业公司、业主委员会三者间的权力争夺，其解决模式除全国范围内采用较广泛的“三社联动，把物业纳入进来”的模式（以政府为主导）外，还有多种民间模式：深圳桃源居的“社区基金会模式”、天津的“丽娜模式”（由业主自主成立的自主管理委员会管理）、武汉的“百步亭模式”（企业式管理）等，其不仅形式多样，且充满了地域性特色。为此，推进社区冲突分类治理，不仅可以契合当地社区实际，精准定位社区多元治理主体的角色及功能优化，而且还有利于实现传统行政型社区政府职能的转变，为解决以往社区居委会“大包大揽”、社区行政化严重等问题提供了理论与实践依据。

所谓“精准化解”，就是针对不同类型、不同属性的社区冲突，坚持“有所为，有所不为”，抓典型，重点治理，以点带面，逐步推广。社会转型期，社区发育程度、居民素质参差不齐是转型期社会的常态。特别是转型后期城市社区发展程度相距甚大，居民异质化现象更为突出，居民的收入水平分化严重，服务需求多样化和差异化特征明显等状况下，要求每个人都做积极公民是不现实的。因此，在实际社区冲突化解与治理中，坚持“有的放矢，精准化解”，不仅是社区服务供给与矛盾冲突治理的现实选择，而且还有利于推进社区治理及社会治理的精细化。如天津市武清区东蒲洼街道对“村改居”过程中产生的矛盾冲突进行精准化的“居民跟踪服务管理”新模式，在很大程度上遵循了社区冲突治理改进中“精准化解”的这一原则。

（五）原则性与灵活性相结合，刚柔并济

“原则性与灵活性相结合”，是指在社区冲突化解过程中除应坚持一些大的原则方针（如以人为本、注重预防，依法治理，尽量不使用暴力解决的原则等）外，还应有所“灵活性”，因地制宜，针对具体冲突情境进行具体问题具体分析，以实现“刚柔并济”之效。因为只有适应所在社区实际条件、扎根于社区民众生活的冲突化解与治理方法才能真正调动居民的积极参与性，才更具持续性与生命力。在此，在当代社区冲突化解中，还应注重冲突化解“包容性”与“持续性”相结合之原则，只有冲突各方相互包容，持续性的冲突化解方案才有可能实现。总之，原则性与灵活性作为一对孪生兄弟，二者只有统一起来，刚柔相济，融突共生，才能包容兼蓄，实现可持续性的冲突化解与治理。实践中，停车难，或许是除违章搭建外，每个大都市社区都面临的“老大难”问题之一。如上海浦东新区塘桥街道停车资源本来就十分匮乏，但是该街道在保证停车主体（主要是在附近商务楼宇中工作的白领和各小区业主）不变的前提下，借助“潮汐式”停车的方式，白天让商务楼白领的车辆“涌入”空闲小区，晚上则让小区业主的车辆“溢出”到商务楼停车场。这样，可以通过"错时互补"提高停车资源的使用效率。根据塘桥街道提供的数据，各居民小区给白领腾出了430余个白天停车位，小区居民也多了622个夜间停车位。如今，浦东新区其他地区也已经开始尝试"潮汐式"停车，且目前这一方法已逐渐被北京、武汉、广州等城市所吸纳与采用。这也充分说明，上海浦东新区塘桥街道的"潮汐式"停车，在很大程度上是这一原则在当前众多城市社区因停车难而产生的社区空间冲突治理方面的有益尝试。其实，在现代城市社区冲突化解与治理中，灵活性与原则性相结合，刚柔并济，不仅可以使冲突各方更具包容性，而且还可以使冲突化解与治理的成效更具持续性。

（六）依法治理，良性管控

冲突是社会及其组织生活中无法避免的事实[①]。但是，现代社会是法治社会。依法治理是现代社区冲突治理的基本原则。所谓依法治理，主要是指冲突方要善于运用相关法律、法规、规定依法解决冲突、维护自己的合法权益，并敢于同违法犯罪行为作斗争。这也是依法治国的最基本要求。依法治理，不仅为法治中国建设及维护社会和谐稳定工作指明了前进方向，而且也为和谐社区、法治社区及平安社区建设确立了科学的总体原则。实践中，近年来杭州市西湖区文新街道德加社区[②]通过网络把法律法规送到社区居民或业主手中。他们通过建立网络虚拟社区论坛，在网上社区论坛里讨论化解居民之间的矛盾纠纷，充分发挥网络虚拟论坛在社区冲突治理中的教育与调解功能。与此同时，德加社区网上论坛还开设有党务公开、居务公开、道德评判庭等专栏，从而使这一虚拟社区成为社情民意的显示、预警平

---

① D. Kolb & L. Putnam. *The multiple faces of conflict in organizations* [J]. Journal of organizational behavior, 1992 (13): 311.

② 德加社区成立于2001年3月，位于蒋村商住区，由德加公寓、中兴公寓、科技新村、美都新村四个小区组成。面积约18.77万平方米，楼栋数78幢，共2766户，约6900人，其中60岁以上老年人577人，残疾人3人。该社区是一个典型的现代单元型社区。

台与公开监督平台。由此可知，某种程度上这也是依法治理原则通过“网络虚拟”方式在社区冲突治理中的有效尝试。未来，城市社区冲突依法化解与治理必将在矛盾纠纷预防、社会风险预警、基层社会稳定与秩序维护等方面发挥更大的作用。

一方面，由于现实中的社区秩序乃至社会秩序都是构造物，而不是生成物。在这种意义上，合理、良性的冲突管控是弥合城市社区冲突治理的一条重要路径，也是其最后的底线。其实，在有些社区冲突治理过程中，特别是在复杂性社区冲突的解决过程中，有时我们唯一能做的就是防止冲突恶化到难以控制的地步，或协商出令人不安的“恐惧的制衡”①。如河南省平顶山市新华区西高皇街道园林路社区的“体能发泄室——摔摔打打解冲突”② 和重庆市渝北区的“蓝丝带”物业解纷调委会③等都在一定程度上反映了对社区冲突的良性管控。另一方面，在社区冲突化解或治理中，对少数难以化解的社区冲突，有时除了良性管控外，别无良策。但是，尽管如此，实践经验告诉我们，受到控制的冲突最有可能得到高效解决，而受抑制的、没有有效地避免的冲突和未受控制的、失控的冲突往往都不会得到有效解

① 威廉·W. 威尔莫特，乔伊斯·L. 霍克. 人际冲突：构成和解决［M］. 曾敏昊，刘宇耘，译. 上海：上海社会科学院出版社，2011：102.

② 河南省平顶山市新华区西高皇街道园林路社区，是一个新建社区，和老社区不同的是，在这里居住的大部分居民是年轻人。社区工作者在前期登记各户信息、发放居民对新社区的建议时发现，随着社会生活节奏的加快、竞争加剧，年轻人心理承受的压力越来越大，但他们很难找到一个合适的渠道将内心积聚的郁闷、怨恨宣泄出来。特别是有时候他们不愿意向别人倾诉，就想找个地方发泄。为此，社区居委会就决定建立一个“发泄室”，为这些心情压抑、情绪苦闷的居民提供一个尽情宣泄的场所。后来，居民将其戏称为“忘忧空间”。资料来源：社区. 2014（5）.

③ “蓝丝带”代表感恩、鼓励、关怀和爱。其源于美国纽约一位女中学教师发起的一项“蓝丝带赞美行动”。重庆渝北区通过引入“蓝丝带”的形式和理念，希望拉近业主与物业以及业主之间的距离，让双方更多尊重、理解、包容、关系和支持，并通过“心灵的沟通”来化解社区物业矛盾冲突，故以“蓝丝带”冠名物业纠纷调解委员会。现如今，类似“蓝丝带”物业解纷机构或组织在全国很多城市也陆续出现，虽名称有所不一，但其工作机理、目标旨向等都大同小异，如上海的“李琴工作室”“桂英工作室”等。

决[①]。由此可知，“良性管控”也应是社区冲突治理的重要原则之一。当然，这种良性管理应保持在合理、合法的适度范围之内。

四、结语

智慧蕴藏于民间。上述六大原则并不是孤立的、截然分开的。相反，它们在发展过程中往往是相互影响、相互汲取、相互补充，共同构成现代城市社区冲突治理之基本原则。这些原则既有创新治理（管理）方式方法的，如内蒙古鄂尔多斯市康和社区的“社区民情气象站”、浙江宁波红联社区的百姓议事厅、天津东蒲洼街的“村改居”居民跟踪服务管理新模式、河南平顶山市园林路社区的“体能发泄室”、重庆渝北区的“蓝丝带”物业解纷调委会；也有创新或引进新治理技术的，如上海浦东的“潮汐式”停车、浙江杭州德加社区的“虚拟社区论坛”、江苏扬州竹西社区的“居民论坛”等；还有创新体制机制方面的，如广州黄花岗街道的基层社区矛盾冲突防范化解机制；天津唐家口街道的新时期群众诉求调处中心，以及三者的融合创新方式等。这些都充分说明，现实是丰富多彩的，当前我国城市社区冲突化解与治理改进与创新的方式多种多样[②]。不同城市不同街区根据现代城市社区冲突治理的目标旨向及其指导原则并契合其实际状况，都逐步探索出方法各异但又卓有成效的社区冲突化解与治理方法，使社区矛盾冲突消逝于萌芽阶段，有效维护了社区的稳定与和

---

① ［美］威廉·W. 威尔莫特，乔伊斯·L. 霍克. 人际冲突：构成和解决［M］. 曾敏昊，刘宇耘，译. 上海：上海社会科学院出版社，2011：226.

② 除上述分析中所列出的社区冲突化解与治理创新实践外，其实还有很多城市都在各自市区、街道和社区层面逐步探索出一些契合实际且具有创造性的社区冲突化解或治理方法，如浙江杭州、北京高碑店西社区等地的“和事佬协会”、北京延庆区的“家和万事兴”委员会、北京怀柔区、昌平区的社会矛盾调处中心、宁波新城社区创建的“和谐物居促进会”民主共治机制、四川阆中市沙溪街道办事处拥军路社区的“民情工作室”、山东省威海市环翠区的“莫愁联盟”“民生帮办联盟”等社区调解工作室、山东省枣庄市山亭区山城街道探索建立的复杂矛盾纠纷调处“听证会”制度等。

谐，从而为社会主义和谐社会的建设奠定了坚实的基础。最后，需说明的是，我国地域广阔，城市众多，城市社区及其类型更是多种多样，且东西南北方之间差异较大，其在冲突化解与治理方面必然存在差异。但是，探寻现代城市社区冲突治理之目标旨向，提炼、归纳和总结一些城市业已取得良好成效的社区冲突化解与治理方法之原则，必将对正处于社会转型期其他城市的社区冲突治理创新尝试与探索具有一定的启示与借鉴。

中国城市社区的业主维权冲突及其治理

——一项对全国九大城市的调查研究

吴晓林

摘　要：随着商品房小区的急速扩展，由物业纠纷及房屋质量问题引发的业主维权活动愈演愈烈，逐渐演变为一种席卷全国的抗争运动。通过对全国九大城市的问卷调查表明，城市社区的物业纠纷问题具有普遍性，业主同市场组织的冲突最严重且易激化；业主维权冲突虽然总体温和可控，但是具有从“社区冲突”升级为“街头冲突”的可能；业主维权处于个体为主、松散联合为辅的阶段。究其原因，业主维权冲突是城市化进程中“公民权利需求”与制度供给不足之间的产物，是住房市场上游问题下游化的结果。未来，伴随人口结构老龄化、少子化和公民权利意识觉醒等因素，社区维权冲突升级的可能性会有所增强。要预防业主维权冲突升级扩大，主要是解决业主权利维护的制度问题，应当在对住房市场动态预警的基础上，调整法律法规，促使业主与市场主体“权益平衡”，发挥业主同市场主体的协商作用。

关键词：业主维权　冲突　社区治理　社会整合

作者简介：吴晓林，中南大学公共管理学院副教授、地方治理研究院秘书长、硕士生导师。

基金项目：国家自科基金面上项目，71774175，中国城市封闭社区的空间生产、社会效应与治理机制研究；2018 年度湖南省自科基金项目，基于大数据的湖南省封闭社区治理研究，2018JJ3696；2017 年度湖南省智库专项委托课题（湖南省社科规划办），17ZWA22，新型城镇化进程中的社会矛盾与治理创新。

文章来源：《中国行政管理》2016 年第 10 期。

一、问题的提出

伴随城市住宅商品化的改革，我国城市空间的商品房小区急速扩展。以1998年《国务院关于进一步深化城镇住房制度改革加快住房建设的通知》的颁布为界，中国城市从福利分房时代跨入到“全民买房时代”。至2010年底，我国城镇居民家庭自有住房率为89.3%[①]。自2005年到2015年，中国城镇家庭人均住房面积从25.76平方米增加到30.56平方米，户均0.94套住房[②]。与商品房小区的快速扩张相随，由房产质量和物业纠纷引发的业主维权活动愈演愈烈，逐渐演变为一种席卷全国的抗争运动。无论从规模还是从频率来看，业主维权已成为中国继工人维权、农民维权之后的第三大维权现象[③]。

以“业主维权”为关键词进行媒体指数搜索，2011年1月到2016年1月，平均每周有109次的“新闻头条”，峰值达到每周230次，如图1所示，除了历年春节期间新闻数量有所下降以外，“业主维权”的指数一直呈现上升态势。

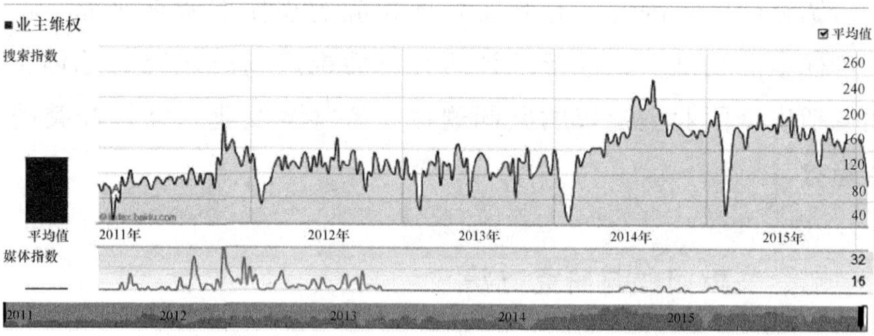

图1　以“业主维权”为关键词的百度指数搜索结果

① 马文婷．“家庭自有住房率九成”并非九成人都有房子住［N］．京华时报，2011－03－08.

② 高聚辉．当前住房市场现状分析与前景展望［J］．中国发展观察，2016（1）．

③ 吴晓林．中国城市社区业主维权研究综论［J］．城市问题，2013（6）．

《2012年中国社区管理调查》显示，30%以上的居民表示物业管理问题严重①；一项在长沙的问卷调查表明，84.3%的受访对象表示遭遇到各类形式的物业问题②。业主以其在居住空间的“日常生活”，直观地感受城市化给“每个人”带来的“阵痛”，他们因利益受损而发起的业主维权行动，客观上向城市基层治理转型发出预警信号。由此，业主维权问题不但事关业主日常的生活，对于把握城市中国的转型、建构以“住房权利”为主线的社区政治学具有十分强烈的现实意义。

既有对业主维权的研究大多是定性分析，其中个案研究为主流，且集中于京沪穗等发达地区，重在对业主组织的性质、行动逻辑、博弈关系、动员策略等进行研究。在研究初期，对业主维权进行理论阐释固然重要，但是，完全进行理论推演，就容易割裂理论与实际经验的联系。一些研究尽管个案深刻但是抽象不足，因而常常处于“一篇文章一个故事、一个研究一个结论”的状态，在抓取普遍性和规律性的工作上，缺乏相应的准确性。那么，全国城市社区业主维权的态势如何，趋势怎样？学界至今缺乏一个全国性的调查研究。因此，有必要开展相应的规模性调查研究，在一定量样本的基础上，进行统计研究进而推广到所研究的总体，以此概括出全国业主维权的共同规律、考察激发业主维权冲突的总体趋势。

二、文献回顾与研究方法

“业主”一词指称“有房一族”是近20年才有的事情。业主维权进入研究视野则更晚一些。从中国期刊全文数据库收录的文

① 李松．30%以上受访者对物业“不满意”［J］．瞭望，2012（8）．

② 吴晓林，姜永熹．社区业主维权状况调查：以长沙市为例［J］．城市问题，2015（1）．

章来看，1996年以前的业主概念大多是指大型建筑物的所有人或个体工商户，1996年底业主一词开始被指称住宅置业者。2002年，《社区》杂志发表了第一篇关于业主维权的文章，有些人士认为“2002年是物业管理纠纷年”①。自此，研究业主维权的文章开始多起来，并且呈现出增长的趋势如图2所示。在国外，自20世纪80年代起，开始形成对业主组织及其行为研究的领域。

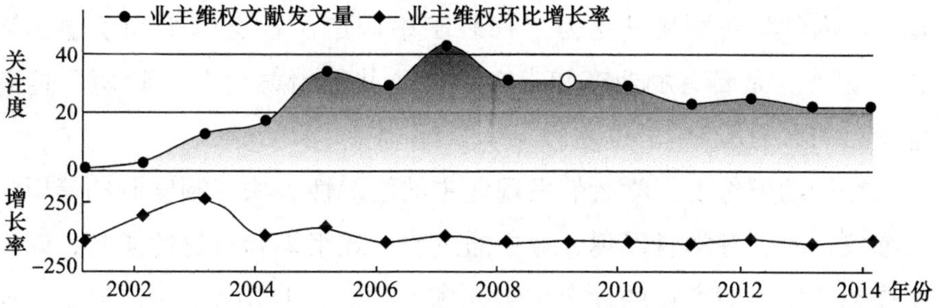

图2　国内“业主维权”文章情况

总体来看，学界主要研究了业主维权的背景、行动意义和现实条件等内容。在我国，始于20世纪80年代的住房体制改革和单位制解体②，驱动了业主维权这一现象及其研究；国外门禁社区（Gated community）的扩展，推动了业主对房产权利的声张③。有学者指出：业主维权背后深层次的原因就是“处于中心位置的政府权力、借助于政府权力无限延伸的市场权力，共同压缩着原本就很狭小的社会

① 木泉，肖树伟．业主维权怎一个“难”字了得［J］．社区，2002（9）．

② Yongshun Cai. *China's Moderate Middle Class: The Case of Homeowners' Resistance* ［J］. Asian Survey，2005（5）：777－799.

③ David J. Kennedy. *Residential Associations as State Actors* ［J］. The Yale Law Journal，1995（3）：761－793.

权力空间（市民权利），实际运作中的失衡远大于制度中的失衡”[①]。

从行动意义上来看，国外的研究者关注到业主维权行动不但改变了社区政治，还冲击了城市基层治理体制[②]。业主之间通过租金和共同居住等关联，邻里间民主得以产生[③]，业主组织甚至迫使市政部门在私产开发问题上与之达成一致[④]；在社区以外，业主围绕本区域环境、免税、房价等权益展开的行动，催生了大量政府间（Intergovernmental）的问题[⑤]，已经成为影响地方政府土地使用的最潜在政治力量。国内的学者则将其视为“代表了中国市民社会的中间阶层的社会运动”[⑥]，是私有物业产权人在城市公共政治舞台上“粗陋”但有生命力的“登场”[⑦]。

在行动条件上，学者们发现业主的组织性、法律制度制约等影响其维权行动。有学者发现，业主通过非正式组织和对抗性谈判，能够发展和开拓相对宽松的社会化组织和有限行动自治空间[⑧]，但是，业

---

① 徐琴．转型社会的权力再分配——对城市业主维权困境的解读［J］．学海，2007（2）．杨爱兵．业委会生存处境的法社会学分析——从一则案例说起［J］．郑州大学学报，2008（2）．

② 吴晓林．国外“城市社区业主组织”研究述评［J］．国外理论动态，2014（8）．

③ Kevin Lo. *Approaching Neighborhood Democracy from a Longitudinal Perspective*: *An Eighteen-Year Case Study of a Homeowner Association in Beijing*［J］. Urban Studies Research，2013：1－10.

④ Evan McKenzie. Planning Through Residential Clubs：Homeowners' Associations. Institute of Economic Affairs，2005：28－31.

⑤ United States. Advisory Commission on Intergovernmental Relations. U. S. Advisory Commission on Intergovernmental Relations（ACIR）. Residential Community Associations：Private Governments in the Intergovernmental System. Washington，D. C.：United States. Advisory Commission on Intergovernmental Relations. U. S，1989.

⑥ 张磊．业主维权运动：产生原因及动员机制——对北京市几个小区个案的考察［J］．社会学研究，2005（6）．

⑦ 孟伟．日常生活视野下的业主维权与城市政治［J］．理论探讨，2007（4）．

⑧ Tomba·L. *Residential Space and Collective Interest Formation in Beijing's Housing Disputes*［J］. The China Quarterly，2005（1）：934－951.

主中产阶级的特性①、业主的党团身份②以及业主群体缺乏有效整合③会制约其维权行动。一些学者则看到《物业管理条例》赋予业委会和业主的权利是有限的，不利于业主维护自己的合法权益④；现有法律没有规定业主委员会应该承担的责任，导致现实中业主委员会滥用权利，侵害业主利益⑤。

综上所述，对业主维权的研究突破了原有的社区治理框架，显示出由民生向民主、由房权向自治权和治理权伸张的图景。但是，既有研究以公民权利、社会运动为主轴，存在“单一环节”的研究局限，对业主维权冲突的发生、演变机制存在失察。因而，引入相应的定量分析，将业主维权纳入到“冲突认知、冲突行动、冲突转化”等分析框架，考察业主维权冲突的性质、从社区内冲突走向街头冲突的可能等，从总体上理解全国业主维权的基本形态，应有必要。

本文按东中西部各随机取3个人口超百万的省会和大城市，随机抽出上海、厦门、深圳、长沙、武汉、太原、成都、重庆、昆明九大城市，进行问卷调查回答上述问题。调查总数为2500份，其中有效问卷为2152份，有效问卷率为86.08%。从量表的建构效度检验来看，因KMO值为0.926>0.90，p=0.000，表示题项变量间的关系较好，建构效度较好。从量表的信度检验来看，Cronbach's Alpha为0.914>0.6，说明量表内部的一致性较高，量表的信度较好。

---

① Yongshun Cai. *China's Moderate Middle Class: The Case of Homeowners' Resistance* [J]. Asian Survey, 2005 (5): 777-799.

② Kevin Lo. *Approaching Neighborhood Democracy from a Longitudinal Perspective: An Eighteen-Year Case Study of a Homeowner Association in Beijing* [J] Urban Studies Research, 2013.

③ 周玉忠，景剑峰，孙威力．业主梦业主魂［M］．广州：广州经济出版社，2007.

④ 张磊．业主维权运动：产生原因及动员机制——对北京市几个小区个案的考察［J］．社会学研究，2005（6）．

⑤ 严红．业主委员会监督机制之法律思考［J］．政治与法律，2006（1）．

三、中国城市社区业主维权冲突的现状

根据对全国九大城市的抽样调查，可以发现中国城市社区业主维权冲突的现状。

（一）城市社区的物业纠纷问题具有普遍性

城市社区物业纠纷往往是社区业主维权冲突的起因。调查发现，有85.4%的业主遭遇过各种物业纠纷。城市社区业主群体遭遇的物业纠纷问题前三位分别为：物业费高、物业服务质量差（占总样本的38.7%）、公用场所缺乏或者被侵占（占总样本的36.3%），水电、网络、电梯问题（占总样本的31.8%），如表1所示。其中，受到过物业或房产商报复、威胁的比例最低，比例为6.1%。

表1　城市社区业主遭遇的物业纠纷问题类型

业主群体遭遇的物业纠纷问题	频数	有效百分比
物业费高、服务质量差	794	38.7
公共场所缺乏或被私用、商用	745	36.3
水电、网络、电梯价格、质量、维修问题	651	31.8
房子质量、价格、大小、虚假广告、延期交房等	589	28.7
公益金、维修基金不透明、难申请	529	25.8
周边环境被破坏或被威胁	516	25.2
没有遭遇任何纠纷	300	14.6
选聘物业	206	10
受到过物业或房产商报复、威胁	126	6.1

（二）城市社区业主同市场组织的冲突最严重且易激化

统计结果显示，业主同市场组织的冲突最严重并且最易激化。

21.5%的业主认为业主同物业公司“冲突较大”或者“冲突很大”，16.0%的业主认为业主同开发商之间的冲突较大或者很大，如表2所示。业主同业委会、居委会之间的冲突程度仅次于其同市场组织的冲突程度，4.1%的受访者认为业主同街道办和政府部门的“冲突较大”或“冲突很大”，尽管这个比例较小，但是仍需得到充分的重视。

表2　业主同各主体之间的冲突程度（%）

项目	无冲突	冲突不大	一般	冲突较大	冲突很大
业主同街道办及上级政府部门	35.1	35.2	25.6	3.0	1.1
业主同开发商	26.2	25.9	32.0	12.8	3.2
业主同物业公司	17.7	25.7	35.0	17.4	4.1
业主同居委会	35.4	32.7	26.5	4.9	0.5
业主同业委会或业主之间	31.7	34.7	26.8	5.8	1.0

59.0%的业主认为业主同物业公司之间的冲突有激化的可能（包括有些可能、可能比较大和可能很大）；47.0%的业主认为业主同开发商之间的冲突有激化的可能；37.2%的业主认为小区业主同业委会或业主之间的冲突有激化的可能；31.1%的业主认为业主同居委会之间的冲突有激化的可能；28.2%的业主认为业主同街道及上级部门的冲突有激化的可能。如表3所示。由此可见，业主同物业公司之间、业主同开发商之间的冲突被认为最容易激化。

表3　业主维权冲突激化的可能（%）

项目	绝对不可能	不大可能	有些可能	可能比较大	可能很大
业主同街道办及上级政府部门	16.2	55.7	23.3	2.9	2.0
业主同开发商	10.4	42.5	33.5	9.7	3.8
业主同物业公司	8.7	32.4	40.1	14.1	4.8
业主同居委会	14.9	54.2	24.3	5.6	1.2
业主同业委会或业主之间	14.3	48.6	28.6	7.4	1.2

统计表明，遭遇过冲突的业主更认同社区冲突会激化（$F=93.266$，$p=0.000<0.05$），曾经遭遇过社区冲突业主所认为的社区冲突激化的可能性（$M=12.36$）高于未曾遭遇过社区冲突的业主（$M=10.36$）。

（三）业主维权从“社区冲突”升级为“街头冲突”的可能

上访和游行可以被视为维权冲突激化行动的方式。这意味着，社区内业主同市场主体的冲突，升级为业主同政府部门的冲突。业主往往通过这种方式，迫使政府对社区内冲突进行干预。

就全国而言，对于上访或游行的态度选择表示劝阻的占了样本的10.5%，表示旁观的占了19.6%，只表示同情而不参加的占了样本的44.6%，表示参加的占了25.3%，如表4所示。分区域来看，中部地区愿意参加上访或游行的业主比例达到30.6%，是为最高；东部次之，达到23.4%；西部地区达到22.0%。

表4　上访或游行的态度的区域比较［频数（百分比）］

	东部	中部	西部	全国
劝阻	86（12.1）	66（9.4）	75（10.2）	227（10.5）
旁观	133（18.7）	135（19.2）	153（20.8）	421（19.6）
只表示同情但不参加	327（45.9）	287（40.8）	346（47）	960（44.6）
参加	167（23.4）	215（30.6）	162（22）	544（25.3）
合计	713（100）	703（100）	736（100）	2152（100）

总体来看，中国城市社区业主维权虽然基本上温和可控，但是具有从社区内冲突转向街头冲突的可能。笔者统计了近五年城市住宅小区业主“堵路维权”的现象，根据网络搜索，一共抓取了32件堵路维权事件。这些冲突升级的情况，主要起因于物业服务质量差、业主共同产权被侵占和房产商违约，问题又长期得不到解决，业主只好依靠“集体行动”取得媒体和政府关注，从而通过外部施压解决小区

内部问题的“无奈之举”。

（四）业主维权处于个体为主、松散联合为辅的阶段

就业主维权的路径来看，业主以个人直接沟通、业主组织交涉和通过居委会交涉为主，三者分别占到样本的63.6%、35.4%和26.1%，选择游行示威、堵路方式来维权的业主最少，占到样本的4.4%，由此来看，业主维权偏重于采取个体行动。由于受到种种限制，业主委员会在业主维权中的功能并没有得到充分的发挥。

业主们认为作用较大的维权形式，依次为网络或媒体（占样本的51.9%）、业主维权精英（占样本的36.9%）、街道办等政府单位（占样本的31.8%）、业主组织（占样本的16.8%）、居委会（占样本的16.6%）。可以看出，业主组织的维权作用并不特别大。这与业主组织本身受限和发育不成熟不无关系，大多业委会成立的比例低于30%，如表5所示，而且大多业主委员会是基于小区共同权益受损而成立的，他们的诉求一旦得到满足或者长期得不到满足，业主集体行动就会“遇冷”走向低潮。

表5　全国部分城市业委会成立的情况

城市	截止时间	业委会成立比例
上海	2014年	85%左右
北京	2013年	26%
杭州	2014年	20%左右
深圳	2014年	20%左右
广州	2013年	21.9%
长沙	2013年	19.5%
惠州	2014年	14.7%
西安	2014年	10%

本研究同时测量了团结、适应、忠诚、认同①社会整合度的四个指标，四者的认同率分别为39.6%、40.2%、42.4%和34.9%，通过加总各分项发现，业委会的社会整合认同指数仅有8.14，如表6所示，由此，业委会对小区内业主的整合程度不是太高。

表6　业委会社会整合认同指数

变量	均值	N	标准差	
性别	7.70	1114	6.934	F = 9.228
	8.61	1038	6.832	Sig = 0.002
	8.14	2152	6.898	

同时，各地小区业主QQ群、微信群虽然已经较为普遍，但是这些网络平台更大程度是信息传播和交流工具，并非动员工具。少数地区成立了业主委员会协会或者筹委会，但是数量少、覆盖面小，目前，全国城市级业主协会成立不超过10家，大多城市业委会组织的联合组织以“业主委员会联谊会”“业主委员会协会申办委员会（小组)”“和谐社区论坛”等形式存在。从行动上来看，业主协会联合组织力图将活动局限法律范围以内，并且发挥较为积极的建设性作用，往往也遵循“体制内行动”的原则，他们在起草章程草案时即宣示自己的“合体制性”，通过举办民间的业主组织的联谊和交流，为业主组织的成立、业主权益的维护传授经验、提供帮助，要么是扩大新闻影响力、参与政府立法咨询，进而影响物业管理行业的规章制度。总体来看，业主组织的联合性组织并非反体制的产物，更多显示出松散联合的特性。

① 吴晓林．社会整合理论的起源与发展：国外研究的考察［J］．国外理论动态，2013（2）．

四、我国城市社区业主维权冲突的成因

城市社区业主维权冲突既有管理体制的原因，也与业主阶层的属性地位紧密相关。

（一）社区业主维权是“上游问题下游化”的结果

业主维权冲突反映了上游问题向下游社区的沉积。一般是政府部门前期监管责任缺位、市场侵权在前，后期物业服务行业监管失灵等问题在社区的总爆发。

第一，业主群体与市场主体相比处于“弱势权利”地位，业主在“前期物业制度”中处于弱势地位。业主与房产商签订的《前期物业管理合同》不是业主与物业公司谈判的结果，《合同》的条款往往规定了业主的义务，却规避谈业主的权利和对物业公司责任的限定，造成事实上的“霸王条款”；“包干制”模式限制业主权利业主直接向物业公司缴纳费用，所有费用由物业公司来支配，业主很难有效约束物业公司。

第二，政府监管的漏洞可能留下业主“权利损害”的隐患。政府在土地出让、建筑规划、房屋验收、房产证发放、业主活动场所配备方面的监管或者存在衔接的漏洞或者存在失责，没有很好地限制市场主体趋利的本性，加上一些基层政府在业主维权过程中的不当行为，可能形成对业主群体的“二次伤害”，容易引发维权冲突升级。不少房产项目在开发建设环节中就存在质量问题，一些房产项目存在“背后交易”现象，一些房产商在房产保质期还未过，就注销公司，将纠纷问题挤压到物业管理阶段；一些街道办、居委会干部在购房时或者享受购房优惠或者得到优先选房的优惠，或者受到物业公司减免物业费等私下的好处，“享受着各种明的、暗的开发利益，作为开发

利益的分润者”[①]，加上对维护社会稳定的考虑，部分政府工作人员非但不支持业主合法维权，而且将业主组织视为“社会稳定的威胁”，他们往往遵循一种“不出事”逻辑，极力掩盖或压制社区内的矛盾或冲突，要么从负面看待业委会或业主维权，对其进行阻挠，要么在业主维权过程中推诿扯皮、不作为。此外，现行物业管理市场的大多企业资质不高，业主对服务不满意，就容易产生物业纠纷和冲突。

（二）业主特性和组织权利受限，使业主维权大多处于“单点联合”水平

第一，大多业主属于中产阶层，缺乏持续参加集体行动的条件。大多业主追求的主要目的是维护个体合法权利，加上他们都有工作、难有闲暇，因而参与集体维权的机会相对有限。调查表明，54.9%的业主反映业委会和集体维权面临“业主参与率低”的困难，41.1%的业主反映没有时间参与集体活动。业主参与维权的行动还受到工作环境、政府干预等因素的影响，一些研究表明在业主维权“中途退出”的往往是体制内工作人员，真正能够坚持到最后的仅是“无业者、自雇佣者、年轻白领和离退休人员”[②]。

此外，业主自身条件不足对自组织也构成了事实上的限制。业主面临法律知识不足的困境，在我国，房地产和物业管理方面的法律法规主要有《房地产法》《行政诉讼法》《物业管理条例》《合同法》《物权法》《业主大会和业主委员会指导规则》《住宅专项维修资金管理办法》等。但是，“据统计，业主对它们的知晓在‘比较了解’程度以上的不足20%，而不太清楚和根本不清楚的则各占到40%”[③]；业主还存在组织不力、动员不足的困境，大多业主维权基于小区内共

① 陈映芳．行动力与制度限制：都市运动中的中产阶层［J］．社会学研究，2006（4）．

② 陈映芳．行动力与制度限制：都市运动中的中产阶层［J］．社会学研究，2006（4）．

③ 隋凤琴．城市住宅小区业主维权途径探讨［J］．人民论坛，2013（2）．

同的利益基础进行维权，并且参与率低，难以形成组织化的集体行动；在缺乏监督和制衡的真空状态下，业委会可能逐渐脱离“业主大会执行机构”的位置，向开发商和物业公司的利益偏转成为“业伪会”，甚至还出现了滥用职权、挪用专项维修资金和不惜损害全体业主利益而谋私利的情况。

第二，业主自组织的权利受到限制。在组织成立方面，按照《物业管理条例》，小区的入住率和入住面积要达到50%，才能成立业委会，但是因为很多小区入住率不高、楼盘规模过大（动辄上万户、上十万户），给业委会的成立带来了先天的“阻碍”。此外，房产商和物业公司出于利益考虑还存在不少“阻挠”的动作；一些基层政府出于“维稳”的考虑，宁愿将业主群体视为“乱源”，对于业主群体态度冷漠，甚至直接干预业主维权，将法律规定的“业委会成立备案权”转化为事实上的“审批制”，对业委会的成立处处设限。根据调查，分别有20.8%和26.4%的业委会成员反映，街道办或政府部门以及物业或者房产商阻碍业委会的成立。

在诉讼资格层面，业主代表大会和业委会的诉讼资格并没有得到很好的厘清，业主委员会的联合组织迟迟得不到法律认可。《物权法》仅规定业主对侵害自己合法权益的行为，可以个人名义提起诉讼，但对业主委员会能否为了业主的公共利益而成为诉讼原告主体却未提及。除了北京、浙江等少数地方明确了业主委员会诉讼主体地位之外，各地的地方法规都回避了业委会法律地位的规定。业委法律地位不明确，直接会影响到业主维权。

在法律诉讼成本方面，业主组织的时间和资金成本较高，例如，重庆市江北区“在审判周期方面，在2009—2012年期间已经审结47个案件中，平均审理周期为5个半月，远远高于一般案件的审理周期；与一般案件相比，涉业委会物业纠纷的案卷也远比一般案件要复杂”[①]。业主与业主组织往往又承担举证责任，这种举证更难获得房产商和物业公司的配合，因而时间成本和资金成本更大。在这种情况下，大多业主维权基于小区内共同的利益基础进行维权，并且参与率低，难以形成组织化的区域性集体行动。

（三）权利救济长期受阻和权利意识觉醒，可能促使社区内维权冲突升级

房权受损是业主维权的起点，经过维权行动，业主不断明确自己的权利边界，也不断学习和伸张法律文本中的权利。与农民维权、工人维权不同，业主阶层大多收入较为稳定、教育程度较高，是社会中产阶级的主体，他们更倾向于学习、研究和应用法律，因而更易产生明确的权利意识。也正因为此，业主“能够对客观的法律机会进行积极建构，激活似乎处于沉睡状态的法律，使潜在的法律机会转化为实际的诉讼行动成为可能”[②]。

同时，如果维权时间过长或者政府干预失当，业主“权利救济”长期受阻，可能激化业主维权冲突。从问卷统计来看，首先，“问题久拖不决”成为最主要的冲突激发点，38.3%的业主认为一旦物业纠纷与房产商等的冲突长时间得不到解决，就可能采取上访或游行等维权行动。其次，损失很大的情况下，34.5%的城市业主会选择采取激化的方式维权。再次，分别有25.5%和12.3%的业主选择在“被打或被报复、政府不管或与物业房产商勾连”的情况下参与上访或游行等行动。最后，16.3%的业主选择在“有人组织发动”的情况下会参与社区外维权。在维权过程中，业主权利意识也不断增强，进而扩大冲突升级的可能。对全国485名业委会成员或维权积极分子的

① 王庆．审理涉业主行使成员权案件的问题与对策——以重庆市江北区法院审理物业服务纠纷案件为视角［J］．法律适用，2013（3）．

② 郦正，王恩见．法律机会结构变迁与业主诉讼维权的兴起［J］．社会科学战线，2014（6）．

调研表明，61.4%的人认为“我们有权成立业委会”，这反映出，公民权利意识已经普遍提升。

专家和律师的介入以及现代信息技术的扩展有助于催化业主权利意识。一些专业律师发挥自身所长，又力图从物业管理市场中分享律师代理费用或者注册公司直接服务业主维权；一些常年专注于业主维权的维权专家和学者经常在全国各地业主大会交流，传授依法维权的知识和经验，也有力地提升了业主的权利意识。此外，越来越多的年轻业主是最熟悉现代信息技术的“一个社会群体，可以预见，未来的业主抗争主体与新信息技术之间具有选择性亲和关系，新信息技术在业主集体抗争中的作用将越来越重要”①。

（四）房产结构也为业主维权扩展埋下不稳定的因素

第一，房产市场结构及监管缺乏容易留下业主维权冲突隐患。房地产市场扩张速度大于城市居民的消化速度，容易因住房率不高而引发物业成本高、物业服务差、业委会难以成立、维修基金难动用等下游问题，为业主维权冲突埋下诸多隐患。目前，重庆、上海、成都、武汉、天津、北京等城市的空置率均在20%上下，三线城市住房空置率情况最严重为23.2%，一些三线、四线城市需要10年以上才能消化目前的房产库存②。高空置率，为业主委员会的成立设置了天然的门槛。此外，房子跟人一样，也会面临老化的问题，一定会面临房子维修等难题，由于居民意识淡薄，相关法律法规并不完善，使用维修资金时，还有两个“2/3”的门槛，客观上也会引发小区内的矛盾冲突。

第二，“少子化”与“老龄化”叠加加剧住房空置率和物管困

① 黄荣贵，桂勇．互联网与业主集体抗争：一项基于定性比较分析方法的研究［J］．社会学研究，2009（5）．

② 腾讯网，独家调查：住房空置率整体未触及警戒线分化加剧［EB/OL］．［2015－06－04］．http：//hous e. qq. com/a/20150604/016181. htm.

境。根据国际经验，人口抚养比的这种长期上升趋势将会一定程度上导致住房刚性需求的下降。未来20年中国城市住房需求的总体走势将会呈现出“上升—平稳—下降”的“倒U形”特征，拐点大致出现在2020—2025年间，届时中国城市的住房需求将不再具备快速增加的条件①。人口老龄化对住房需求有显著影响②，我国65岁老年人口占全国人口的比重不断上升，少儿抚养比不断下降和老年抚养比则稳步提升，也就是说，未来中国家庭结构将伴随“老龄化”与“少子化”的趋势。这种结构维持一定时期之后，人均占有的住房会增多，城镇人口对于房屋的需求会降低。住房空置率过高，一般会带来物业管理成本上涨的问题，甚至会出现因为物业费居高不下、物业与居民矛盾激化，难以成立业委会进而造成后续物业管理的困境。

五、研究发现与建议

（一）研究发现

我国城市社区业主维权具有普遍性，且存在一定的冲突激化的可能。总体来看，业主维权冲突是城市化进程中“公民权利需求”与制度供给不足之间的产物，是住房市场上游问题下游化的结果。

第一，从共时性因素来看，“业主—市场主体—政府”权利失衡，是业主维权冲突的结构原因。业主在“业主—市场主体—政府”三角关系中处于最弱势地位，不但遭受市场主体带来的权利损害，在法律制度层面还受到“组织权利”的限制，一些基层政府基于维稳和事

---

① 李超，倪鹏飞，万海远．中国住房需求持续高涨之谜——基于人口结构视角［J］．经济学研究，2015（5）．

② Robert F. The BabyBoom：Predictability in House Prices and Interest Rates. International Finance Discussion Papers，2005：847. http：//www. federalreserve. gov/pubs/ifdp/2005/847/ifdp847. htm. Levin，Montagnoli，Wright. DemographicChange and the Housing market Urban studies，2009（46）

实中的不规范利益关系的考量，对于业主行动存在不同类型的限制。

第二，从历时性因素来看，“政府内部职责体系”脱嵌、市场供需失衡，是业主维权冲突的外部因素。业主维权的起因虽然与权利受损直接相关，但是其利益受损的每个环节与政府各个工作程序紧密相关，从“规划—国土—住建—房管—街道办”各个层面都负有前后相接的不同责任，一旦监管不严，就会留下业主维权冲突的“隐患”，政府在后期业委会成立、物业市场的监管方面的问题等，也容易造成对业主权利的损害。

（二）城市社区业主维权冲突治理的路径选择

解决城市社区业主维权的冲突问题，预防业主维权冲突升级扩大，主要是解决业主权利维护的制度因素，政府从直接干预的场域退出，发挥业主同市场主体的协商作用。

第一，调整法律法规，保证业主与市场主体“权益平衡”。业主大多是中产阶级，是社会的稳定器，不能激化矛盾，将他们推向基层管理体制的对立面。要修改现有法律条文，平衡业主与房产商、物业公司等的地位，赋予业主大会、业委会应有的民事法律地位；对小区共有产权、共有物业尽快确权，确保产权由全体业主共同所有；改革现有物业管理模式，逐步淘汰“干得越好，得的越少”的“包干制”体制，引入物业成本公开透明、业主可随时查账、物业公司公示物业支出、业主缴纳费用的“酬金制”，维护业主的“主人地位”；在前期物业制度过程中，要破除“父建子管”的物业服务体制，房产商在选择前期物业时，要委托第三方进行公开的招标投标；要细化委托管理合同的条款，详尽规定各方权利和义务；强化对物业企业、房产商违法、违规后果的追究，要在小区公摊面积、物业收费机制、纠纷解决等方面尽快出台可操作性的法律细则，杜绝和严惩房产开发过程中“权钱交易”导致的房屋质量问题；加强执法力度，鼓励利益各方通过民事调解和司法程序等手段解决矛盾，将各种诉求纳入到体制范围内有序释放。

第二，健全市场体制，确保业主群体与市场组织利益增进。要对房产供需市场进行动态预警。有必要对房产市场和物业服务市场进行动态预警，依据城市化发展、人口结构变化等合理规划住房小区，引导物业企业发展；加快培育一批资质高、服务好、具有较强竞争力、美誉度高的物业服务企业。通过物业管理行业协会，强化对物业服务从业人员的培训和培养，加强行业自律，建立诚信档案，开展先进经验交流和学习，推广成功的物业管理模式；同时，应当适时增强对物业服务企业的支持，在物业服务企业经营成本上涨、居民排斥物业服务费上涨的环境下，可以适当降低物业服务的税率。

第三，赋权业主组织，构建市场、社会和政府协商平台。要考虑我国房产小区的现实情况，根据实地情况降低业委会成立的门槛，通过培训和示范，提升业委会素质和能力，支持和培育资质高的物业企业，引入第三方专业评估和服务组织，在小区领域进行业务辅导、法律援助，架构“政府 + 业主组织 + 物业公司”为主体的协商平台、“政府 + 业主组织 + 第三方组织”的物业监管平台，社区居委会和政府部门发挥居中协调、依法行政。

第四，转变“维稳思路”，确保执法公正公平，保障民众权益。基层政府要破除“刚性维稳”的思路，避免将庞大的业主阶层推向政府的对立面。政府应当允许和支持业主依法维权，确保法律权威，通过“合法维权来实现基层稳定”。

第五，引入大数据技术，推进城市社区治理现代化。要善于利用现代信息技术、网络工具，开发小区适用的 APP，构建物业服务信息、账目公开、投票表决、法律知识一体的网络平台，提升业主参与治理的热情，通过大数据掌握业主诉求，对业主维权冲突进行预警，提升小区治理现代化水平。